U0897374

运动的旋律与变化的世界

吴子牛　编著

清华大学出版社
北京

图书在版编目（CIP）数据

运动的旋律与变化的世界 / 吴子牛编著. — 北京：清华大学出版社, 2017
ISBN 978-7-302-46992-6

Ⅰ. ①运…　Ⅱ. ①吴…　Ⅲ. ①科学知识－普及读物　Ⅳ. ①Z228

中国版本图书馆CIP数据核字(2017)第100135号

责任编辑：佟丽霞
封面设计：常雪影
责任校对：赵丽敏
责任印制：杨　艳

出版发行：清华大学出版社
网　　址：http://www.tup.com.cn，http://www.wqbook.com
地　　址：北京清华大学学研大厦 A 座　　邮　　编：100084
社 总 机：010-62770175　　邮　　购：010-62786544
投稿与读者服务：010-62776969, c-service@tup.tsinghua.edu.cn
质量反馈：010-62772015, zhiliang@tup.tsinghua.edu.cn
印 刷 者：北京富博印刷有限公司
装 订 者：北京市密云县京文制本装订厂
经　　销：全国新华书店
开　　本：145mm × 210mm　　印　张：11.25　　字　　数：280 千字
版　　次：2017 年 7 月第 1 版　　印　　次：2017 年 7 月第 1 次印刷
印　　数：1~3000
定　　价：49.00 元

产品编号：073438-01

序　言

《运动的旋律与变化的世界》分“动的世界”“柔情似水”和“空中旋律”三大篇。每一篇标题表面上看显得很专，实际上牵引出很多其他问题，如数字 7、时间、几何图形、圆周率、数学、少儿娃娃浪、大气污染、音乐、说话的技巧、针尖效应等。用大主题关联不同现象，用大视野看问题，正是本书的目的之一。例如，针尖效应出现在最后的雪花问题之中，但针尖效应又对理解植物叶子为何有的长有的短这类现象有帮助。因此表面上看很专的具体问题，往往牵引出更具普适意义的现象。

从结构上，本书每一篇分为四大节，每一节有五个主题，每个主题涉及的具体问题也可能包含许多相似或相关的现象。虽然各个主题具有一定的独立性，但前后描述时所基于的知识有一定的关联性，这种展现方式如同拴在抖动中的弦线上的珠子在一起舞动一样。有的强调趣味性和知识性，有的也包含很深的逻辑推理。部分逻辑推理虽然以启发式为主，但隐含的思维深度不一定亚于专业逻辑。这些有深度的内容也是为了适应那些喜欢深入思考的读者。

脍炙人口的科普读物将那些出现在厚厚的专业书中的知识提炼成人人都可以理解的内容，以现代小型读本形式出现。正是这些小型读本，使知识得到普及、求知欲得到激发，并给不同知识结构甚至不同行业的人群之间提供了认知世界的桥梁。

有关单一领域问题的科普读物不胜枚举，但更广义的科普读物并不常见。许多表面上完全不同的问题，实际上具有共性。例如，打水漂时，水漂的弹跳与冲浪运动中的腾空几乎基于同样的道理，汉代发明的橹产生推进力的原理与现代飞机机翼产生升力的原理是一样的。又如，汉字笔画超过 7 笔后，具有相同笔画数目的汉字数目的增加速率就下降了，11 笔左右汉字数目最大。这个 11 除以 7 得到的比值，其实不局限于汉字笔画数目的增长规律，许多其他现象都类似，比如说流行病爆发后，住院患者的数目就有类似规律。

许多现象，无论是科学、技术、经济还是文学艺术，至少从某种角度看，是朝着省时、省力、省料的方向发展演化，演化的结局往往是简单、简约、简美。例如，不管是什么类型的问题，对数目的选择一般是在少了不够和多了难以驾驭这两种之间博弈的结果，妥协的结果是数字“七”可能得到宠爱，如七言诗、七色光、七大洲、七种味觉、物理学有七个基本单位、七种生命形态等。

千变万化的世界中，许多问题、现象、知识和规律，看上去像散落的珠子。用一根弦把它们串起来，再抖动这根弦，我们就能看到它们相互关联与共性的一面。

《运动的旋律与变化的世界》正是一种这方面的尝试，通过适当采用直觉、类比和拟人化的手笔，给读者串联似地展示甚至解释数百个与我们的生活息息相关的问题与现象。即使不得不借用一些专业逻辑，也尽量将这种专业逻辑变为可以直觉关联的语言（站在专业角度看，当然适当牺牲了一些严谨性）。正是那些相互关联且道理相通的原则，将千变万化的运动和演化现象谱写成优美的旋律，使表面上复杂的大自然也有简单、简约和简美的一面。

奔跑中的腿和水面波浪中的水滴运动，显得多么复杂。如果看成同时在做倒单摆运动和弹簧运动，就很容易理解了。一种称为水黾的小昆虫，借用腿上的小毛毛撑开水面，从而可以凌波微步和玩蹦床运动。蒲公英举着冠毛伞留在空中，因为有了又小又多的冠毛而能随风飘浮。都是小毛毛，前者憎水，后者恋风。鸟的翅膀横着飞就是产生升力的机翼，竖着拍就是产生推进的螺旋桨。以这些方式理解或关联知识和现象，正是本书的特点，期望让读者不需要掌握专业知识就能理解。

当然，不能纯粹为了好表述就来筛选那种显得又轻松又有趣的问题，也有一些显得很沉重和深奥的内容，如相对论效应、振动的世界、演化的普适规律、飞机气流和发动机。比如说，飞行的秘密专门有较为冗长的一节。站在科普一级，完全可以用有限的篇幅交代清楚，无非就是飞机和鸟有了机翼或翅膀，由迎角和弯度产生了上吸下举的差异性气流。然而，这部书并不是为了简单罗列知识和堆砌原理，而是希望借此引导读者用直觉进行非专业级的理解和思考，进而尽可能牵引出更多的常识来辅助理解和丰富知识。陈述历史可以将本书的篇幅翻倍，然而，陈述历史不是本书要突出的风格。对于每个问题，我们也不会采用统一的风格。比如说，开篇的打水漂，我们一开始就点出水漂弹跳的秘密。但有的问题，包含的原理贯穿于全文之中。

除了某些图片包含若干数学公式，本书正文主要只是文字描述和数据。提供大量的数据信息和可帮助理解的示意图，也是本书的一大特点。依据问题的性质，不同内容采用的语言风格可能不一样。有的适合用拟人化语言，有的则需要显得很书面很严肃。有的问题目前本来就不是特别清楚，反而适合用磕磕碰碰底气不足的语言。

大部分问题与我们的生活息息相关，这些问题包括澡盆涡、玩具陀螺、自行车、波浪、卫星、打水漂、墨西哥人浪、肥皂泡泡、棒棒糖、笔画、圆周率、飞机、高尔夫球、时间、高速列车、蚊子、潮汐、雪花等。对这些知识的介绍与讨论，会关联出一些与文字、音乐、体育、生物、气象、数学和科技等方面的常识。

用小型读本涉及较为广泛的问题，正是为了体现现象具有碎片性而内涵具有关联性。因此，部分内容所涉猎的知识跨度、宽度或深度，会留有余韵或瑕疵，如此可为读者自己思考腾出或打开一些想象与思考空间。

本书是一部集知识性、趣味性和科学性于一体的综合科普读物。适合大中学生及以上具有各种知识结构的读者群。家长也可以将其中一些内容剥离出来用于给少儿讲故事。

吴子牛

2017 年 1 月

目 录

第一篇 动的世界

宇宙在膨胀、地球在自转、分子在运动、生物在演化，因此，我们处在一个动的世界之中。运动有形态，位置的更替、姿态的改变、速度的增减，谱写出动感的旋律。演化有节奏，数目的变动、大小的变化、范围的缩放，让大自然生生不息。

千变万化，却离不开自然规律的约束。简单、简约、简美，才是永恒的自然规律。物理学再复杂，也就七个基本物理量单位。简美的流线型物体，能顺利地避让挡路的空气和水，因此更能接近速度的极限。再复杂的演化现象，也会遵循省时、省力、省料甚至物极必反的原则。速度是一种能量，专业搏击手能击打出一千千克的打击力。直线运动如果无法及时释放能量，那么旋转就是不错的选择。雨滴休想消灭轻巧的蚊子，侧歪一下就躲掉了。

深奥的科学规律，当与我们的直觉能发生共鸣时，就成了我们理所当然的常识。于是，我们本能地会认为侧踹的足球会走弧线、带酒窝的高尔夫球飞得更远、旋转的陀螺能躲猫猫般地不倒、汉字的笔画不会太少也不会太多、速度高了会有限制。我们走进动的世界，探求隐喻在常识中的原因，会让我们的常识得到升华，会让我们发现更多的动感形态。

1.1 让形状和姿态疏通运动的路径

空中有小得看不见、多得数不清的空气分子，水中也是如此。空气和水也爱美。它们用事实告诉你，拥有顺从我的形状和姿态，就可以给你让道，甚至把你举起来，可以让你穿梭自如、风驰电掣。如果你不修边幅，长得像随便捡来的小石头一样，你将遭遇重重险阻。于是，高速列车、现代汽车和飞机乖乖地披上了流线型外衣。高尔夫球就不是流线型，只能用酒窝型凹槽把气流磕乱，磕得气流找不到方向，才能远走高飞。水与空气用同样的方式和穿梭的物体打交道，飞行的谜底居然从汉代发明的橹能找到答案。答案很简单：直接抬起你的头，或者带动空气旋转间接抬起你的头，看得高才能飞得远。抬头也不要过分，打水漂就有一个合适的迎水角。

1. 打水漂　魔幻迎水角

将一块扁平小石片贴水扔出去，让它在水面弹跳并激起一串串涟漪、一朵朵水花，这就是打水漂，作为民间活动历史悠久，作为国际赛事只有二十余载。边在空中飞行、边在“蜻蜓点水”，原理似乎深奥不可理解。它是怎么弹跳的？揭开其神秘面纱，既可掌握增加弹跳次数的技巧，也可启发水上和空中的一些应用。原来，在入水时，水漂在腹部制造一个冲浪，凭惯性做冲浪腾空，当然就能弹跳了。你得让水漂抬起一个角度入水，才能压出小冲浪，这个角度等于 20 度时你会像魔术师一样让水漂不停地弹跳。出手时让水漂旋转，它会飘得更直更稳。

水漂弹跳的秘密　冲浪腾空（图 1.1）

在池塘边，捡起一块扁平的石块，朝水面尽量水平地甩出去，使石块击水后，在水面连续弹跳，这就是打水漂。你可以把水漂为何能弹跳想象得极其复杂，甚至去看深奥难懂的科学报道。可是，既然那么容易弹跳，道理就应该十分简单。

大海边波涛滚滚，冲浪爱好者踏着冲浪板，获得速度后，像有速度的汽车冲上山坡一样，沿着波浪的斜坡面向浪尖滑行，离开浪尖时凭惯性腾空，再落到水面去追逐另外一个波浪。这叫冲浪运动，道理却和水漂弹跳十分接近。

水漂抬起适当的角度撞击水面时，将本来平静如镜的水面推出了一个小浪。小浪在水漂的腹部，或者说水漂骑在小浪上。于是，水漂沿着像斜坡一样的小浪，凭惯性就可以滑向空中，接着在重力作用下再次击水，进入下一轮弹跳。

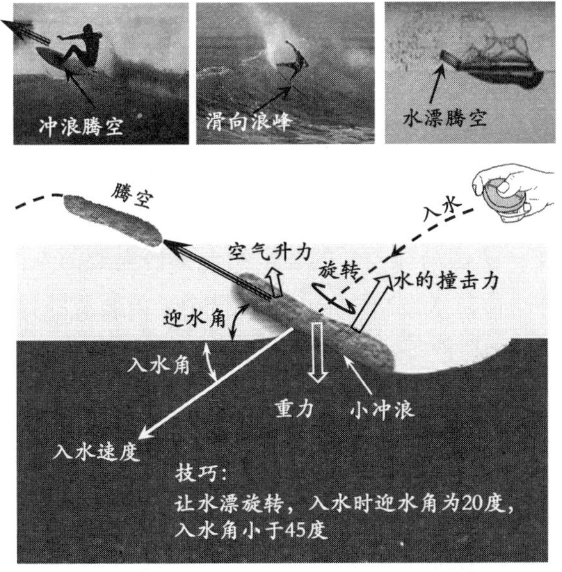

图 1.1　水漂击水挤出波浪，做冲浪腾空

如此，不难理解，水漂不能平着击水，那样产生不了有斜坡水面的小波浪。也不能垂直下砸，那样就没了向前滑行的惯性。

说得更深一点，水漂压水时推挤出有斜坡的浪，同时被水的撞击力消化掉入水时向下运动的那个速度分量。当这个向下运动分量完全消失后，就凭依然存在的水平速度惯性，在水漂尾部水压以及水漂头部一定的空气升力辅助下，如同冲浪板，沿着小浪的斜坡向上爬，尾部到达浪尖后凭惯性腾空。

水平速度分量要求足够大，腾空惯性才够。垂直速度分量要合适，才能有效压出斜波浪且不会突然沉下去。这就要求迎水角和入水角大小适中，否则要么水平速度不够，要么垂直速度不够或太高。

入水那一刻，水漂底面与水平面的夹角是迎水角。入水那一刻，飞行速度方向与水平面的夹角是入水角。每个角太大太小都不行。你可以分别想象是 0 度或 90 度这种极端情况时，看看会导致什么不利。于是一定有更合适的值。

迎水角和入水角加起来，就是水漂的底面与飞行方向的夹角，在航空上称为迎角（也称为攻角或冲角）。这个迎角使水漂能获得空气给它的一点升力（以后会介绍原因）。这个升力使水漂飞行时，不会下落太快，从而在弹跳帮助下飘得更远。迎水角和入水角到底多大合适？这个吸引了科学家的研究。

2004 年，法国马赛大学的非平衡现象研究所的克拉尼特、赫森和伯克特三位科学家制作了一个带自动反射装置的打水漂机器，可以弹射出不同速度、转速、迎水角和入水角的水漂（铝制飞碟）。用高速摄像机拍摄水漂击水和弹跳过程，获得入水速度、迎水角、入水角和击水时间。一旦水漂碰水，可在水面停留 20 毫秒以上才弹起来，这个过程就在筑小冲浪并腾空。水漂入水速度不能太低，否则漂不起来。在他们的试验中，这个速度必须在每秒 2.5 米以上。

他们发现：入水角不能超过 45 度，如果超过 45 度，就会直接入水，不会有弹跳；迎水角为20度时效果最好，即不管其他条件如何，如果迎水角是20度，那么弹跳次数最多。这一发现在2004年1月1日发表在英国著名科学杂志《自然》第427卷第29页上。从此以后，20度这个迎水角，就被称为打水漂的魔幻角。

当然，还有一些其他技巧，可帮助弹跳次数更多。在此之前，先看看一些比赛结果以及比赛规则。只有在某种规则约束下，结果才有意义。

民间与正规打水漂　水漂鱼雷与打水漂飞行（图1.2、图1.3）

图1.2　打水漂活动

以适当的方式扔向水面的石块，能在水面弹跳，普通老百姓偶尔也能发现存在这种现象。因此，民间一些人似乎从小就知道如何打水漂。

1989年由科尔曼·麦吉成立了北美打水漂协会并组织打水漂世界锦标赛。该项赛事按弹跳次数记名次。2013年9月诞生的一个记录是88次。1997年出现了苏格兰世界打水漂锦标赛，赛事规则为按石块漂浮距离记名次。其他一些赛事包括威尔斯公开赛和英国公开锦标赛。曾有过漂浮120米的纪录。要知道，掷标枪的世界纪录也就100米左右，手榴弹能扔出去40米都很难。如果向空中扔一块石头要落到 120 米远的地方，哪怕不考虑空气阻力等，从离地 2 米的高度以 45 度这样的能使自由落体飞得最远的角度出手，初速度至少需要达到 34 米 / 秒。让手甩出这么高的初速度，难度极大。可见，水上漂可以轻易让物体跑得更远。

宾夕法尼亚州的“河道水漂节锦标赛”采用的比赛规则是：水漂赛手自带一篓六个石片。石片必须是自然的，不能在石片上添加或剔除任何有助于产生推进的东西。比赛之前，赛事裁判将检查水漂石片是否满足规则。对于特殊情况的裁定，裁判可以咨询宾夕法尼亚州水漂最高委员会。最高委员会的裁定具有终审效力。

比赛开始前，由某选手掷漂，第二次出现漂亮的弹跳时，比赛即可开始。每位选手有 60 秒完成一次掷漂。裁判将弹跳次数依次记录。

有趣的是，水漂运动涉及一些专用术语。这些术语的英文单词目前在普通字典里很难找到。依据掷水漂的水平和发挥，水漂可能会出现弹漂、爬漂、沉漂、空漂和危漂等情况。

打水漂的原理也启发了一些应用。巴恩斯（Barnes Wallis）在“二战”时期发明了水漂炸弹，1943 年 5 月 16 日晚，英军用水漂炸弹空袭了德国鲁尔河上的三座大坝。炸弹在水面弹跳接近目标，降低了高空瞄准的要求。时速为 390 千米的轰炸机在距离大坝水平距离 400 米和垂直距离 18 米左右的高空，投下旋转炸弹。水漂弹在水面弹跳的道理与普通水漂差不多。

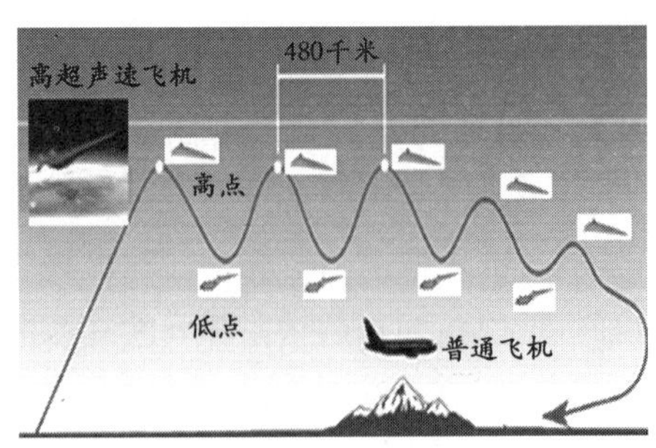

图 1.3 “水漂式”飞行轨迹

普通飞机的飞行高度一般在 20 千米以下，利用稠密空气产生的升力飞行。卫星在 100 千米以上用轨道离心力飞行。在这两个高度范围的中间区域，两种飞行方式都不足以支撑有效飞行，但“水漂式”高超声速飞行可望解决问题，虽然“弹跳”方式和打水漂不完全一样。飞得低一点的时候，空气足够稠密从而发动机能点火产生推力，但长久平飞阻力很大；飞得高一点阻力小些，但空气很稀薄从而发动机无法点火。可以设想在35~60千米的高度以打水漂形式波浪式飞行。在“浪”底，由于空气稠密，可点燃发动机，产生的推力可使飞机爬飞到60千米高度。接近“浪”峰时，由于空气稀薄发动机只能熄火，但可凭爬飞阶段获得的惯性在阻力较低的“浪”尖高度滑翔一段距离。这样波浪式飞行，一个波浪就将近飞500千米的距离。

让水漂弹跳次数更多

我们希望弹跳次数越多越好，漂得越远越好。可是，我们普通人扔出去的漂，能弹跳10次就不错了。水漂在经历甩手、脱手、空中飞行、击水、弹跳和再入水的过程中，其实会涉及较为复杂的飞行原理以及与水的作用过程。史密斯就给出了一个打水漂方程式，来描述这些作用。

经过科学指导的打水漂则能将弹跳次数提高到数十次。例如，科尔曼·麦吉以12米/秒的速度和每秒14圈的转速扔出石块，弹跳次数达到了38次。

除了使迎水角接近20度、入水角尽量小、出手时让水漂旋转外，水漂的尺寸也有讲究。扁平石头厚度不超过6毫米，且直径在3~6厘米。石头的密度一般为每立方厘米2.5~3.3克，即每立方米2.5~3.3吨。如果取平均值，那么大致是2.9克/立方厘米。对于直径在5厘米，厚度为6毫米的石片，体积大致是12立方厘米，重量大致是34克，即不到1两的重量。

如果观看北美河道水漂节比赛视频，我们会发现，赛手在扔水漂时，身体向后倾斜，手臂与身体呈 45 度左右。一般用大拇指与中指夹住石片，而用食指勾住石片外圆周。甩水漂时，出手高度离水面不要太高，以使入水角远小于 45 度；抬起石片，让其迎水角接近 20 度，同时尽量让石片高速旋转（在出手时，勾住外圆周的食指用力旋转）。

之所以要旋转，是因为石片飞出去后，姿态可能不平，可能是一侧先触水。这样，石片可能跑偏或者出现不必要的翻滚。如果高速旋转，就会产生旋转助稳效应（因为旋转也是一种惯性，稍微一点点扰动很难改变姿态），使飞行的石片保持基本稳定，使石片弹跳次数尽可能多。

如果弹跳次数多，漂行距离远，那么就可以欣赏到丰富的水面波动现象。在每个落水点，会产生一串串波纹，呈圆形向外扩展。这样一串串的由落水点发出的水波波纹，也称为涟漪。我们会发现一些奇妙的现象，虽然石片的形状不一定是圆的，但水面波纹是很圆的圆圈。前面时刻的落水点发出的圆圈扩散的速度比石片滑行速度慢，因此一系列落水点留下的涟漪，影响范围都在石片后面。但在末尾阶段，石片如果因减速出现爬漂，即慢慢地在水面漂，那么涟漪波纹可能跑得比石片快。这些水面现象，是极其丰富的水面波现象的一部分。

石片击水，一方面将水面击打出漏斗一样的压痕形成小冲浪，另一方面激发出水花。石片弹开后，周边的水回填，产生震荡，就激起了上面说的涟漪。水花中的水滴尺寸有大有小，小的近似呈球形。有种力量将小水珠包成圆球形，这个力量称为表面张力。

石片的飞行原理和旋转的稳定作用，水面波动现象，在后面会有更多的展示和讨论。

2.　不修边幅的飞石

如果你用形状一点儿也不扁平的石头打水漂，就没那么容易了。别说不能在水上漂，在空中也会惹恼空气遇到障碍。谁都知道，抛向空中的石头，在地球引力（也称为重力）作用下会加速下落。可是，除了重力，别忽略和小看那些看不见的空气分子。空气可不是那么好对付的。分子很小，可是它们多啊。它会挡在前面，你得推开它；它又在后面尾随，你得拖着它。就是不让你省力，它试图阻止小石头飞得更快、飞得更远。小石头目前还不了解空气的脾气与爱好，当然会遇阻啦。空气分子活蹦乱跳的，你在其中穿梭，不缠着你才怪，想想捅了马蜂窝是什么情况。

千奇百怪的下落与飞行现象（图 1.4）

还是说石头，肯定令人失望：石头有什么好说的，无非就是说它飞着飞着会下落，空气还会使坏，让它飞得慢。可是别急，也不

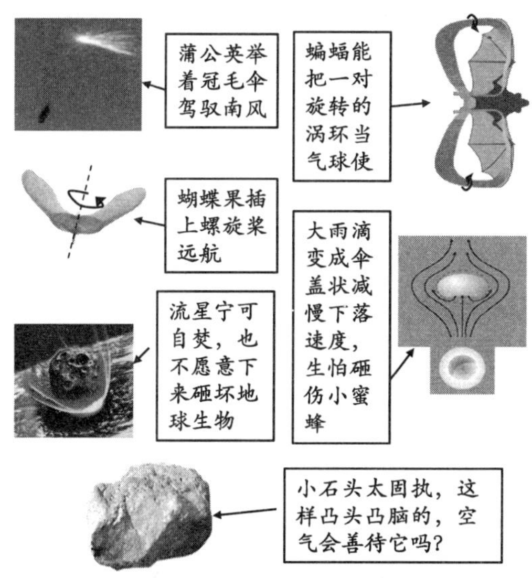

图 1.4　各种形状的物体在空中

要下意识地对空气产生不好的印象。首先，即使这显得枯燥，那么能从枯燥中也看到乐趣，就不会在乐趣中看到枯燥。

这里之所以要说石头，是想说明这样一个道理：因为小石头不愿意了解空气的脾气，所以就会遇到困难。但不是所有东西都会像小石头这样不修边幅。就像人一样，修饰一下，别人可能对你更客气。空气不一定比人的境界高，难怪它也会以貌取人。蒲公英就知道举着华丽的冠毛伞，南风当然就成了它们的游乐场。大雨滴在空气中穿梭，会知趣地变成伞盖状，这样空气就会帮它减小地球引力的加速作用，使雨滴徐徐下落，从而不会砸伤小蜜蜂遭遇官司。小鸟和昆虫选择了精美的翅膀，空气气流会帮助它们自由飞翔。飞机模仿了鸟，插上一对形体优美的机翼，空气便友好地在机翼上表演上吸下举的绝技，让飞机轻巧地在空中远航。空气让急速降落的流星带着一团火球、让旋转的足球走弧线、让美丽的雪花轻轻飘落。

但现在我们看看不修边幅的小石头会如何惹恼空气。

被小石头推挤和拖拽的空气（图 1.5、图 1.6）

我们耳听过风吹树叶沙沙响，也见识过肥皂泡泡或小气球炸裂时飞溅的水珠或小碎片。于是，我们不难理解，空气并不空，一定有看不见的东西，且有一定的内压。确实，大气中的空气并不空，由多得数也数不清的、小得看也看不见的、可以近似看成球的空气粒子（也称为空气分子）组成。暂时，我们不去看这些分子有多小、有多少和是什么。这里，我们只需要知道，它们是数也数不清的悬在空中到处乱跑的小球球。

这种到处乱跑也称为分子热运动。每个分子跑的方向不一样，速度大小也不一样，各有各的自由。一不小心，一粒分子就会碰上另外一粒分子。正是这种热运动，我们才感知冷热，原来我们是被分子碰热的，否则将冻成冰块。正是这种相互碰撞，空气才有内压。

这是一块各个方向尺寸差不多的小石头。小石头在空气中飞行，迎风面撞击空气分子，迫使挡路的空气让开。因此，挡路的空气会被推着走。人推着一群小孩往前走，就得使力。同理，石头推动空气，也给了被推动的空气以力的作用。反过来，撞击石头的空气也以牙还牙地给了石头迎风面的力，即石头的迎风面有了正压。这种以牙还牙，用物理学语言，就是所谓的牛顿作用力与反作用力定律。

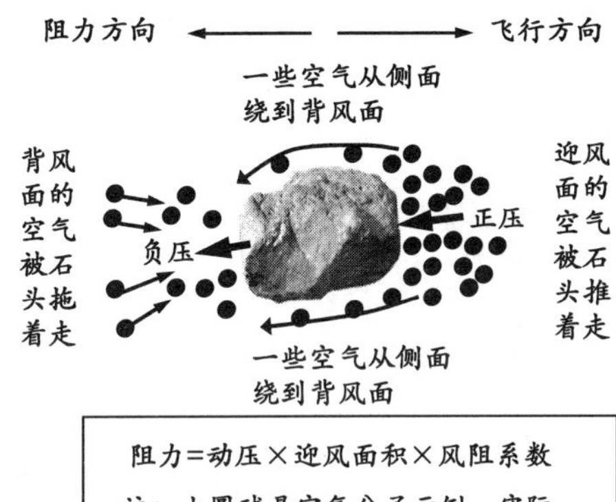

图 1.5 小石头在空气中飞行

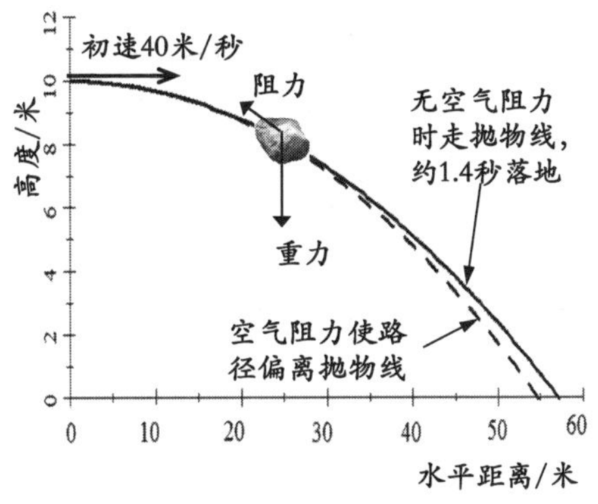

图 1.6 小石头飞行轨迹

迎风面的反面是背风面。你拖着一群小孩往前走，需要使力。背风面的空气被石头拖着走，当然需要施加作用力，反过来被拖动的空气也就有一个拉扯石头的力，即石头的背风面出现负压。背风面的负压也可以这样理解，背风面的空气显然是被石头吸着走。只有负压才能被吸着走。你用一根管子对着水吸气，水就流进嘴里，表明吸气时，气压低了，水就顺着低气压进嘴里了。

当然，如果小石头沿着飞行方向比较细长，那么被推动的空气可以从侧面绕到背风面去帮忙。这里不考虑这种纤细的形状。从侧面绕到后面的空气太少，不起太大作用。背风面起作用的主要是被拖动的空气。背风面的空气又没长手去拉着石头，怎么会被拖着走？原来，如果不被拖着走，石头背风面就会试图被留下真空。所谓真空，就是真的很空，空得几乎什么都没有。由于空气分子有乱蹦乱跳的热运动，会去填满任何空隙，因此不会留下真空。

迎风面的正压与背风面的负压，均指向飞行反方向，就像你在人群中挤向前面去打架，劝架的在前面挡着你，从后面拖着你，于是你遇到阻力。石头迎风面的正压和背风面的负压，合起来就是一种阻力，称为压阻，指向飞行相反的方向。

你在地面拖动物体，地面给物体摩擦，即产生摩擦阻力。石头飞行时，其侧面与空气分子也会发生摩擦，因此也产生摩阻。

这种压阻与摩阻一起，形成总的阻力，指向飞行方向相反的方向，会将飞行的石头的速度降下来。因此，由于空气阻力的作用，飞行的石头比没有空气阻力的情况飞得更近。

小石头的飞行速度越大，与空气相互撞击的力度就大，因此阻力越大。这样形成的阻力，与飞行速度的平方近似成正比。也当然与空气的密度以及迎风面的面积成正比，这是因为空气越稠密以及迎风面积越大，参与作用的空气就越多。比例系数也称为风阻系数，或阻力系数。阻力系数与形状、姿态和速度都有点关系。物体越美丽光顺，越娇小纤细，阻力系数越小。凸头凸脑的小石头，阻力系数接近 1。扁平石头阻力系数就小多了。因此，不知是否可以说，阻力系数就是美丽指数。美丽指数到底是多大，就是科学家去搞清楚的事情了。科学本身就是一种艺术，这么好玩的问题，在科学家面前当然能迎刃而解。

3. 谁都钟爱流线型　远走高飞的高尔夫球

具有流线型的物体和动物拥有的外形比小石头乖多了。现代飞机、高速列车和小汽车拥有美观的流线型取悦空气或水，使它们能顺畅地在空气或水中穿梭。流线型外形细长或扁平、表面形状光顺过渡、带有一定的弧度且表面没有坑坑洼洼。放在流水中，水能顺着这样的外形流过，流过物体的水会贴着物面走，流水形态不乱。正因为如此，流线型的飞机可以飞得快、飞得远。没有体型，光有亮洁的皮肤也不一定行。高尔夫球就不是流线型，外表越光滑空气越添堵。它干脆让皮肤粗糙，把气流磕得乱蹿，这种乱蹿的气流反而帮忙消灭添堵的拐弯涡，使高尔夫球飞得更高更远。这可能预示某种道理，顺着来如果不行，那就反着来试试。

流线型，能顺利穿梭于水或空气中的外形（图 1.7）

具有流线型外形的物体顺着长度方向运动时，水和空气更容易从侧面避让，一部分跑到背风面。这如同更瘦小的人或更细长的车，在稠密的人群中穿梭更顺畅一样。于是，需要被迎风面推着往前走的空气就少了，需要被背风面拖着走的空气就少了。不难理解，这种被推动和拖动导致的压阻就小多了。主要就剩下摩阻

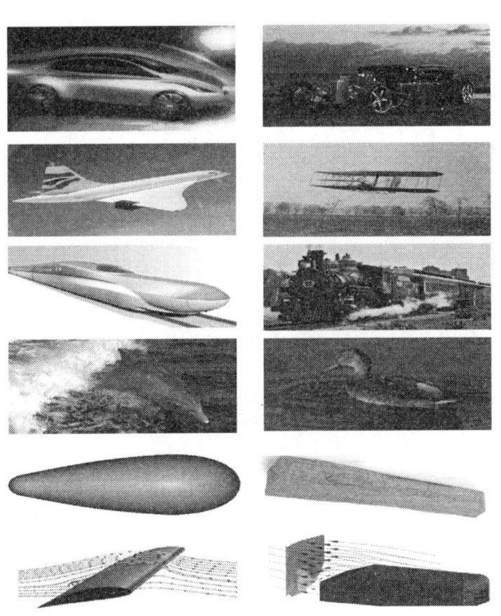

图 1.7　流线型（左）与非流线型（右）

了。更形象地说，流线型外形纤细而又光顺，运动时对水或空气骚扰（扰动）很轻，水或空气也就不会给流线型物体施加太大的报复作用。

经过大风吹拂的山丘、经过雨水洗刷的山坡、经过流水冲刷的内河岸，形状也是某种形式的流线型。山形地貌有了这种形状，气流或水流就能顺利地流过，否则就会施加较大的作用，试图削平那些凹凹凸凸的部位。这有点儿枪打出头鸟的味道。大自然也懂得一点儿圆滑的道理。

于是，那些需要高速行进的汽车、飞机、列车等就会被设计成流线型。这种人造外形，与自然界经受气流或水流冲击形成的山形地貌或优胜劣汰进化出来的动物外形，具有异曲同工之妙。外形巨大的鲸鱼，在海水中能以每小时数十千米的速度游动，很大程度上得益于其拥有流线型外形。鲸鱼的速度大，躲避攻击或者捕获猎物的能力就强，因此更容易进化出巨大的体型。

物体走弧线的离心作用（图 1.8）

既然是流线型，那么物体表面就带有一定的弧度。说到弧度，你可以先体会一下人行弧线的感受，尤其在游乐场。

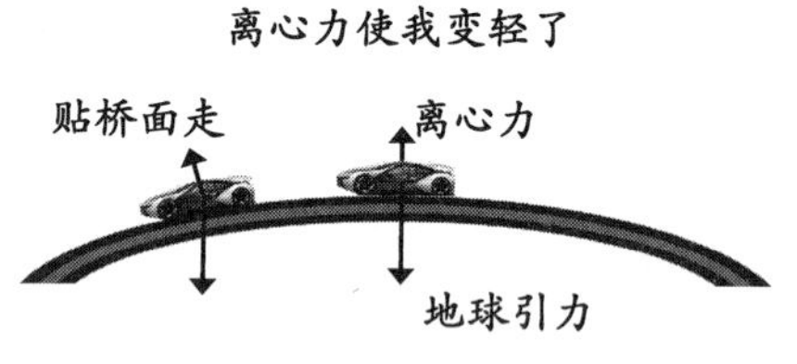

图 1.8　汽车绕拱形路面行驶

回想一下在游乐场体验过山车、大转盘、大摆锤或者超级波波翻的滋味吧。尖叫声中，也许有人在喊：被捆住啦、加速啦、失重啦、感觉要甩出去啦、落下深渊啦、虚脱啦、实在是受不了。如果在快艇或冲锋舟上，风驰电掣，急行于波涛中，一跃踏上浪尖，再砰、砰，重重地拍下去，你可能会感觉船会散架或顷刻翻倒。

那种天旋地转的感觉，告诉你恐惧就是激情。如果说激情不恰当，那就说成刺激。据说这种“刺激”能增加皮质醇、咖啡因以及肾上腺素。在这种激情之中，人在被迫走弧线。我们所感觉到的失重或被甩出去，是因为被限制走弧线时，受到了一种指向弧线外侧的离心力的作用。这种离心力如果抵消重力，就让你有失重的感觉，特别是指离安全椅，就让你有甩出去的感觉。以过山车为例，其运行路径是一圈一圈的，我们被捆绑在座椅上，时而进入内圈，时而贴着外圈。绕内圈时，感觉体重增加了，绕外圈时感觉体重减轻了，有被甩出去的感觉。这就是离心力的作用。

带弧线的流线型物体，在空气中（在水中也如此）运动时，会迫使那些贴着表面走的空气走弧线。任何物体，包括一小团空气和一滴水，走弧线时，会受到一个离心力的作用。

如果要体验一下离心力与什么有关，那么可以试着用细绳拴一块小物体甩圆圈。此时，你感觉物体通过细绳在拉扯你，旋转线速度相同时，绳的长度越小，拉扯的力就越大。转速越快，拉扯的力也越大。这个拉扯的力就是离心力。如果你松手，物体就不绕你转了，就向远离转动中心（即你牵引细绳的手）的方向飞去。

如果需要说一点道理，可以这样理解。原来，运动方向也是一种惯性，你在维持物体旋转时，相当于在不断改变物体的运动方向。惯性本来使运动物体应该走直线，如果强迫其走弯径，就存在试图让其回归直线的离心效应，于是就得用一个力来抵消这个离心力，才能维持进一步走弧线。给运动物体一个力，力的方向垂直于运动方向，那么就不会改变速度大小，而改变速度方向。

对于有弧线表面的物体，近似看成一个圆弧，就会对应一个圆的半径，称为曲率半径。这个半径与上面所说的甩圆圈的细绳长类似，于是，流体绕弧线表面流过时，如果曲率半径越小，即拐弯越急，离心力就越大，越容易甩离物面。因此，为了使气团或者水团能贴着物体走，流线型物体的曲率半径要足够大，也就是说不要弯曲得太厉害。

设想你在公路上驾驶一辆小汽车，要横穿一条小河，小河上有一弧形拱桥，直通河对岸，从而你开车过去时需要在这个数米长的弧形拱桥上面走。拱桥如果不高，那么小汽车就能平稳地贴着拱桥表面开过去。如果车速足够快，那么我们会感觉体重减轻了一点（即臀部与坐垫之间的压感小些了），即有失重的感觉。驾驶小汽车经过上面所说的拱桥，就受到了离心力，离心力抵消了一部分地球引力，使在车里的你感觉自己轻了些。

小汽车行驶在拱桥上，如果拱桥太高使弧度太大，那么速度足够快的小汽车就可能从拱桥最高点附近飞离。就是说，拐弯太急，离心力的作用就把汽车甩出去了，即汽车与路面分离了。

非流线型　拐弯涡（图 1.9）

流线型物体虽然有弧线，但正是因为弧线，可以做成没有拐弯太急的位置，离心效应不会太大，气流就会贴着物体走。

反之，如果是非流线型，从迎风面避让绕到背风面的气流，需要拐的弯就太大或者太急。在拐弯太急的地方会在某点甩出去，这种现象在专业上称为气流分离。如果在水中运动，这些现象就是水流分离。

分离使从迎风面绕到背风面的空气就少了，因此主要是背风面下游的空气被物体拖着走，需要的力就大，因此阻力更大了。分离出去的气流与背风面被拖进来的气流方向相反，因此卷曲成旋涡，称为拐弯涡（专业上叫分离涡）。

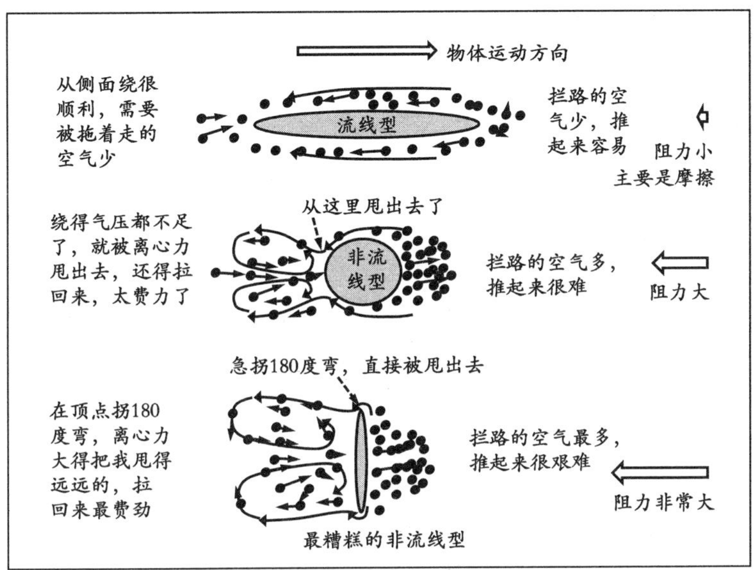

图 1.9　流线型与非流线型的气流与阻力

甩出去的空气被拐弯涡卷进背风面，绕了一大圈。人走路时，错过了该去的地方，绕一大圈折回去时，已经没什么力气了。类似地，对于非流线型外形，出现拐弯涡后，背风面气压就不足了，相比于大气原有气压，就会有较大的负压。于是总的压阻就大。

让流线型物体的长度方向朝着飞行方向，如扁平石头顺着飞行方向，那么就很难出现分离，压阻就小。如果长度方向垂直于风向，那么阻力就大。你抛椭球形状的橄榄球，比抛呈球形的排球更远，就是因为橄榄球比圆球更接近流线型。

即使外形像流线型，如果表面不光滑，那么也不是流线型。在地上拖东西，如果地面凹凸不平，那么摩擦阻力就大。如果地面平坦，摩擦阻力就小些。一般情况下，越光滑，摩擦阻力越小。物体在空气中或水中运动，也会受到摩擦阻力。越光滑，摩擦阻力就会越小。

非流线型　高尔夫球的凹槽（图 1.10）

但高尔夫球用光洁的外表反而没用，因为它是非流线型外形。为了减小摩擦阻力，我们想当然应使高尔夫球表面尽量光滑。可是，不是流线型的高尔夫球百依百顺也没有用，光滑反而不能取悦空气，阻力会更大。那干脆软的不行来硬的，让表面粗糙来死磕空气，看你空气怕不怕。还真怕，空气让步了，阻力减小了。当然，咱们不能这样用吓唬人的思维讲道理。既然有结果，那就一定有理性的原因。苏格拉底的因果定律说，每一个结果都有特定的原因或者多个原因。

重量不能大于 45.93 克、直径不能小于 42.687 毫米的高尔夫球，有酒窝型凹坑时，可以飞得更远、更稳。这是偶尔发现的奥秘，事先并不知道为什么。原来，一百多年前，英国工程师韦林·泰勒意外地发现：用过的高尔夫球的表面会出现不规则的破损，且这些旧的高尔夫球比表面光顺的新球飞得更远。他立即做了许多实验，设计出了带酒窝凹槽的高尔夫球，这样的球飞得更远。

带了酒窝，就更偏离流线型了，摩擦阻力应该更大，按理飞得更近了。为何反而飞得更远了，即阻力更小了？

原来，对于非流线型球状物体，很容易提早产生拐弯涡，产生

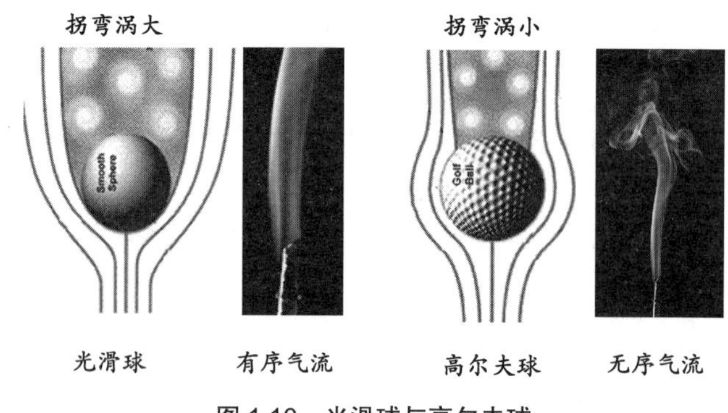

图 1.10　光滑球与高尔夫球

很大的压阻。如果带有凹槽，就很容易把气流磕乱，形成所谓的湍流，让气团找不到方向。坐飞机时，偶尔出现空乘人员提示：飞机遇到一些湍流，有些颠簸，请系好安全带。可见，湍流能乱得使飞机都颠簸起来。我们常见的香烟柱，下面一段是直的烟雾，上面一段是乱的烟雾。乱的部分就是湍流，烟丝一会儿串到这里，一会儿串到那里。烟雾萦绕即反复缠绕，就是对湍流的一种刻画。

行走方向乱的幼儿，更容易钻到别人家的房间。被打乱的气流无规则地到处乱跑，很容易钻进分离留下的空隙，使一旦有分离就可能被打乱的气流填进去。因此，拐弯涡就不容易过早发生。于是本来比摩阻大得多的压阻降低了，飞得更远了。

高尔夫球的凹槽显然不是随意刻的，只有满足一定的规律才有效。六角形的凹槽最有效。现在可以先思考一下，为何六角形最有效，是否与六角形蜂巢和六角形雪花的形成有相似道理?

更令人纳闷的是，烟柱到了一定的高度怎么会变乱，哪怕在安静的室内。如果直直的升起，烟柱就局限在一个窄的上升通道中。也许只有变乱，上下左右前后乱蹿，才可以拓宽上升的通道。变成湍流可以快速拓宽活动的范围，谁都不情愿憋在窄细空间中受约束。于是不难理解为何会出现湍流。

4.　省力的橹与飞行的秘密　迎角的升力与抬头效应

我们都有这样的常识，飞机与鸟之所以能在空中飞行，是因为飞行的机翼与翅膀能产生升力。可是，很少人知道，机翼和翅膀产生升力的方式或者说原理，居然和公元前汉代发明的橹在摇动时产生推进力的原理完全一样。不知是否可以说，是汉代的人最早掌握了飞行的本质原理。据说受橹的启发，英国人发明了螺旋桨，美国人改进了游泳运动员的姿势。这个秘密就在迎角，即扁平的物面与运动方向有夹角。迎角使扁平物体的一面被水流（或气流）撞击，一面被水（或空气）拉扯，产生推进力或升力。

船橹的秘密（图 1.11、图 1.12）

宋代慧远禅师的《点绛唇》曰："来往烟波，此生自号西湖长。轻风小桨，荡出芦花港。得意高歌，夜静声偏朗，无人赏。自家拍掌，唱彻千山响。"可见一边划船还能一边唱歌欣赏美景，这说明划船的桨叶还是比较省力的。

船夫有三篙不抵一棹、一橹抵三棹之说。可见，橹的效率最高。人们可能认为橹利用了仿生学原理，仿照了鱼尾，通过像鱼摆尾一样摇摆橹来产生推动船前行的力。事实上，橹不是像鱼摆尾那样通过摇摆获得推力，而是利用了神奇的迎角效应，与机翼产生升力的道理一致。

东汉刘熙在《释名》一书中就提到了橹，尤其指出橹在摆动时能产生力，且力沿着船脊方向。船橹一般通过支点固定在船尾，握手的橹把则通过橹绳与船缘链接，可以在不用的时候稳定船橹并配合橹手左右摇动橹把。摇橹手面朝船的一侧，向船的两侧方向摇动船橹，使在水中的橹板朝船的两侧来回划水。橹手通过转动橹柄，

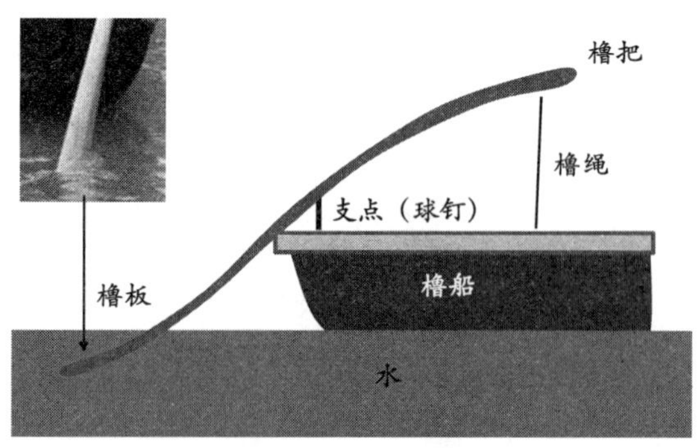

图 1.11　橹的基本构造

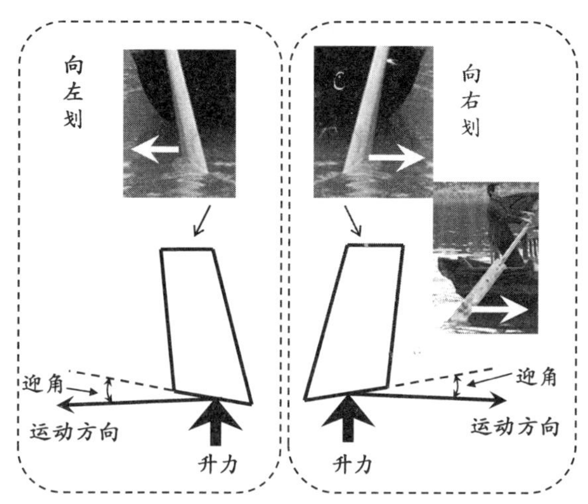

图 1.12　橹板的交替运动产生升力即推进力

使橹板在来回划水时，橹板的一面总是与运动方向（即橹板划水时向两侧的运动方向）有一夹角。

这个夹角也叫迎角或攻角。迎角效应使橹板产生了垂直于橹板朝两侧运动的方向的升力，也就是推动橹船的力。往下我们会用带迎角的小石片来说明为何会产生升力。

当然，除了与运动方向垂直的升力，也存在与运动方向相反的阻力，尤其是摩擦阻力。但迎角适当的话，升力可以比阻力大 10 倍左右。橹手摇橹时，主要朝（橹板在水下运动的方向）相反的方向发力，这样橹手就只需要克服橹板较小的阻力，却在橹板上产生了较大升力。另外，这个升力方向指向船前进的方向，对船的行驶而言，这就是推力。

因此，摇橹手只需要付出较小的体力，就可以产生较大的推力。这就是橹省力的原因。产生升力的迎角效应有一定的普适性，下面用飞行的石片做通俗的解释。

迎角的升力效应（图 1.13）

设想有一块扁平的石块，某时刻，其飞行方向与石片有一夹角，即上面所说的迎角。假定迎角不太大，比如说 10 度左右。

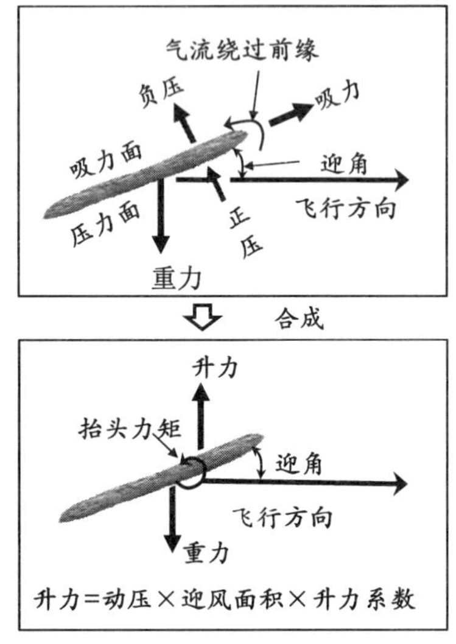

图 1.13　迎角产生升力和抬头力矩

飞行时迎着飞行方向的那一面称为迎风面，迎面撞击空气，当然会产生正压，于是迎风面也可以称为压力面。另一面需要拖着空气走，因此很难产生正压，一般会产生负压，故称为吸力面。这个道理与前面介绍的非扁平石头迎风面产生正压和背风面产生负压的道理是相似的。

可是，如果仅有迎风面的正压和背风面的负压，那么正压与负压的合力就垂直于石片，而不是垂直于飞行方向。牛顿就认为石片受的合力垂直于石片。实际上，这种气压差带来的合力近似垂直于飞行方向，是与重力方向相反的升力。

原来，飞行的石片迎面撞击空气时，前方被推动的空气有一部分绕过前缘到了背风面。绕过去时要拐很大的弯，从而感受到较大的指离前缘的离心力。这个离心力抵消了一部分当地气压，因此给前缘施加负压，产生吸力。前缘吸力指离前缘，与迎风面的正压与背风面的负压形成的合力，令人不可思议地近似地垂直于飞行方向，即这种合力就是升力。

有一点就想不明白了，如果前缘很尖细，那么提供的吸力能大到哪里去？原来，前缘越尖细，那么拐外越急，离心力就越大。因此，合起来的吸力就那么大。问题是，迎风面、背风面和前缘产生的合力为何偏偏与运动方向垂直？道理是这样的，既然合力不会垂直于石片了，那垂直于什么，才能用最简单的语言可以表述？自然规律追求简单、简约、简美，如果什么语言表述最简练最可理解，那么规律就能用这个语言表述。想来想去，没有比垂直于运动方向这种描述更省劲了。自然就说，那就垂直于运动方向吧。于是，这个力就真的垂直于运动方向。

当然，物理学家能用物理学满足的基本规律（如牛顿定律）并借用数学推演，证明这个结果。我们既然能以刚才懒惰的逻辑来指明结果应该是那样，何必在这里翻开连科学家都费劲才能搞清楚的推演？

如果迎角适合，那么石片受到的阻力（指与飞行方向相反的力）主要只有摩擦阻力。上面的气压差主要贡献升力。

这就是迎角产生升力的本质原因。飞行的石片、船的橹板、推进用的螺旋桨、飞机的机翼、鸟的翅膀、喷气发动机的叶片，甚至飘落的树叶，都是靠这种迎角产生气压或水压差，形成所需要的合力。对于飞行，这个压差形成的合力是升力。对于推进的叶片，这个力是推进力。对于舵面，这个力就是用于操纵方向的力。

适当的迎角能产生升力，但迎角太大则物极必反。最糟糕的情况就是横着飞，即迎风面与飞行方向垂直，此时如同前面提到的石头，只有阻力没有升力了。于是必然有一个最佳迎角，使升力最大。鸟翅膀的最佳迎角一般在 12 度左右，一般飞机机翼的迎角也接近这个数。

当然，石片边缘的其他部分不会像前缘这样提供恰到好处的吸力，使真实的气压差的合力也贡献一部分阻力，但这不影响对迎角产生升力的本质理解。

迎角的抬头效应

我们都知道如何更轻易地去掀翻或推倒一个物体，这比移动一个物体更容易。我们熟悉的杠杆原理就是一种四两拨千斤的方法。用专业一点的语言，就是力矩效应可以使物体改变姿态。你去推一件物体的重心，物体会移动但不倒。如果你在偏离物体重心的位置推物体，物体就转动或改变姿态。推力偏离重心越远、越容易改变姿态。推磨盘就是这个原理。

机翼或小石片在气流中带迎角运动，产生的升力一般不会作用在它们的重心上。由于是机翼的前缘主动去撞击前方的空气，因此迎角效应集中在离前缘不远的地方，于是产生的升力作用在离前缘不远的地方，即一般在中心点（即重心）与前缘连线的某位置上。由于升力在重心之前，与重力不作用在一个点上，而是作用在试图迫使机翼抬头的点上。于是，迎角效应产生了所谓的抬头力矩。飞行的石片如此，飞机的机翼和发动机的叶片也是如此。

如果你扔一块石片，那么飞行过程中稍有偏转，就会产生由迎角效应带来的抬头力矩，于是石片可能改变姿态甚至翻滚。为了姿态更稳定，可以在将石片甩出去的时候，用手指带动石片旋转，看看旋转的石片是否飞得更稳定。

翼尖涡与桨叶涡（图 1.14）

通过带迎角来获得升力的翅膀会在下表面产生正压，上表面产生负压。这种正负压差居然导致在翅膀两侧的翼尖附近出现一对往下游延伸的、旋转方向相反的旋涡。

划船桨时，在桨尖也会产生一对旋涡，道理是一样的。

原来，机翼下表面的气压比机翼外侧的环境气压高，于是会向翅膀外侧吹气。机翼上表面的气压比机翼外侧环境气压低，于是会向翅膀内侧吹气。

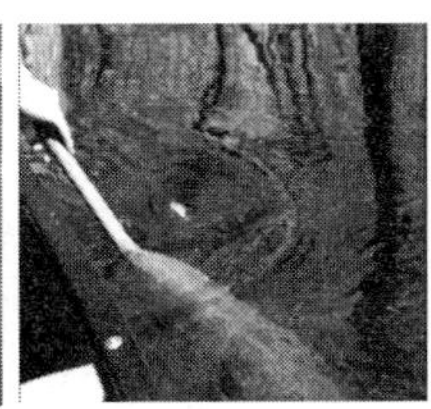
图 1.14 翼尖涡与桨叶涡

这样形成的吹气方向相反的气流，到了机翼下游直接接触后，就变成了气流相互搓动。不同方向的气流相互搓动，就会卷起旋涡，就像你用两个手掌通过向相反方向运动搓擀面杖，擀面杖会旋转一样。你双手抛篮球时，往相反方向转一下掌，篮球就会转起来，道理是一样的。其实，你单手也都能这样将篮球转起来，只是双手更容易做到。

机翼每一侧的翼尖都有同样的效应，因此就会出现一对旋转方向相反的旋涡。这等价于说，由于机翼上表面是低压，机翼下方的高压驱动气体翻到上面去，于是就形成了翻转涡。这与拐弯涡不同。

对于飞机，这对翼尖涡会将云层卷起，在飞机下游很远的地方都能看到。由于旋涡来自于机翼上下表面气压差，因此越大的飞机，升力越大或者说机翼上下表面的气压差越大，翼尖旋涡就越大越强。

5. 带着气流旋转 弧线球

运动的机翼靠抬头获得迎角后产生升力。抬头是相对的，若让空气气流低头，效果应该是一样。物体旋转能带动气流旋转，等价地产生气流低头或抬头效应，产生类似于升力的力。由于这个力不一定用于让飞机升起来，但与飞行方向垂直，因此广义地称为侧向力。于是不难理解，足球、篮球和乒乓球如果旋转，就会被侧向力驱动它们走弧线。

侧向力的产生　马格劳斯效应（图 1.15）

物体如果一边穿梭一边旋转，在推挤空气时也把空气带着旋转起来。向前转的一侧（称为前转面）与向后转的一侧（后转面），撞击空气的速度从而力度不一样。力度大的那一侧会受到空气更大的气压作用，于是就产生了从前转面指向后转面的力。这个力与运动方向垂直，因此称为侧向力。这种效应是马格劳斯发现的，因此称为马格劳斯效应。产生的侧向力称为马格劳斯力。

说得更细致点，在前进一侧，旋转导致的物体表面线速度与飞行速度具有相同方向，带动空气以更快速度撞击前方空气，形成更高的正压。在后撤一侧，旋转导致的物体线速度与飞行速度方向相反，带动的空气速度低，撞击前方空气的力度小，因此正压低一些甚至形成负压。合起来就形成了前进侧指向后撤侧方向的力。显然，旋转速度越快，前进一侧与后撤一侧的速度差就越大。因此，产生的侧向力与旋转角速度成正比。这是一种理解方式。如果你借用前面对迎角的升力效应的理解，也可以认为物体旋转时相当于迫使前方的气流低头或者抬头（是逆时针转还是顺时针转），这与物体抬头或者低头产生的效应当然类似。

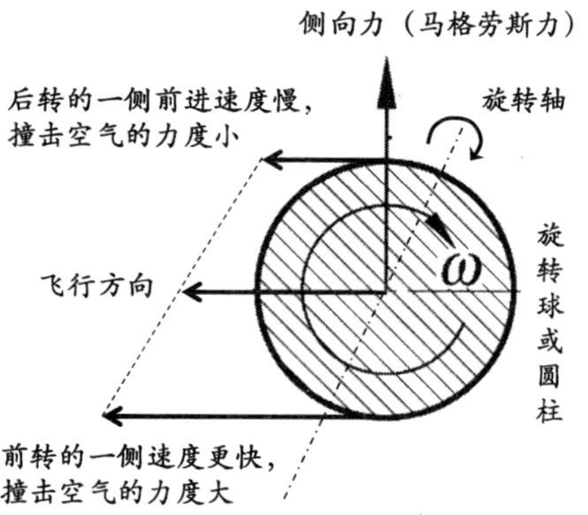

图 1.15　旋转飞行的物体产生侧向力

由于侧向力与运动方向垂直，因此会迫使旋转的物体走弧线。

球类运动中的应用　弧线球与电梯球（图 1.16）

20 世纪 50 年代，日本乒乓球运动员利用马格劳斯效应发明了弧线球发球技术，发球时让球旋转，球就走弧线，以此压低或改变线路，同时让对手去接旋转着的乒乓球，增加接球难度。高尔夫球如果旋转也会偏离它的行进方向，使落点远离洞口（马格劳斯效应导致所谓的 Slice 球或 Hook 球）。棒球和板球运动员也会投出各种弧线球，给对方击球手制造麻烦。于是，在球类竞技体育中，马格劳斯效应随处可见。

以乒乓球为例（过去直径为 38 毫米，质量为 2.5 克，后来改为 40 毫米和 2.7 克），如果用球拍搓乒乓球下表面使其产生下旋（即靠近身体的部位向下旋转），那么前飞的乒乓球就产生向上的侧向力，如同升力。这时乒乓球就会飘得更高。如果搓乒乓球的上表面产生上旋，那么就产生指向下方的侧向力，乒乓球会绕着低矮的弧线贴着球台走。

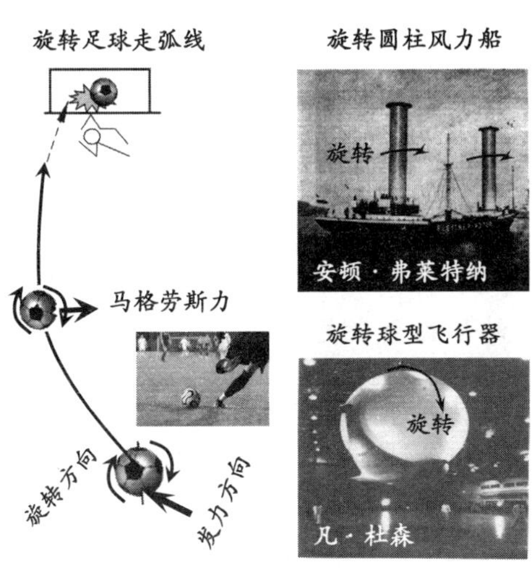

图 1.16　马格劳斯效应的应用

在足球运动中，高水平的职业球员利用马格劳斯效应，在罚点球或者任意球时通过让足球旋转，踢出漂亮的弧线球。如果右脚踢球使球的近脚一侧朝左旋转，那么产生的侧向力就指向右边，球会向右走弧线。当然，也可以让足球上旋、下旋和右旋，不难想像足球会分别走低矮弧线、腾高弧线和左侧弧线。发定位球时，要想绕过人墙入网，恐怕最好的办法是依靠让足球旋转起来的马格劳斯效应了。对于直径为 22 厘米和质量为 0.430 千克的足球（不同时代的足球大小和质量有区别），若从距球门 25 米处罚踢任意球，且以每秒 25 米的速度踢出，同时让足球每秒转 10 圈，则由马格劳斯效应产生的侧向力可以估算为 4 牛顿左右，足以让足球在入门前横移 4.5 米左右的距离，此时，守门员扑球难度增大。

神秘的电梯球，在接近球网时，突然下掉，让守门员猝不及防。这可能是向下的马格劳斯力突然增大了或者向上的马格劳斯力突然变小了或者反向了。因为马格劳斯效应也与飞行速度有关。速度大的时候气流可能被磕出湍流，和高尔夫球靠凹槽磕出湍流是类似的，于是足球背风面不容易产生拐弯涡。此时阻力小，足球只会慢慢减速。但足球速度低到一定程度后，磕不出湍流了，拐弯涡趁机冒出，用阻力强拽足球，让其速度迅速下降。此时，与速度成正比的马格劳斯力突然变小。如果足球的旋转事先使马格劳斯力朝上，速度突然变小不使足球突然下掉才怪。

驱动航行的马格劳斯力

1924 年，德国航空工程师安顿 · 弗莱特纳在船上树立一根可以旋转的圆柱，风吹圆柱时，因马格劳斯效应产生了垂直于风向的侧向力，可以牵引船的航行。这就是一种基于马格劳斯效应的风力推进船。

20 世纪 30 年代初期，美国人尝试过用旋转的圆筒替代常规机翼来产生升力。1978 年加拿大人凡·杜森用高强度的弹性材料卡芙拉制作一个大浮力球，用一根水平轴穿过球体的两极，水平轴的两端分别装有发动机，巡航飞行时带动球体旋转，产生的马格劳斯力作为升力。后来，有人成立了马格劳斯宇航公司，专门研制和生产基于马格劳斯效应的乘人飞行器。

1.2 失稳、旋转与振动让世界更灿烂

万物都在运动，旋转与振动也是运动的形式。有的运动来自于外力，有的来自于自身不稳定。它们丰富了运动的自由度，让物体的能量可以存储与转换，恰如我们生活中的储蓄与消费。空气中氧气分子和氮气分子的热运动除了移动，还有转动。这种分子很怪，一个方向的移动分得了多少能量，那么绕一个轴的转动也得分多少能量。你搞不清它们为何要等贵贱均平富。如果空气分子没有转动，那么大气温度不知要高多少，转动分走了一部分吸收的太阳能。旋转蓄含了一种力量，物体遇到麻烦侧歪时，这种力量就会出来帮忙。旋转使相邻的星星不会受制于万有引力而撞在一起。振动让世界拥有节奏和旋律。如果没有振动，我们就没有时钟，也没有动听的音乐。旋转会导致物体与空气共舞，否则旋转的球类不会走弧线。自发的旋转往往来自于失去稳定，但主动旋转又会使物体更稳定。正是因为有旋转，才有我们的灿烂宇宙，才让地球不即不离恰到好处地靠近太阳，才让宇宙天体不会撞在一起。可以说，是因为有了旋转，才有地球生命。那就让我们在失稳、振动和旋转的世界甚至宇宙中走一遭吧。

1. 失稳中的多姿多彩或险象重重

沉稳就是一种情绪的稳定状态，失控或者冲动就是一种情绪失稳状态。下雨天在路面滑倒就是一种失去稳定的结果。失去稳定可能导致危害，也可能有利用价值。失去稳定可能演化出多姿多彩的有序现象，也可能演化出捉摸不透的混乱形态。有的影响小，比如骑自行车滑倒的影响范围极小。有的可能大，比如传说中的蝴蝶效应。有的系统本身不稳定，为此人们发明了巧妙的使系统稳定的方法，使本身不稳定的标枪、弓箭、飞机与游船等变得稳定可控。稳定往往比追求变化更重要，至少是追求和谐变化的基础。一个不稳定状态，失稳后可能演化出一个稳定状态，“野渡无人舟自横”就是这种情况。

野渡无人舟自横（图 1.17）

一艘自由的船在水流中也会像小石片或翅膀在气流中一样，其竖直方向与水流方向之间稍有偏转，就产生迎角效应，包括升力效应和抬头效应。对于船这样的外形，迎角效应虽然没有机翼那么大，但足够可以改变姿态。

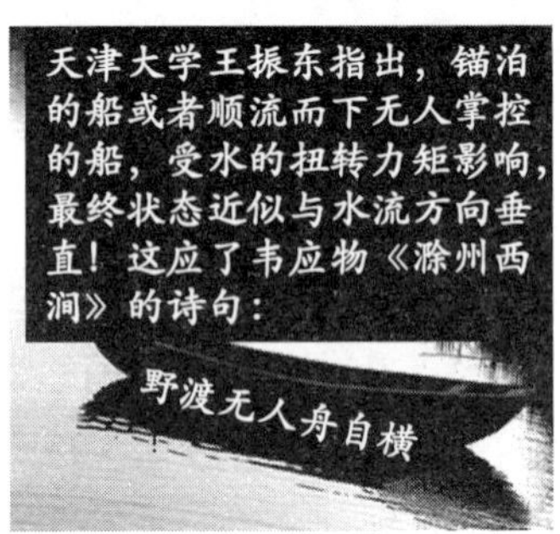

图 1.17　野渡无人舟自横

野渡无人舟自横就是这种原因导致的，该诗句出自《唐·韦应物·滁州西涧》：“独怜幽草涧边生，上有黄鹂深树鸣。春潮带雨晚来急，野渡无人舟自横”。

没有人操控的船，如果竖直对

着水流方向，那么稍有偏转，就产生上面所说的令其进一步偏转的迎角效应。因此，船身竖对着水流方向，是不稳定的，会慢慢偏离方向。

船横对着水流方向则不会失稳。即使遇到偏转，那么试图偏向上游的一侧撞击水流的力度就大，产生的额外阻力作用在这一侧，就会阻止其进一步偏转。试图偏向下游的一侧撞击水流的力度就小，减小那侧本来的阻力，因此也会阻止进一步偏转。

因此，横对着河道（即流水方向）的无控船只更稳定，即使遇到扰动偏转，也会产生使其恢复到横向的力。这就是野渡无人舟自横的原因。

秋风扫落叶与飘落的纸片（图 1.18）

树叶下落时可能会翻滚以及侧飘。这些现象淋漓尽致地出现在一些诗文中，例如《隋・孔绍安・落叶》:“早秋惊落叶，飘零似客心。翻飞未肯下，犹言惜故林”。还有司空曙的“随风偏可羡，得到洛阳宫”。我们看到的大多数树叶落下时，要么摇摆，要么翻滚。在垂直风的带动下，落下的树叶还有可能飘起来。树叶形状比较复

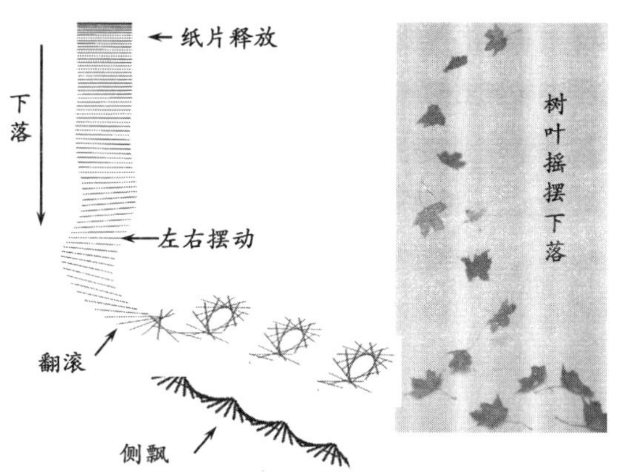

图 1.18　纸片、树叶等下落和飞行的混合状态

杂，经常有五个角。如果是长方形名片，则更好理解失稳和翻滚，虽然道理和树叶是一样的。

现在用名片或扑克牌等纸片来做一个实验。端平长方形纸片轻轻松开，让它平躺着开始下落。重一点的纸片会一直平躺着直接落入地上。轻一点的，会左右摇摆着下落。

如果从足够高的地方释放纸片，或者释放时让纸片竖着且长边对地，那么下落一定高度后，纸片会翻滚下落，并且往左侧或右侧飘。

释放时，如果让纸片下侧的边缘朝左偏转一点点，就会顺时针翻滚向左飘落；让纸片下侧的边缘朝右偏转一点点，就会逆时针翻滚向右飘落。

原来，这种事先让纸片偏转，或者下落过程中因为扰动或不平衡随机地出现偏转，就会使纸片与下落方向产生迎角。迎角的升力效应使纸片受到垂直于下落方向的力，使纸片侧飘；迎角的抬头效应使纸片翻滚。

翻滚下落本身又代表了一种旋转，引起马格劳斯效应，这种马格劳斯效应对应的侧向力，加剧了侧飘。树叶形状更复杂，除了有长方形纸片那样的情况，还会产生轻易捉摸不透的力，因此下落时还可能出现飞舞现象，即突然快速翻滚。如果遇到什么大气尘卷风，那么树叶会在尘卷风中时而飞舞，时而落地，时而迅速飘起。

曲面上的弹球（图 1.19）

也许没有比曲面上的弹球更好的例子来帮助理解什么是稳定状态和不稳定状态了。

将一颗弹球放在平坦的桌面上，轻轻推一下，弹球移动到一个新的位置，停在新的位置上，不会自动回到原位，也不会无限地远离原位。这种情况叫中性稳定。如果将弹球放在球形锅底这样的凹面的上面，轻轻推一下弹球，弹球在重力作用下最终会回到原位。这种情况就是稳定的。如果把锅翻过来，将弹球放在其凸面上，轻轻推一下弹球，弹球就会在重力作用下滚下去，再也回不到原位。这种情况就是不稳定的。

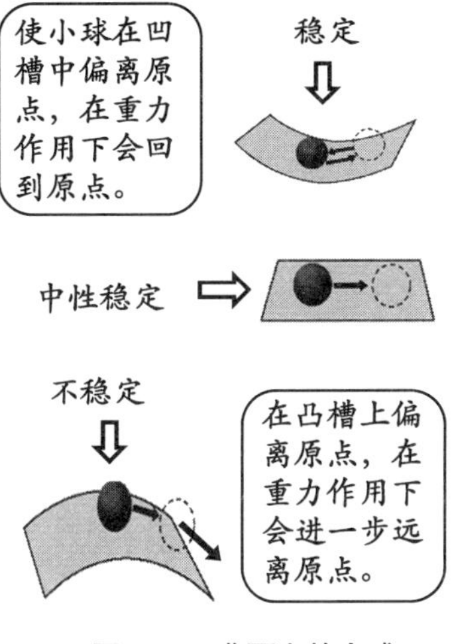

图 1.19 曲面上的小球

更复杂的问题中的稳定与失稳，道理类似。失之毫厘谬以千里，指的就是处在一种不稳定状态，稍有偏差就会导致不可复原的变化。

失稳中的多姿多彩（图 1.20）

自然界也像人，不满足于单调与乏味。美丽的形态，往往是一种更和谐更有序的状态，因此就容易从一个单调乏味的状态通过失去稳定演化而来。最直观的例子就是波浪，如大气波浪云、水面的长条形波浪和旗子飘扬形成的波浪。这些波浪也称为开尔文波，因为开尔文解释了其产生的原因。

看似一串蘑菇型花朵的波浪云，是由单调乏味的两股速度不一样的气流相互搓动引起失稳导致的。

假设高空有一股冷空气从远方吹过来，在低空的热空气上面流过。两股气流相互搓动，总是会引起它们交界面的变形，导致相互渗透。

我渗透一部分到你那边一侧，对你而言就相当于鼓起来一个小鼓包，迫使你走弧线。你就产生离心力了吧，于是你就得降低气压来补偿离心力。你气压小了后，抵抗我的力气就更小了，于是我得寸进尺，进一步深入你的腹地。当然你也不甘示弱，把我突进去的部分吹弯，把我突进去的部分吹得滚起来，让我在那里打转转。把我变成旋涡了。你来我往，我从一个位置插进你的同时，也把边上的你挤得有一部分来不及吹走，来不及吹走的走投无路，只能往我这边挤，突进我的腹地。我也如法炮制，先假装让你，实则也在通过走弧线产生离心力降低气压，把你勾引过来多点，再猛地把你吹翻。

因此，两股有速度差的气流的交界面是不稳定的。一旦出现一侧向另一侧鼓进去的情况，就迫使另一侧走弯路，产生离心力降低气压，使鼓起效应放大。

波浪云也好水面上的波浪也好，为何有时是一种有序的、有浪峰有浪底的一段段谐波（即看上去和谐变化的波）？尤其是，波长不是随意的，而是发展出一个特定的波长（相邻两个浪峰之间的距离）。

原来，初始变形的波长如果太大，那么鼓出来一点点，相对弯

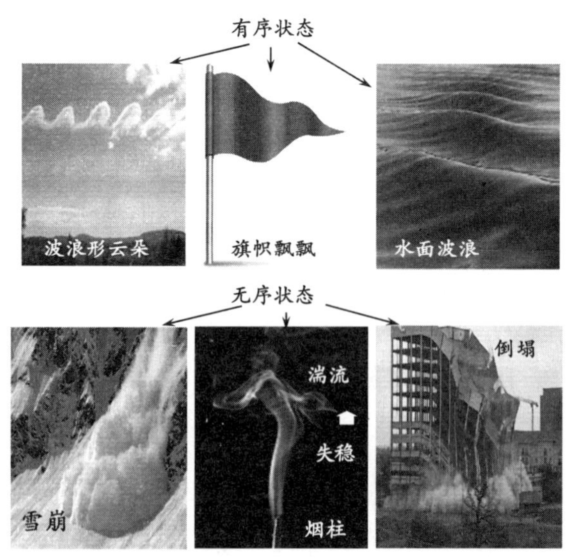

图 1.20　失稳导致有序状态或无序状态

曲程度就小，从而离心力不足以驱动产生快速的失稳运动。如果波长太小，就像车行驶在铁轨上不会产生离心力一样，也不容易失稳。因此，一定有一个特定的波长，最容易失稳，或者说失稳后变化最容易快速发展。那些失稳不容易的杂乱变形，变化不怎么快。因此，一定是那种本身就像波浪一样的且具有合适的波长的变形得以快速发展，最终形状被它决定。

当然，气流交界面的初始变形不会恰到好处地是拱桥路面那样的弧形表面。但任何变形可以看成许许多多的波浪形变形叠加而来。这种从随机的初始变形中“选择”其中包含的令失稳发展最快的波浪，也可以理解为一种优胜劣汰。

在波浪云中，热空气遇到冷空气后，其中的水蒸气凝结成白色水雾，随波浪一起运动，因此就形成了看得见的波浪云。

名片的翻滚下落以及烧开水形成六角形对流腔等，也是失稳引起的多姿多彩的有序现象的例子。

蝴蝶效应　失稳导致的险象与混乱

一只蝴蝶在巴西扇动翅膀，就有可能在美国的得克萨斯引起一场龙卷风。这就是所谓的蝴蝶效应。当然这只是说有这种可能性，实际上发生的概率极小。蝴蝶效应是指某些不稳定系统，稍微受到点扰动，就会失稳导致变化被放大的现象与混乱。

其实，蝴蝶翅膀扇动很慢，每秒也就 5~10 次。蝴蝶那么小，扇动翅膀时引起的气流与气压变化当然很小，怎么可能诱发龙卷风呢?

在平路上要推动一辆大卡车当然很困难。如果这两大卡车悬在悬崖边上，你轻轻一推，就掉下去了，因为卡车所处的状态是极不稳定的。如果卡车停在平坦路面上，你轻轻一推，它纹丝不动，因为卡车所处的状态是稳定的。同理，如果大气条件恰好处在一个极度不稳定状态，蝴蝶效应就有可能发生。

雪崩、烟柱的上层变成湍流、房屋倒塌、骚乱、踩踏事故、连环车祸、坠机事故、波涛汹涌等，均是失稳导致的险象或混乱。

用平底锅烧水，水慢慢加热，我们从上面可以看到被加热的空气蒸发形成的白雾，水可能在慢慢流动，但幅度不大。如果持续一段时间，水会突然沸腾起来。这表明失稳有可能特别快。

让不稳定变得稳定（图 1.21）

有迎角的机翼产生抬头力矩，因此飞行的机翼一般是不稳定的。为了稳定，就需要采用控制措施。水平尾翼包括鸟的尾翼就是用于控制这种不稳定的。机翼抬头的同时平尾也抬头，机尾的平尾增加的升力相对于飞机重心的扭矩就与前方机翼增加的升力相对于飞机重心的扭矩大小相等，方向相反，相互抵消，保证飞机稳定。

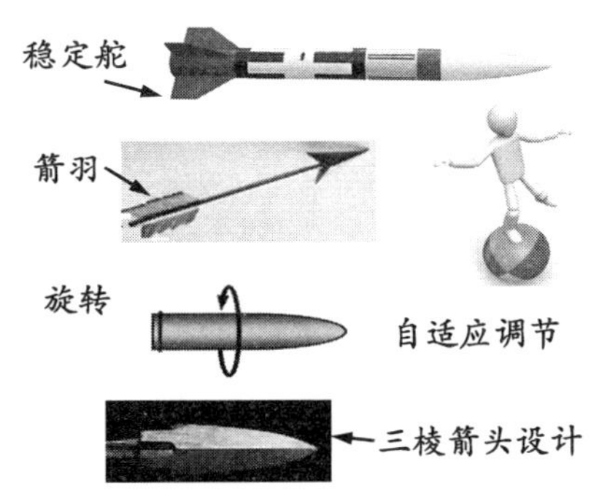

图 1.21　让不稳定物体变稳定

不难理解，导弹、船舶、火箭和弓箭，也是通过稳定舵或箭羽来实现稳定。稍微偏离方向，稳定舵就获得迎角，产生恢复姿态的扭矩。

秦弩采用三棱箭头，也能帮助增加稳定性。道理稍微复杂点。标枪则因其使用性质，不能加稳定舵。通过改变质量分布，让质心靠前，这样遇到偏离方向的扰动，产生的迎角升力近似作用在质心上，就不会产生失稳的扭矩。

某些子弹在出膛前令其高速旋转，这样不容易跑偏，原来，旋转也可以帮助物体运动时更稳定。

2. 旋转助稳　令人痴迷的玩具陀螺

玩具陀螺因为自旋，立在地面而不倒。它历史悠久，让小孩和大人都着迷，尤其让科学家痴迷。类似地，飞碟因为自旋，能稳定飞行。水漂如果自旋，不容易跑偏。旋转似乎携带了某种力量，当受到外部干扰时，这种力量就出来帮忙，通过帮助物体各部分绕弯子来躲避、化解、转移或吸收外力在一个点的死缠烂打。在气流中滚转飞行的物体，如旋转的足球，还会具有前面所说的马格劳斯效应，让物体能躲开正面的拦路虎。看来旋转的力量不可小觑。

惯性和转移性让旋转物体更稳定（图 1.22）

速度是一种惯性。物体有了速度，如果不通过外力作用，速度大小和方向就不会变化。同理，旋转也是一种惯性，是旋转物体各点速度惯性的一种综合效应。一个旋转的物体如果没有外力干预，就会保持原有姿态继续旋转，即具有旋转保持性。

不但旋转速度即旋转的快慢是惯性，旋转轴即旋转方向也是惯性。没有外力作用，旋转速度和方向就不会改变。反过来，如果临时遇到一点外力破坏，就会牺牲一点旋转惯性，把外力的影响吞掉了。不会进一步使姿态失稳，因为进一步改变旋转的姿态，还需要新的外力作用。

不仅如此，旋转还可以转移力的作用。如果有持续发生作用的外力试图使物体偏离姿态，不旋转的物体就在一个固定位置或区域持续感受外力的作用。如果属于那种穷追不舍的外力，你越偏离原有的姿态，这个力越起劲的话，那么物体可能失去平衡，甚至被掀翻。

反过来，如果物体足够快地旋转，那么物体的不同部分就会轮番过来感受这个力，而不会停留在原始状态让外力往一个点和一个方向死缠烂打。

石片飞行时，稍有偏转就产生迎角，就会产生升力效应和抬头效应，使石片可能失稳和翻滚。如果高速旋转，抬起的一侧很快转到侧面或后面，不会在原有方位持续接受抬头效应，很难被掀翻。打水漂让石片旋转，就会让石片飞得更稳定。自旋的飞碟更能稳定飞行，也是类似道理。

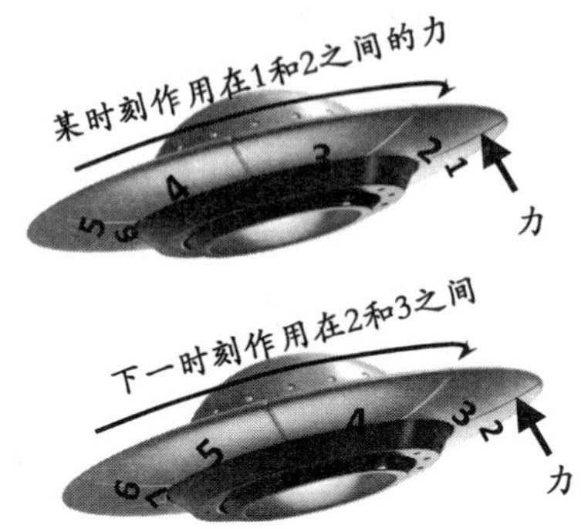

图 1.22 旋转的转移效应

不倒的旋转陀螺（图 1.23）

玩具陀螺直立情况下，重力正好落在支点上。如果因为某种干扰或者重心不完全在中心轴线上而导致轻微偏转，那么重力就偏离支点，重力就提供了扭矩，进一步扳倒陀螺。

陀螺如果高速自旋，绕初始自旋轴的旋转惯性不会无故消失。如果扰动使自旋轴偏转，陀螺就产生一个绕原有自旋轴（竖轴）的

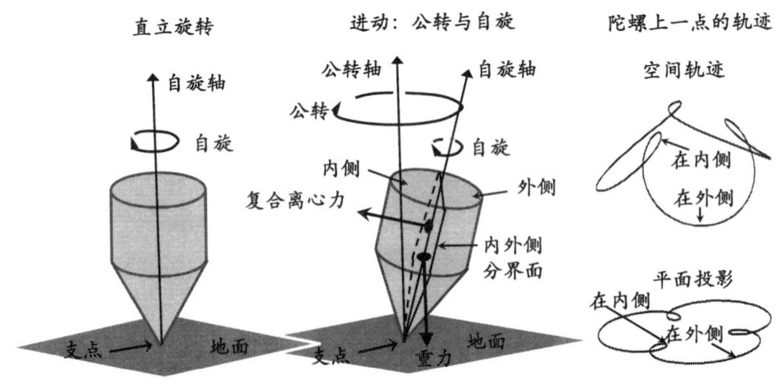

图 1.23 旋转的陀螺与进动

整体旋转（即公转）来尽量保留原有的旋转惯性。于是，稍微倾倒的陀螺，不仅在绕偏斜了的自旋轴自旋，而且自旋轴也在绕竖直轴（公转轴）旋转，这种现象称为进动。自旋速度越快，进动转速越小。从上往下看，公转（进动）的旋转方向与偏斜之前的自旋方向一样，要么都是顺时针，要么都是逆时针。自旋轴和进动轴的夹角有时也会发生变化，这种变化称为章动。

如果自旋速度足够快，那么产生进动后，进动转速与自旋转速成反比，这样才能平衡。如果遇到较大扰动，迫使陀螺轻微倒向一侧，那么重力会试图将陀螺进一步扳倒。陀螺在高速自旋时，重力居然不能把它扳倒，好像重力消失了一样。你往倾倒的方向扳倒它，陀螺就随进动轴转到另一方位，好像旋转的陀螺绕着进动轴在躲猫猫，重力在哪里，就往边上躲。这令人感到惊讶，很难理解进动是如何化解重力影响的。

一种可能的原因（图 1.23）

在陀螺某位置上刻下一个记号。这个被标记号的点称为标记点（也称为物质点）。自旋的陀螺在进动时，标记点不仅在绕自旋轴转，自旋轴也在转。于是，标记点不是在做圆周运动，而是在走一条弯曲程度随标记点的位置变化而变化的曲线路径。不难证明，当标记点在远离公转轴那一侧即外侧时，路径弯曲程度小（即相当于绕半径较大的圆），因而受到的指向外侧的离心力小。

反过来，如果标记点在靠近公转轴那一侧即内侧，那么路径弯曲程度大（相当于在绕半径很小的圆），因而受到的指向内侧的离心力大。

在同一时刻，不同标记点（即陀螺上所有的点）有的在外侧，有的在内侧，离心力大小不一样。靠近内侧的那些点，由于运动路径的弯曲程度大，因此离心力大一些。于是，不同标记点的离心力合起来构成的总的离心力，即复合离心力，不会等于零，会指向公转轴，正好平衡重力的力矩。这就是进动中的陀螺不会被重力力矩绊倒的最可理解的原因。

物理学上的标准解释比这抽象得多。这个抽象解释利用所谓的角动量守恒原理，角动量守恒原理是牛顿定律用到旋转物体上的一种推广。

永恒的科学与应用价值

陀螺效应既神奇，又难以琢磨，因此吸引了一些伟大科学家研究。例如，1788 年拉格朗日就研究过对称自旋陀螺问题。量子力学和原子理论的奠基人，慕尼黑学派掌舵人，德国理论物理学家索末菲（Arnold Sommerfeld），与栽培过他的克莱因（Felix Klein）在 1897—1898 年间发表了涉及陀螺数学理论的两部专著。有趣的是，索末菲带出的弟子有五名诺贝尔奖获得者，他本人虽然获得 81 次提名，但从未获得过诺贝尔奖。这么大牌的科学家都研究过陀螺，说明问题多么难多么有趣。

由于陀螺问题非常巧妙，涉及极其有趣的物理学原理，有关陀螺研究的论文成百上千。虽然物理学上能完美地解释陀螺进动现象，但人们不满足于此，总是想找到更直观的方式来理解。国外一些物理学讨论网站，有关这样的问题与回答没完没了。我们总是很难用直觉去理解。也许上面用复合离心力不为零（来自于不同物质点在同一时刻路径弯曲程度不一样从而离心力不一样）的解释属于最直观的一种。

玩具陀螺这样的通过进动来抗击外力干扰的神奇稳定效应，在生活与工业中有大量应用。陀螺仪就是一种很普遍的应用。

让飞行的石片或水漂在出手一刻旋转起来，也存在这种旋转稳定效应，能更平稳地飞行。《神勇投弹手》那部影片中，片中主角“傻子”向敌人阵地甩手榴弹，飞出去的手榴弹在高速旋转，这是为了让手榴弹更稳定地前飞。一些炮弹出堂时，也高速旋转，利用陀螺效应来保持飞行方向。有的子弹在出膛时绕中心轴线高速自旋，就是让子弹飞行更稳定，保持方向，飞得更远。

3. 振动的世界　共振

在圆底锅里滚一颗弹球，弹球沿着锅底弧面，爬上一侧，似乎打盹了片刻，又徐徐朝锅底滑落，到了锅底，凭惯性又急速地滑向另一侧。如此不断反复，就是一种振动。如果没有摩擦消耗惯性，这种振动就会持续下去。类似的振动，包括弹簧的振动、单摆的运动、琴弦的振动、水面的波动和空气气压的振动等，无时无刻地丰富大自然的运动形态和影响我们的生活。人和动物的腿走路或奔跑时，会同时利用单摆运动和弹簧运动，可见表面上看上去与振动无关的腿的行走姿态，可以看成两种振动形式的叠加。

我们熟悉的单摆（图 1.24）

单摆由摆球和悬挂摆球的摆线组成。摆球受到地球引力即重力的作用。如果把摆球向一侧推高，那么地球引力会迫使摆球随摆线摆回原点，即摆到摆球的最低位置。由于地球引力的加速作用，摆回原点时获得了足够的速度。这种速度蕴含的惯性，会驱动摆球向另一侧抬高。如此周期性地反复，就是单摆运动。

这种来回摆动一次的时间也称为周期。一秒摆动了多少次也称为频率（一般记为 f），单位是赫兹，1 赫兹就是 1 秒摆动 1 次，10 赫兹就是 1 秒摆动 10 次。其他形式的振动也是这种周期性的运动，振动的快慢也用类似的频率来衡量。

显然，摆线长度越大，摆动走的路就越长，来回摆动一次需要的时间就越长。如果地球引力越大，那么对摆球作用就越大，摆动一次需要的时间就越小。因此，不难理解，摆线长度越大，周期就越长，或者说频率就越小。这种长度或者尺寸越小那么振动频率越大的规律还很普遍的。你可以很简单地得到周期的大致估计。我们知道，物体有重力势能，从一个高度落到另外一个高度，重力势能减小的量等于重力加速度（约为 9.8 米 / 秒）乘以掉落的高度，再乘以物体质量。由于能量守恒，重力势能的下降等于动能的增加（质量乘以速度平方的一半就是动能）。如此不难得出速度正比于下落高度的根号（即开平方）。振动过程获得速度，也是通过这种势能与动能的交替转换，因此也与高度变化量（对于单摆问题，正比于单摆摆线长度）的根号成正比。而周期等于高度变化量除以速度，于是周期也正比于高度变化量的根号。作为周期的倒数，频率当然就与高度变化量的根号成反比。用到单摆上，就是与摆线长度

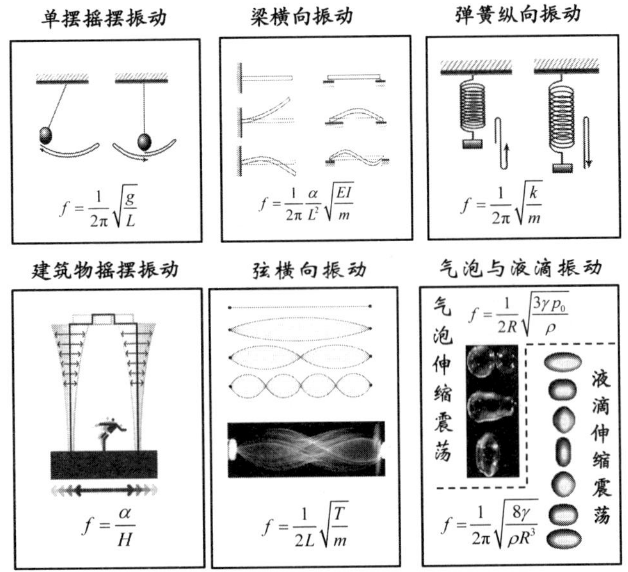

图 1.24　振动与震荡的众生相

的根号成反比。

单摆到了最低位置，获得了速度。由于惯性，驱动单摆向另一侧抬高。下落时速度越来越大，当然上升时速度就越来越小（因为重力朝着向下的方向拉摆球）。单摆最终摆到摆球速度为零的高度。接着在重力作用下，又重复这样一个过程。将物体举高了后，在地球引力作用下要向低处运动，并且到达的高度越低速度越大，这种现象可表示为重力势的释放。用能量守恒来概括，说明在更高的高度有种能量，否则到了低的高度，动能从哪里来。这种与高度有关的能量就是势能。在没有约束的情况下，高势能需要向低势能位置运动，这与苹果会掉下来道理一样，也与高温的暖气片向低温的房间散热类似。

万变不离其宗的振动世界（图 1.24）

物体的一部分偏向一侧，一种力就把它往回拉。回到原点时却没有其他力将其制动。于是到了原点速度就很大，惯性使其偏向另一侧，继续被同样的作用往回拉。于是就像荡秋千一样振动起来。我们的身体也有振动。心脏和脉搏每分钟跳动 75 次左右。

弹簧、乐器的弦、大风中的高层建筑、湖面的水位、空气中的气压、小水滴和小气泡的形状也会出现类似的振动或震荡或波动现象。道理与单摆均类似，只是驱动振动的因素不一样，振动方向不一样，尺寸选择不一样（有的振动路径是长度，如单摆；有的是一个体积大小在振动，如液滴；有的是物质点在振动，如弹簧和梁）。

微观世界也有振动现象，比如说阳光是由光子组成的。光子也在振动，称为波动。也许是空间在振动，让处在其中的光子振荡起来。对于这样的微观世界中的粒子，振动也成了一种惯性。没有外部作用，这种振动就会持续。振动也代表了一种能量，能量守恒使振动能维持不变。

显然，物体越小，越容易完成一次振动，因此振动的快慢即频率，与长度或与物体的质量成某种反比关系。于是，越小的物体振动的频率越高。我们能看见的光的振动频率，高达 10^{14} 赫兹。而高层建筑的振动频率，可能只有 1 赫兹左右。

例如，高楼的最低振动频率与高楼的高度近似成反比，具体大小当然还与建筑结构有关。楼越高，振动频率越小。比如说，戴姆（Clive L. Dym）针对某 40 层 120 米高的建筑，得到的最低频率大概是 0.4 赫兹。如果频率与高度成反比，那么 20 层的楼就是 0.8 赫兹，10 层的楼就是 1.2 赫兹，8 层的楼是 1.5 赫兹。

水面波动是水位高度的振动，驱动因素要么是表面张力，要么是重力，或者两个因素兼而有之。

并不复杂的复杂：谐波振动与叠加（图 1.25a）

弦在做振动时，最简单的形状是正弦曲线。弦上一点的高低位置也是时间的正弦曲线。类似的振动形态称为谐波振动。最高点称为波峰，最低点称为波谷。相邻两个波峰之间的距离称为波长。如果波峰波谷沿着轴线在移动，称为行波，即行走中的波（如水面波浪）。如果波峰波谷在原地切换，称为驻波，即驻留在那里的波（如琴弦振动）。

其他振动形态往往可以看成若干谐波振动相互叠加的结果。以水面波浪叠加为例，如果有各个方向的谐波型波浪纵横交错地叠加在一起，那么水位形态看上去就像猫爪印。这是因为，不同谐波的浪峰和浪谷有错位，叠加后，哪儿高了点、哪儿低了点就打乱了，就可以产生水位高低不一、像鱼鳞一样的涟漪。就像切一块厚度均匀的肉，一刀刀横着切，或者一刀刀竖着切，只要相邻两刀间距差不多，那么刀印看上去就像谐波的浪谷。反过来，如果按刚才横着切的方式切一遍，竖着切的方式切一遍，再以各个角度斜着切的方

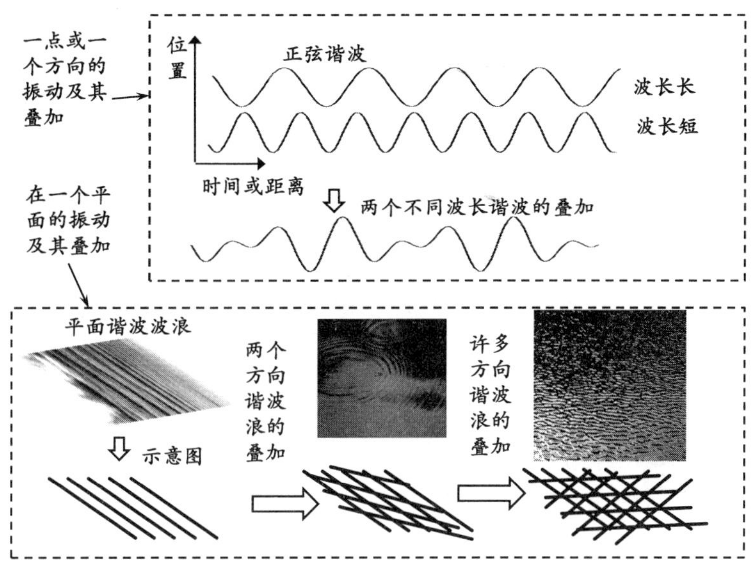

图 1.25a　复杂的振动可以看成简谐振动的叠加

式切几遍，那么你得到的是一堆碎肉。这个碎肉状是各个方向的刀印叠加后的结果。

一般有某种外部扰动使振动产生，这种扰动可能不规则，不是谐波形态。这样引起的振动可能显得很杂乱。但杂乱振动可以分解为谐波振动的叠加。如果某一个谐波最不稳定，那么它就被放大。大海中看到的平行排列的长条形波浪，就是这样长出的近似为谐波的波浪。

弹簧振动与倒单摆振动：走路与水波（图 1.25b）

单摆在左右摆动，弹簧在上下振动。如果单摆的摆线是弹簧呢？那么就是倒单摆运动和弹簧运动的叠加。想想奔跑时，我们的腿，难道不是倒单摆运动和弹簧运动组合在一起？水面波动，我们看到的是波浪形态向一个方向传播，每一处的水位一高一低在那里

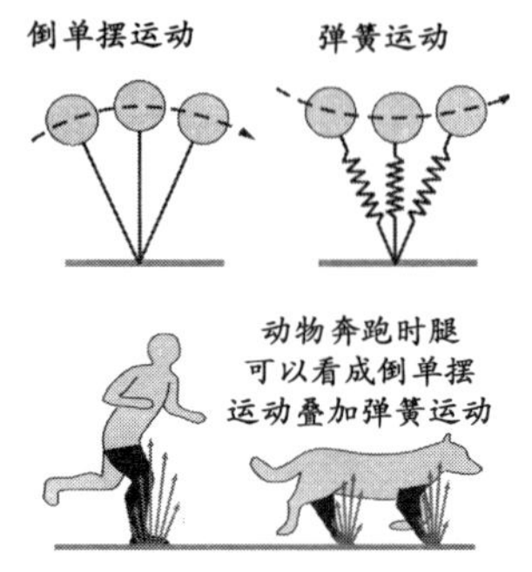

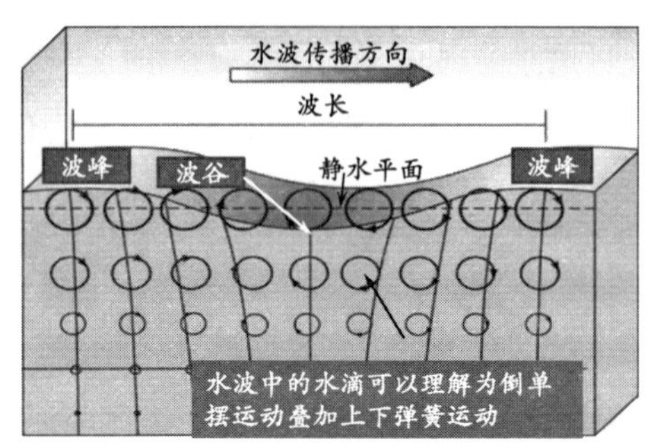

来源：迪金森等在《科学》上的报道　　　来源：艾德·萨尔蒙《海洋科学》讲稿

图 1.25b　复杂的振动可看成弹簧与倒单摆的叠加

振荡。其实，分布在高度方向的一线水滴，也是在做倒单摆运动叠加弹簧运动。这样，每一滴水就在画圆或者画椭圆。每一线水都这样运动，挤得边上的水也跟着这样运动，看起来，水面的波纹就向一个方向传播啦。连人的腿都是这样，何况水。水没有腿，但一线水合起来就是一条腿。

共振

一个物体的振动频率，与自身的尺寸、形状与构造有关。因此也称为固有频率。如果用力不断推秋千，使力的节奏能正好与秋千自己的摆动频率一样，那么秋千摆动的幅度就越来越大。这种施加外部作用的频率与物体自己振动频率吻合时，振动幅度越来越大的现象称为共振。

开车时，打开天窗，将车开到一定速度时（也许是时速 60 千米以上），就会听到连续发出轰轰的声音。原来，天窗打开后，天窗口前方的顶盖被气流摩擦生成旋涡的频率，与天窗后方的顶盖反射声波的频率出现了共振。轰轰的声音就是共振的结果。这种共鸣现象也称为罗斯特现象，也称为空腔共鸣现象。一些飞机将武器内埋在舱内，投放时，舱就打开了，也存在空腔共鸣现象。共鸣频率如果与结构的振动频率一致，发生结构与气流共振，可能导致结构破坏。一旦出现这种共振，应改变结构设计，避免结构与气流的共鸣现象。

地面的大风也有振动。这种振动的频率不会是一个值，而是在某个频率范围取值。风的振动频率非常小，频率在 0.01 赫兹和 0.1 赫兹之间都可能出现。电线、跨桥和高层建筑的固有振动频率可以小到 0.1 赫兹，因此容易接近风的频率，在风的作用下出现摇摆。因此，电缆、跨桥和高层建筑的设计需要考虑风引起的摇摆，应尽量避开共振频率，或者采用能抗击共振的设计方案。

低层建筑的频率是几赫兹左右，与风的频率错开了，因此不容易出现风导致的共振。然而，地震的频率却在几个赫兹左右。

地震 地震预警（图 1.26）

地震是震源中心地壳岩石突然运动引起的地质变形向四周的传播过程。受地震波及的地方会出现剧烈的晃动甚至出现地面塌陷。地震强度用李式级别（由加州理工学院的地震学家查理斯·李于 1935 年引入）来衡量。加州理工一度将李氏级别、喷气推进以及卡门涡街（柱状物体在风中引起的两串旋涡）作为其主要科学贡献。

地震波分为跑得更快且破坏力不是很大的挤压波（压力波，也称为纵波，因为振动方向沿着传播方向）和破坏力大却跑得稍慢的剪切波（也称为横波，因为振动方向与传播方向垂直）。剪切波是一种频率为几赫兹左右的波，容易与低层建筑物的结构震动频率一致，引起共振，造成较大破坏。

地震导致的剪切波的频率不是单一值，而是在一个范围内均有可能，某个频率出现的可能性最大（称为最可几频率，大致在 1 赫

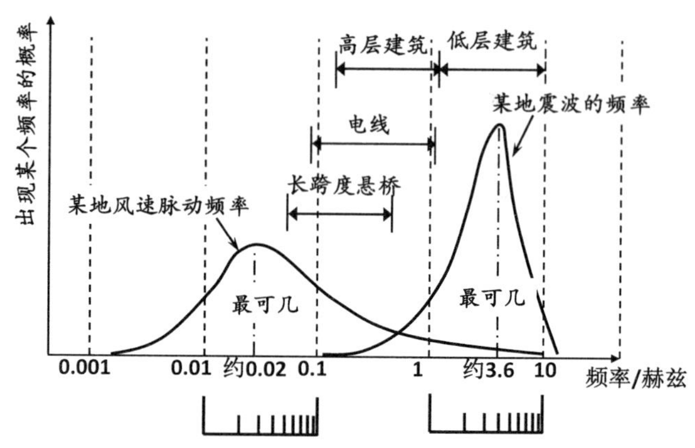

图 1.26　不同现象的频率范围可能有重叠

兹到 10 赫兹之间），具体多大还与不同的地震有关。高层建筑自振频率为 0.1~1 赫兹，低层建筑为 1~10 赫兹。因此，低层建筑更有可能与地震的频率有重叠，引起共振破坏的可能性最大。据维基百科上地震预警的条目说，八层楼高的建筑物的最低振动频率比较接近地震剪切波的频率，因此更容易受地震破坏。

由于破坏力较小的压力波比破坏力更大的剪切波跑得快，因此异地能提前感知破坏力较小的压力波，如果能提前感受到这种压力波，就可以紧急逃生，在剪切波达到之前，逃生到安全地点。这就是一种预警方式。

也可以在振源探测到地震后，用传播速度为每秒 30 万千米的电磁波告知远处的人，让远处的人可以提前数秒甚至更多时间逃生，这是更常见的地震预警方式。

2016 年 10 月，日本科学家发表了可以利用高空电离层异常来提前至少 20 分钟发出逃生的地震预警。他们通过研究发现，至少对李氏七级以上的地震，地震发生前 20 分钟，高空电离层会出现异常，这些异常可以被立即探测到，从而提前发出逃生预警。

4. 极限飞盘　自行车

说了那么多失稳、旋转与振动，无非是讲了现象与道理。该看看具体的应用轻松一下了，要知道旋转的宇宙还在后面呢。这里就给两个与旋转有关的例子吧，再多，连这里也会不轻松。第一个是极限飞盘。之所以要提它，是因为扔极限飞盘不仅是最近几十年兴起的体育运动，而且简单的形状包含了多种飞行奥秘：既是产生升力的翅膀，也是旋转的飞碟，还可以是徐徐下落的降落伞。第二个例子是与我们生活息息相关的自行车。让初学者感觉在玩杂技的自行车，其稳定性到底来源于车轮旋转还是什么？科学家为此吵得一塌糊涂。看看他们是如何吵的吧，连超市拖轮车都搬出来了。如果不明白道理，人们就搬出一个更难明白的道理来解释，直到你觉得累了，也就懒得刨根问底了。事情还没完，别忘了你是在空气中穿梭，空气也会添点乱子，怪不得有的自行车会罩一个罩子，说：俺也是流线型啦，空气友好善待我吧。

极限飞盘（图 1.27）

从侧边看飞盘，一面向上凸，近似呈圆弧状，另一面是凹腔。侧边带有轮边，即唇缘。手指握住轮边，甩出去时容易让飞盘旋转起来。从凸的一面看，飞盘呈碟状，即具有圆盘的形状。直径一般在 20~25 厘米。由于一侧是带有轮边的凹腔，因此形状有点类似于降落伞。

飞盘形状看似简单，但飞行时包含了极其丰富的科学原理。极限飞盘的飞行，把机翼迎角效应、转盘陀螺效应、旋转时带来的马格劳斯效应以及下落时的降落伞效应集中在一起。

迎角效应：让极限飞盘带迎角前飞，就会产生升力。这种升力会被上表面的弧度进一步加强。由于有了升力，极限飞盘可以飞得更远。

旋转的陀螺效应：让极限飞盘旋转，就不容易失去稳定。旋转时，绕自旋轴有旋转惯性，将维持自旋轴不变，使飞盘能平稳飞行。如果受到特殊扰动，自旋轴被迫改变，那么会产生进动效应，整体上围绕进动轴转，不会完全失去稳定。

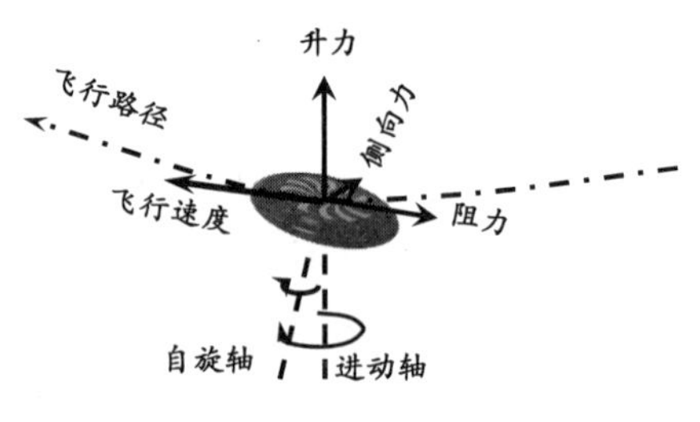

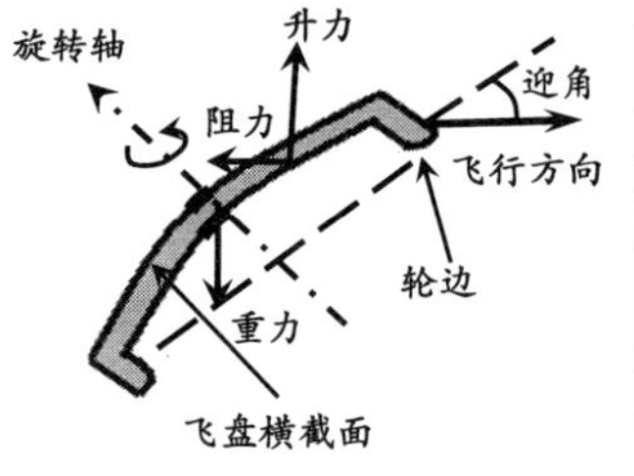

图 1.27　极限飞盘

马格劳斯效应：由于飞盘旋转，产生侧向力，即马格劳斯力。因此飞盘不会完全走直线，而是类似于旋转足球走弧线。但由于转盘不是特别厚，因此这种马格劳斯效应不是特别强。

降落伞效应：飞行速度降下来后，与速度平方成正比的升力不够了，飞盘理应急速下掉。但由于朝下方的凹腔类似于降落伞，因此下降速度降低。

自行车虽然能稳定骑行，但稳定原理还是引起争吵

自行车之所以能成为普通人的交通工具，就是因为其小巧可以随意摆放，且省力又稳定，不会轻易摔到。虽然如此，人们会纳闷自行车在行驶中为何不轻易偏倒，于是自行车的稳定性吸引了较多关注。据说谷歌发明了无人驾驶自行车，如果它轻微倒向一侧，会自动竖起来。

经过适当训练的普通人，骑上自行车，用脚驱动车轮旋转，同时用手握方向盘调整方向不使偏离，就能稳定向前行驶。自行车、

方向盘以及身体的协调运动，是自行车不会倾倒的关键。虽然如此，如果行进的自行车自己不具备一定的稳定性，单靠人的协调动作，很难保证自行车不倾倒。于是，人们提出了各种各样的自行车自稳定的理论。自行车自身稳定性吸引了一些著名科学家的研究。

陀螺效应。前面提到的克莱因和索末菲，以及诺特，将自行车稳定性归因于陀螺效应。自行车行驶时，每个车轮绕着自己的轴旋转。因此，如果向一侧微微倾倒，那么就试图改变了旋转轴，就会产生进动。进动试图使车轮自旋轴不会进一步倾斜，而是绕着水平的进动轴旋转，这就迫使微微倾斜的自行车又会竖立起来。至少克莱因、索末菲以及诺特是这么认为的。

离心力效应。著名力学家铁木辛柯和杨提出了一个更好理解的稳定性原理。他们认为，还是骑车者的及时反应与动作起到了稳定作用。如果他意识到自行车会倾倒，比如说向右倾倒，就可以向右打轮，使自行车向右走弧线，这样身体和车产生向左的离心力，将人和车扳正。其实许多人在骑自行车时，可以临时把手离开方向盘，自行车照样稳定地向前行驶。

拖拽效应。琼斯则提出，拖拽效应也使车轮更稳定。如果仔细看自行车，你会发现，挂方向盘的轴是斜的，与前轮的连接点在方向盘的前面一点。这相当于是方向盘轴拖着轮子走。琼斯认为这样产生了拖拽效应。这种拖拽效应起到了稳定前轮的作用。超市的购物车或者货物车，轮子跟在挂架的后面，实际上是被车拖着走。拖着走的轮子不会走歪，这就是琼斯所指的拖拽效应。

质心平衡效应。荷兰代尔夫特理工大学、特温特大学以及美国康奈尔大学的五名科学家，设计了一种没有陀螺效应也没有拖拽效应的自行车。他们让前轮上下有两个旋转方向相反的轮子，于是陀螺效应相互抵消。后轮也有上下两个轮子，旋转方向相反，使陀螺效应相互抵消。另外，他们让方向盘的旋转轴改变倾斜方式，让前轮触地位置前移一些，就消除了拖拽效应。他们发现，没有了陀螺效应和拖拽效应的自行车，照样可以稳定，前提是自行车质量分布合理，尤其是质心位置恰当。质心位置对稳定性的作用，比陀螺效应和拖拽效应更重要。车前部分的质心位置以及方向盘旋转轴的倾斜方式等，以某种复杂相互作用的形式使自行车稳定。这一结果发表在 2011 年 4 月《科学》杂志第 332 卷上。

显然，不会是上面所说的单一因素起作用。速度的惯性、人的自适应动作协调和上面介绍的几种自稳定因素，在起综合作用，使自行车能稳定行驶。但依据这些稳定性分析建议，可以改进设计，使自行车性能更好。

赛车手分秒必争与自行车的阻力（图 1.28）

另一个问题是，能否减少骑车过程的阻力，可以让我们消耗更少的体力，或者让赛车手取得更好的成绩。

自行车在行进过程中，除了地面摩擦力作用和侧歪时重力作用，还有风阻。自行车与人体作为整体去感受风阻，与石头飞行产

骑车方式	总重	风阻系数	迎风面积	均速	极速
直身	90千克	1.1	0.51平方米	18千米/时	44千米/时
俯身	81千克	0.88	0.36平方米	24千米/时	55千米/时
双人	163千克	1.0	0.48平方米	25千米/时	59千米/时
倒卧	90千克	0.10	0.44平方米	40千米/时	102千米/时
外罩		0.05	0.13平方米	94千米/时	203千米/时

空气动力车辆公司(Aerovelo)托德·赖卡特驾驶带流线型外罩的ETA自行车，2016年时速达到144.17公里，刷新了人力自行车记录。

图 1.28　让自行车减小阻力提高速度的技巧

生阻力的道理一样。石头飞行受到的阻力与石头形状、迎风面积以及表面光洁度有关。非流线型、表面粗糙以及迎风面积大都会导致阻力过大。自行车也是如此，风阻与形状、迎风面积以及表面材质有关。

为了减小迎风面积，赛车手会俯下身躯，其行车速度至少比常人直身骑车快一倍。如果套一个流线型外罩（如细长纺锤体），那么风阻会大幅度降低。

一般情况下，风阻可占据骑车总阻力的 65%~85%，风阻以外的其他阻力是地面摩擦阻力。自行车本身的风阻占总风阻 25% 左右（进一步分，车轮占了 5%~9%，支架 4%~9%，罩 6%~9%，其他 2%~4%，合起来 25% 左右），而人体风阻占其余 75% 左右。

通过俯身可以减小人体的迎风面积，从而减小阻力。车体阻力受表面特性、迎风面积以及形状影响。虽然车体只占风阻的 25%，但对于分秒必争的赛车手，减小车体风阻也是必要的。

进一步，如果在大风中骑车，尤其有侧风的情况，那么骑车就困难。侧风产生侧向风阻，容易使车侧翻。如果侧风方向与人的正面有一个夹角，那么就有了迎角效应，有可能产生较大的与侧风方向垂直的力。为了减小这种侧风作用，可以适当扭转身体，使侧风方向与身体的正面尽量平行，这样就可以减小风阻作用。了解这些后人人都是自行车高手，都能像杂技选手一样面对各种情况。

5.　旋转的天体与优美的宇宙

宇宙很大，天文学家有说不完的故事。好多故事我们很难听懂，既深奥又神秘。虽然如此，也有失稳、旋转和振动。按当前学说，宇宙来源于大爆炸，是一种发生在极小的时间尺度和极小的空间尺度上诡异般失稳的结果。数不清的恒星和行星，既不孤零零也不会撞在一起，因为万有引力让已经抱团的星星相互之间不会无限远离，旋转产生的离心力却又避免它们撞在一起。失稳让银河系用螺旋臂秀肌肉。公转让星星构成美丽的星系结构，地球就知道围绕太阳公转，以便不即不离地吸收太阳的阳光从而让大地拥有生命，在太阳保护下不会成为宇宙中的流浪汉。自转让地球拥有白天和黑夜，形成让大自然生生不息的气候。恒星用热核反应照亮了宇宙，它们也有生命的终点。当再也没有热核反应支撑它们庞大的身体后，万有引力会让它们失去稳定轰然坍塌，小的变成红矮星、中的变成中子星、大的变为黑洞。黑洞非对称地吞并天体会高速自旋，脉冲星的高速自旋让我们能周期性地接受其两极发出的电磁信号，其电磁信号的脉冲性俨然预示脉冲星在振动一样。宇宙天体再大，也是由小得我们看不见的分子原子构成。还有比原子更小的微观粒子与世界，也在振动与自旋，甚至有忍者一样的行为（量子行为）。可以说，宇宙相比于我们人体有多大，那么我们人体就相对于微观世界有多大。总之，宇宙包含了丰富多彩的失稳、旋转和振动等现象。我们先得了解一下，宇宙有多大。

浩瀚的宇宙与万物大小（图 1.29）

我们人类的尺寸是 1 米的量级，生活在平均半径 6371 千米左右的地球上。相比于微米级的微生物，我们硕大无比，相比于宇宙天体，我们十分渺小，哪怕是相对于地球也很渺小。绕地球赤道一圈是 4 万千米左右。如果你每小时走 5 千米（据说成人平均速度为每小时 5.6 千米），且不知疲倦地每日走上 8 小时，绕地球赤道一周差不多要走三年。当然，千山万水让你走不了那么快，甚至你走不过去。不要这样就觉得地球很大，宇宙比这大多了。描绘宇宙没那么容易，现在连什么是宇宙都有不同看法，更别说有多大。摩尔·萨根的《神秘的宇宙》包含了人类历史。据说宇宙应该包含宇宙遵循的物理规律甚至数学。如果仅仅欣赏安得烈·科尔文（Andrew Z. Colvin）的宇宙图和漫游巡天计划相关的数字化宇宙图（Maps of Universe），那我们看到的就是星系和星星。

我们日常生活看到的物体是当前的物体。宇宙由于太大，大得连每秒近 30 万千米的光都得走很多年，因此你看到的远方物体，是遥远的过去的物体（是物体发出或反射的光，才让你看得见它）。你现在（用肉眼或望远镜）看到的遥远的天体，是过去的位置和形态，现在可能都到了别处或者消失了。

光一年走的距离，约为 94605 亿千米（可以简记为接近 10 万亿千米）。就是说，你现在看到的约为 10 万亿千米远的一颗星星，实际上是这颗星星一年前的状态和位置。

宇宙从大爆炸开始，过去了约 138 亿年，这就是宇宙的年龄。可以想象这么长的时间，光线能走多远。138 亿乘以光在一年走过

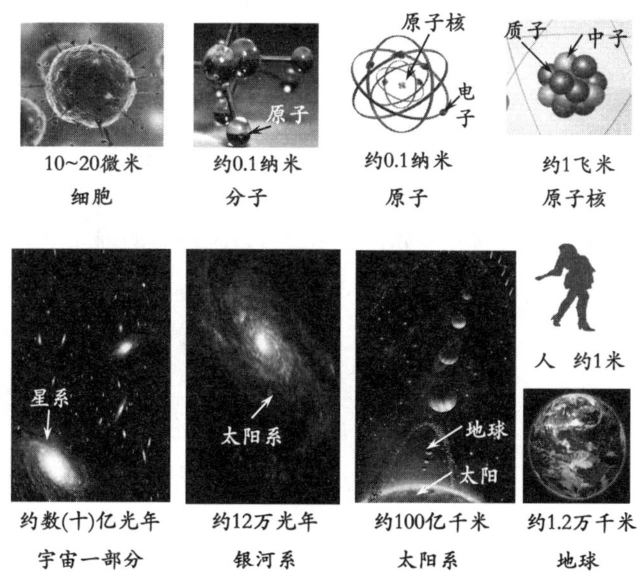

图 1.29　万物大小（直径）千差万别

的距离，即 138 亿乘以约 10 万亿千米，得到的数一口气都念不完。于是，干脆把光一年走的距离称为 1 光年，于是光线 138 亿年走的距离称为 138 亿光年。这样用时间代表距离，简单多了。

宇宙大爆炸产生的天体物质，按理应跑不过光速。于是，宇宙的半径相比于光在 138 亿年走的距离，一定小得可怜。

然而，可能不是这样，因为宇宙在膨胀（甚至认为在加速膨胀），星星之间在相互远离。相对于宇宙中的任何一个天体，其他天体都在远离。以我们地球为例，遥远的星球正在远离我们，远离我们的速度与此时离我们的距离成正比（这个观测结果称为哈勃定律，正比关系的比例系数称为哈勃常数）。于是，离地球越远的天体，远离我们的速度越大，而且一定有一个距离，或者一定有一个以地球为球心的球面，那里的星球逃离地球的速度是光速。这个球面称为哈勃球面，其半径称为哈勃半径。在以地球为中心的哈勃球面以外，物质以超过光速离地而去。哈勃半径是 140 亿光年，比宇宙年龄乘以光速得到的 138 亿光年距离还要大。

宇宙有多大，目前没有统一的结论。那么，我们能看到的宇宙有多大？即可观测到的宇宙有多大？可观测宇宙是一个以观测者为球心的球体，该球体内所有物体从宇宙膨胀开始到现在所发出的光线和其他信号能在此刻到达观测者，球面以外的则在此刻观测不到。不要想当然地将光速乘以宇宙年龄得到的 138 亿光年当作可观测宇宙的半径。事实上，考虑宇宙膨胀、光线传播遥远的距离需要时间以及万有引力可以让光线弯曲等因素，可观测宇宙的半径大致为 460 亿光年。

那由大爆炸产生的宇宙会比可观测宇宙小多了吧。没有定论。有的说小多了，有的说大无数倍（大得几乎没法计数）。到 2015 年为止，人们探测到的最古老和最遥远的星系（命名为 EGS-zs8-1）形成于宇宙大爆炸 6.7 亿年后，其发射的光用了 130 亿年到达现在的地球，由于宇宙膨胀，估计目前在 300 亿光年外的地方。遥远星系的光线到达地球不容易，因为地球也在随宇宙一起膨胀不断改变位置，遥远星系的光线过来时，还得被引力弯曲方向。

宇宙的大小只能去推测，因为你看不到可观测宇宙以外的东西。那就看看能看得到的天体。可观测宇宙中，有数不清的星星与其他物质。除了我们看到的月亮（地球的卫星）与太阳（恒星之一），以及金星、木星、水星、土星等行星以外，还有数不清的像太阳一样的其他恒星，以及绕恒星公转的行星或流浪汉一样的行星。这些星球不是均匀地分布在宇宙中的，而是聚集成一团团的。

例如，我们地球所在的太阳系就由太阳和几颗绕太阳公转的行星组成。太阳的直径比地球大 108 倍左右。太阳还不是最大的恒星，有的恒星的直径是太阳直径的 1000 多倍，体积是太阳的 10 亿倍（1000的3次方就是10亿）以上。还有许多太阳系这样的恒星系。离太阳系最近的恒星系也在几光年之外，可见恒星之间相距非常遥远。

比恒星系更大的是星系，如我们的银河系，像扁平的圆盘一样（晴朗的夜间遥望天空，许多灿烂的星星在一个条带上，那就是在银河系中的恒星）。星系包含了许多恒星系，星系的直径一般为数万光年（银河系约为 12 万光年），相邻星系的距离可达 3 百万光年。在可观测宇宙中，大致有 1700 亿个类似银河系的星系。小的星系包含数千个恒星，大的可包含百万亿（10^{14}）颗恒星。

许许多多的相邻星系又组成星系群或星系团。星系团直径在千万光年量级，包含数十、数百到数千个星系。包含的星系数目较少时称为星系群。若干相邻星系团还可以组成超星系团。超星系团直径可达数亿光年，包含的星球的质量相当于千万亿个太阳左右的质量。

问题是，这么大的星系，也会旋转吗？

旋转世界的相似性（图 1.30）

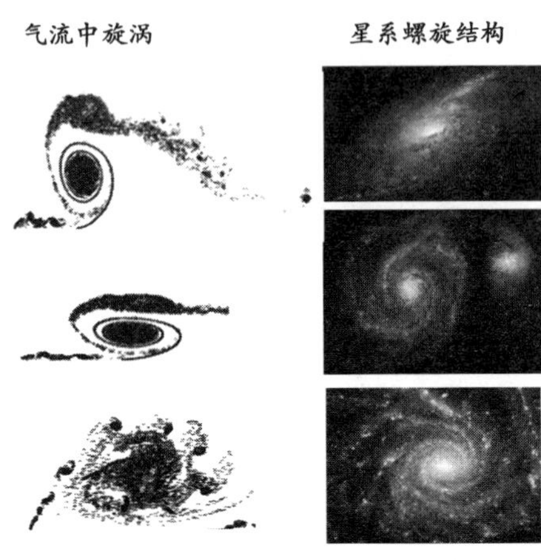

图 1.30　旋涡气流与旋转星系很类似

小到翅膀周围的气流，大到浩瀚无比的宇宙，如果我们用某种眼光去观察，会存在一些相似的形态（结构）。运动的形态因此具有相似性，而不管是什么样的物质的运动。例如，让一块带尖缘的平板带大迎角放在流水或气流中，从尖缘会发出一粒粒小旋涡，小旋涡最后会聚合成小的螺旋涡，甚至聚合成大的旋涡结构。这与天文学家观测到的宇宙星系螺旋结构非常类似。自然是公平的，规律不会欺小怕大。宇宙那么大的天体，也存在自旋（如同一粒粒小旋涡）和集体旋转（如同小旋涡随大旋涡旋转）现象。

宇宙中的旋转有三种类型。第一种是大量的构成星系的星球绕着一根中心轴线旋转。第二种是一些星星绕着一颗大质量的星球转，如同地球和火星绕着太阳转，月亮绕着地球转。第三种是星球自转（自旋）。这很像刚才介绍的尖缘发出的旋涡。一粒粒旋涡在自旋（如地球），相邻的小旋涡围绕一个大一点点的旋涡转（如同行星绕着太阳转），大量的旋涡绕着一个中心转（如同星系旋转）。

自转与公转的天体

我们所在的地球就在自转，绕地轴在由西向东旋转，每 24 小时左右转一圈。我们站在地球赤道的表面不动，被地球自转带动的速度是每秒 0.46 千米左右。这么快的速度，我们却没感觉。我们不觉得我们在跟着地球自转，反而觉得星星在绕我们转（有星星的夜空，将摄像机对准天空某个方向，每隔 1 分钟拍一个图像，合起来你就看到星星在绕着地球转）。

高速自转的中子星还会发出脉冲信号，因此也称为脉冲星。脉冲星具有强大的磁场，磁极轴线方向与自旋轴方向不一致。这种不一致导致带电粒子与磁场有周期性的相互作用，从而发出与自转周期相关的脉冲信号。脉冲信号极其稳定，比原子钟的稳定度还高万倍以上。脉冲星的脉冲信号的周期有的为毫秒量级，有的为秒的量级。典型脉冲星的半径在 10 千米左右，质量为 1.44~3.2 倍太阳质量。发现脉冲星的女研究生贝尔（Jocelyn Bell Burnell）没有被授予诺贝尔奖，而她的导师则因为对脉冲星的贡献获得诺贝尔物理学奖。

如果恒星质量比太阳大许多倍，那么核反应结束从而失去了高温高压的支撑作用后，在巨大的万有引力作用下会坍塌成黑洞。有的黑洞也在高速旋转。可见，不单是地球这样的行星在自转，一些恒星以及它们坍塌后形成的脉冲星以及黑洞也在自转。

除了自转，天体之间还有公转。地球绕太阳公转，每一年近似公转一周。月球绕地球在公转，绕一周接近一个月。月球一面总是正对着地球，因为月球没有自转。

地球绕太阳公转，离心力平衡了两者之间的引力，使它们的距离不会无限靠近。月亮与地球也是如此。如果没有这些公转，在万有引力作用下，它们会撞在一起。

我们纳闷儿，太阳系为何有公转。其实正是因为有公转，才使它们不会撞在一起。它们形成之时，如果没有公转，要么就撞在了一起形成了更大的星星，要么就足够远不在一个系里了。可见，旋转让我们与太阳不即不离，否则地球不可能有阳光普照，不可能有生命。

巨大无比的星系旋转 暗物质假设（图 1.31）

星系是靠万有引力绑定在一起的一团星球，有银河系这样的螺旋星系（星球绕中心在旋转）、椭球星系（里面的星球也在按各自的轨道绕中心旋转）以及一些其他不规则形状的星系。星系中大质量天体一般集中在星系中心，万有引力试图将星系拉回到中心，星系旋转产生的离心力则可以抵消万有引力。于是像银河系这样的星系在旋转。

银河系直径达到 12 万光年，中心厚度为 1.2 万光年。地球离银河中心（即旋转中心）的距离大约为 2.5 万光年，地球绕银河中心的旋转线速度达到每秒 210~240 千米（不同来源给出的这个速度有一些差异），于是，地球绕银河系一圈，需要大约 2.5 亿年。也就是说，大约 2.5 亿年才转一圈。单独看旋转线速度，非常快，但看转一圈多少时间，就显得非常慢。

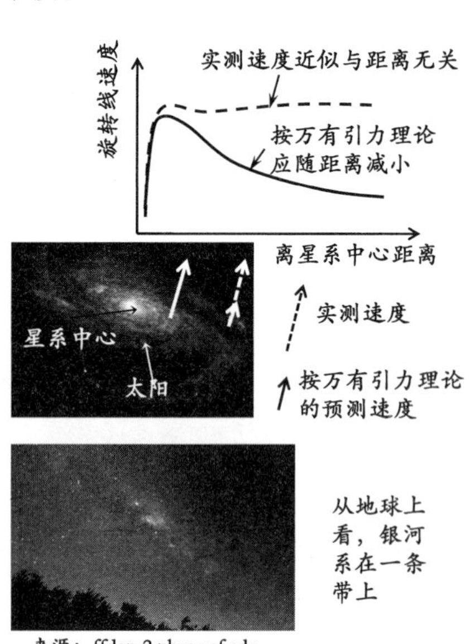

图 1.31 螺旋星系及其旋转速度

银河系的旋转会导致一种奇妙的悬臂结构，就像地球大气中的台风结构。螺旋结构的出现也是之前没有螺旋状态失稳后的结果。或者说，带有螺旋结构的星系更稳定，与野渡无人舟自横的道理一样。构成银河系的星球和其他物质从远处看就像一个带有四个旋臂的扁平螺旋结构。银河系螺旋结构大约形成于 90 亿年前，即大爆炸发生约 50 亿年后。

星系中心比中心以外的地方亮很多，因此星系的主要质量集中在星系的中心。按万有引力理论（引力与离中心的距离的平方成反比）以及离心力满足的规律（离心力与距离成反比），很容易得出“对于质量主要集中在星系中心的星系，距离星系旋转中心越远的星球，旋转周向线速度越慢”的结论。可是，测量结果表明不是这样，从离开中心某位置开始，旋转周向线速度与距离没有太大关系了。这显然违背物理学原理。

于是，科学家设想，存在所谓的探测不到的不发光的暗物质，它们的额外质量与施加的额外的引力，使旋转速度满足观测到的规律。据此，科学家估算出，宇宙中只有 15.5% 左右的显物质（即我们可以观测到的物质），其他 84.5% 左右是暗物质。

也可以从另外一个角度来说明有暗物质存在。由于旋转速度的离心力正好平衡引力，而引力又正比于质量，因此依据星系旋转速度大小可以判定星系中恒星的质量。这样得到的质量称为引力质量。另外，恒星的亮度越大，质量越大，因此依据亮度又可以得出星系恒星的质量，称为光度质量。按理，在排除可能的测量误差后，两个质量应该一样。但实际结果是力学质量比光度质量高了许多倍。因此，科学家推测，力学质量中绝大部分是看不见的即不发光的物质，即所谓的暗物质。

之所以称为暗物质，就是因为看不见甚至直接探测不到。为了间接探测，就得假定暗物质满足某种理论或模型。例如，目前诞生了许多暗物质理论或模型。其一种是弱相互作用大粒子模型。按照这一理论，这种暗物质粒子会轻易穿过地球而与物体基本不发生作用。这就给暗物质的探测带来了极大难度。我们周围有暗物质流，如果与氙原子发生碰撞，就会发出微弱的闪光和电荷。由于如此的微弱，以致必须在排除了背景辐射和电磁场的地方进行探测。深埋在1.6千米深岩石底下的大型地下氙暗物质探测实验（LUX），力图排除这种背景干扰，通过与氙发生碰撞，探测是否有暗物质碰撞带来的微弱光线。可是，到目前为止，所有努力均未获得任何结果。目前唯一的结论是，暂时未发现弱相互作用大粒子模型是错误的。

暗能量驱动宇宙在加速膨胀吗

去掉所有看得见的显物质和看不见的暗物质后，就是所谓的真空。有理论认为，真空并不真的是空的。真空拥有某种能量脉动，就像水面波动起伏一样。脉动到峰值时，能量转化为一对对正反基本粒子。所谓正物质就是我们能感知的物质，所谓反物质就是能与正物质一起湮灭的物质，如同+1遇到−1，加起来就成了0一样。能量脉动到极低值时，一对对正反基本粒子又相互湮灭。

人们通过对超新星的观测，发现宇宙在加速膨胀。因此人们设想有种能量，叫暗能量，在驱动宇宙加速膨胀。爱因斯坦说，能量也是一种质量。他导出了一种可将能量折算成质量的关系，称为质能关系。该关系说，能量等于质量乘以光速的平方。如果按照爱因斯坦的质能关系折算成质量，暗能量估计占据了宇宙中68.3%左右的质量，暗物质占26.8%左右，看得见的显物质只占4.9%左右。

按目前理论，暗能量均匀分布在宇宙之中，虽然密度极低（大约7×10^{-24}克/立方米），但由于处处存在，总量极大。看得见的每颗星球质量都很大，但它们相隔遥远，因此宇宙中显物质和暗物质的总质量比暗能量代表的总质量小。

可以这样来理解宇宙膨胀。吹气让气球突然长大，气球表面任何两点代表两颗星球，随着气球长大距离越来越大。但这还只是均匀膨胀，加速膨胀就更难想象了。

20世纪90年代奠定的宇宙加速膨胀之说使三位天文学家获得了诺贝尔物理学奖，具体获奖原因是通过观测遥远超新星发现了宇宙的加速膨胀。然而，2016 年，尼尔森等三位科学家（J. T. Nielsen, A. Guffanti & S. Sarkar）在《科学报道》（Scientic Report）指出，更多的超新星数据分析提供的证据表明，宇宙膨胀速率是恒定的，而不是在加速。他们认为，过去得到的宇宙在加速膨胀的结论可能来自于某种统计涨落误差。如果是这样，暗能量假设也可能不正确。

微观世界分子、原子与原子核（图 1.32）

宇宙那么大，那是用我们人类的眼光去看。可观测宇宙的直径比我们人类的尺寸大了约 10^{27} 倍。宇宙虽然这么大，天体却是由分子和原子等粒子构成。原子是由更小的原子核和电子构成。这些小东西构成的微观世界，与我们肉眼能看到的宏观世界不一样，但也有振动和转动。

我们人体有器官、组织、细胞、DNA。更小的尺度上，是原子。人体大概有 1 万亿个以上的细胞。据《卫报》报道，人体包含的原子的数目，是 7×10^{27} 的量级。也就是说，一个人体细胞就有数百万亿（约 10^{14}）个左右的原子。可见原子有多小，尺寸比我们人的尺寸小 100 亿倍的量级。也许，在分子和原子看来，我们每个人就是一个小宇宙，看上去有星系那么大。还有比原子更小的原子核，平均尺寸比人体尺寸小 100 万亿倍左右。可以随意穿过任何物质的中微子，其尺寸是 10^{-24} 米的量级。

这还不算最小的，普朗克长度约为 10^{-35} 米。在该尺度上看一个原子核，比可观测宇宙还显得大。在普朗克尺度上看空间，都不光滑了，就像我们的皮肤看上去很光滑，但用显微镜看，我们的皮肤一点也不光滑了。

这种尺度差别太大，还有许许多多的具有不同尺寸的物质，无法在这里一一列举。我们看看分子、原子、原子核和电子就行了。

这里不仅有平动，还有振动和转动。

原子由带正电的原子核以及围绕原子核的带负电的电子组成。原子核又由带正电的质子和不带电的中子组成，质子和中子统称为核子。电子绕原子核不断地转动。电子也有自旋。一个质子的直径是 10^{-15} 米左右。电子直径是 10^{-18} 米左右。电子在原子核周围直径约为 10^{-11} 米的球内旋转，这个球就可以看成原子的半径。因此，原子核在一个原子中只占很小的空间，就像空旷的房间中一只苍蝇那么小。因此，像石头这样的固体，表面上看实实的，实际上空得很。星球也空得很，难怪恒星烧完后，会坍塌成尺寸小了许多倍的致密黑洞、中子星或红矮星，这些致密星球，原子核都挤在一起了。

以我们时时刻刻都在呼吸的空气为例。空气分子包括了氧气分子与氮气分子。以一个氧气分子为例，它由两个氧原子组成。

别看电子小，它的作用非常大、非常奇特。它携带负电，原子核中有一个质子就有一个电子，你一个质子带多少正电我一个电子就带多少负电，使一个原子不带电，否则我们就被电着了。电子是红娘，凭借对质子的（静电）吸引力，可以把一个或几个原子胶合在一起形成分子。也可以这样说，两个原子共享原有的几个电子，

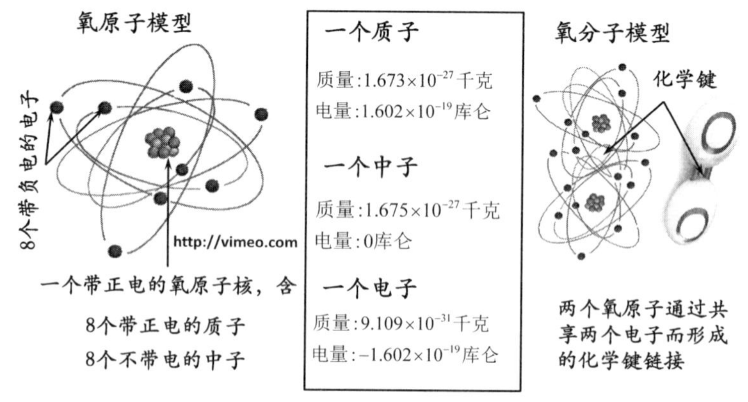

图 1.32　氧原子和氧原子结构示意图

电子对质子的静电力就把本来会相互排斥的两个原子核死死地拉住了，好像有根很结实的胶带拉住了似的。这根“胶带”也称为化学键。

电子在绕原子核不同的轨道上旋转。如果串到更接近原子核的轨道上，就会发射一个光子。我们的阳光就是由光子组成。光子也有振动甚至自旋。

大气分子吸收阳光中的光子。光子的碰撞让分子拥有平动、转动和振动，这就是分子热运动的来源，是我们周围的大气拥有温度的来源。吸收光子也可能将原子中的一个电子打跑，于是高空大气中就有自由电子以及原子失去电子后形成的离子。光子也可以把一个分子拆开，于是高空大气除了氧分子，还有氧原子。电子如果能吸收光子，那么就会跑到离原子核更远的轨道上，再跑回低轨道时，又发射一个光子。极端情况下，吸收光子还可能引起复合化学反应，即不同原子之间结合成为新的分子。

氧原子的原子核由 8 个带正电的质子和 8 个不带电的中子组成。氧原子的电子数目是 8 个。每个电子与每个质子的电量大小相等、符号相反。因此，氧原子整体而言不带电。两个相同或者不同的原子通过共享电子（化学键）组成分子。共享的电子通过静电力将两侧带正电的原子核吸引在一起，这就是化学键的本质。

一个带化学键的双原子分子，也可以看成一个弹簧振子。空气温度高了以后，每个分子都会像弹簧一样振动。化学键使分子中的原子不容易拆开。拆开就需要能量。化学反应就是分子拆开和合并的过程，会吸收和释放能量。如果是释放能量，就称为燃烧。如果是吸收能量，就称为吸热反应。

一个原子核可能包含了多个质子。按理，带正电的质子之间既有正电相斥的使它们分离的静电力，也有让它们试图聚集在一起的万有引力。可是，质子之间的静电力比万有引力小多了，因此将核子（质子与中子的统称）抱成一团还有别的力，这个力就是所谓的剩余强相互作用力。为何是剩余强相互作用力？原来，质子和中子里面还有小结构，就是夸克。夸克之间由强相互作用力胶在一起。这种强相互作用力还剩下一些，就把质子和中子捆在一起了。

强相互作用是一种短程力，在距离极短时比电磁力大许多，距离较大时就小得几乎不存在了。只有提供足够的能量做功，才能将原子核中的质子和中子拆开。反过来，将孤立的核子结合在一起，会释放巨大的能量。

捉摸不透的微观行为

宇宙万物本身是由原子组成的，如同科特·施塔格（Curt Stager）在《诗意的原子》中所要表达的，自然规律也可以从原子行为诠释。虽然如此，原子之类的微观粒子（除了原子，还有分子以及更小的电子和组成光线的光子）的运动（平动、自旋和振动）状态完全不同于宏观物体的运动状态。微观粒子有所谓的量子行为，其中的自旋就非常有意思。有这种量子行为的粒子称为量子。电子和光线中的光子有这种行为，因此研究这种行为时就把它们统称为量子。

量子很诡异，它们的平动速度、自旋速率和位置等遵循量子化行为。比如大气中空气分子的动能，其大小是某个极小数值的整数倍，而不能取其他值。电子绕原子核的轨道也是这样，只能在一些特定的轨道上。吸收一个光子会提升轨道高度。降低一个轨道高度就发射一个光子。除此之外，运动状态和位置还有非常难以理解和描述的不确定性。

以自旋为例，量子围绕自旋轴不是确定的左旋或右旋。微风吹拂下的水面涟漪上的一滴水的位置和姿态在振荡，这种振动可视为由具有振动弦那样形状的谐波叠加而成。如同涟漪中一滴水的这种姿态，量子的自旋是一种左旋和右旋的叠加状态。真不知是微观粒子本身在做这样的运动（我们可以反问驱动它们这样运动的力是什么），还是承载量子的空间就像涟漪，量子只是在那里随波逐浪，以致波浪是怎么叠加而来的，量子就处于什么运动的叠加状态。你去测量量子的自旋时，就如同测量水波时挡住了一个方向的风一样，由风激起的谐波波浪消失了，于是你就只能测量出一个确定的状态，要么左旋要么右旋，那种叠加状态被破坏掉了，量子力学所称的“坍缩”就成了确定的状态。

水面一个谐波形波浪中的两滴水，a 和 b，一个处在浪谷一个处在浪峰。如果水滴 a 随波浪的振荡从浪谷上升到浪峰，水滴 b 就从浪峰振荡到浪谷，反过来也是如此。于是在波浪中的水滴 a 和 b 同步地向相反的方向振荡，如同它们之间有种与距离无关的感应机制。我们可以说它们之间有了纠缠。

与谐波中的两滴水的同步类似，两个量子（量子 A 和量子 B）的自旋方向可以通过相互作用或某种人为方式引起纠缠，即所谓的量子纠缠。相互纠缠的 A 和 B，不管后来被分开多远，如果 A 被测量时坍缩为一个确定的状态（如左旋），那么 B 瞬间（没有任何时间差）坍缩为对应的确定状态（如果 A 坍缩为左旋，那么 B 坍缩为右旋，反之亦然）。好像有一种远距离感应，量子力学界称为鬼魅般的远距离作用。

当然，以上对量子纠缠的介绍很不严谨，准确表示上面提到的不确定性、纠缠和坍缩，需要使用一些十分难以理解的术语。其实，对量子现象本质的解读依旧争议不断，甚至不同的量子力学专家的解读都不一样。难怪 20 世纪 60 年代理查德 · 费曼说：我敢肯定，没有人真正懂量子力学。量子力学在数学表述上非常完美，可以求出与实际观察相符的解来，但对其中隐含的物理现象的解读如同量子行为不确定一样，不同人理解不一样。连理解都被量子化了。

人们正在探索利用远距离量子纠缠现象进行隔空传输（teleportation）等应用。认为至少可以隔空传输运动状态（而不是能量和物质）。量子状态是一种叠加状态，利用这种叠加状态可以表示更多的信息，可望出现基于这种特性的量子计算机。量子行为中的坍缩特性导致量子通信很安全，因为一旦被拦截，就像被测量一样携带的信息就坍缩掉了。当然，这些都是正在探索的应用。甚至有人质疑这些探索是否基于对量子行为的某种误解，认为探索不会有结果。

量子行为经常被用于解释一些目前无法解释的现象。一些无法解释的现象经常被臆想是一种量子行为。

世界的大小是绝对的吗

宇宙天体大得惊人，微观粒子小得可怜，那是以我们的眼光去看。也许不同大小的物体感知的时间与空间的方式有差异。也许在光线和电磁波中的光子看来，空间中就没有距离，或者说空间对它们而言，就不是距离。在我们看来不管隔多远，在它们看来也许就在附近，甚至都没有附近的概念。微观粒子之所以在我们看来那么诡异，是因为我们用我们从宏观世界感知的常识和发现的规律去衡量它们。也许因为它们是如此之小，从而感受的空间不是我们感觉的空间。也许都搞不清到底是它们在空间中运动，还是极小尺度的空间本身在运动从而带动它们在运动。

按照之后将要介绍的爱因斯坦的相对论，在以光速传播的光子看来，空间在运动方向变得无穷小了。如果用镜子把光线运动方向偏转到垂直方向，另一方向的空间也变得无穷小了。也许在光子看来，世界应该就没有大小，于是在我们看来的远距离量子纠缠，在量子看来也许还是在一起，甚至就没有在一起和不在一起之说。

单单通过纠缠两个异地的量子除了可能能隔空传输状态外，还能隔空传输物质和能量吗？由于这种纠缠发生作用时没有时间差，如果能隔空传输物质和能量，那就意味着物质和能量的运动速度可以超过光速。可是，按照被验证了的爱因斯坦相对论学说，任何物质都不能超过光速。

1.3 运动与演化　过程的激荡与结局的完美

世界千变万化，物体千姿百态。多样的运动用拉长时间去看或者合在一起看就是演化。演化中有速度的增减、数目的涨落、大小的改变、类别的替换和结果的选择。生长与衰减并存于宇宙万物运动及其演化之中，或一枝独秀，或此消彼长，或势均力敌。演化的目的是找到新的归宿，过程可能看似混乱无序，那是为了省时、省力，代价最小化。有时是大自然对简单、简约、简美的追求决定了结果，演化只是去选择获得这种结果的最省时、省力和省料的过程。因此，虽然宇宙由原子构成，它们却不会演化成沙子，而是演化成绚丽优美和多姿多彩的宇宙，包括莲花池长出的是荷花而不是长出污泥。对数目的选择也是一种演化，最后的结局是少了嫌不够多了记不住的数字，数字七则可能是这样一个不多不少的数，于是就有了七色光、七言诗、七音符等。

1.　速度的消失带来损伤　蚊子会被雨滴砸坏吗

获得速度是一种运动形式，让速度突然消失也是一种运动形式。给物体施加力，物体就加速获得速度，这是我们知道的常识。

反过来，速度的消失也会产生力。瞬间消失就能造成瞬间打击力。但也不是力量有多大就可以解多大的恨，单手使劲去拍打惹你生气的飞行毛毛和苍蝇，它们就能轻轻地躲开，以柔克刚这个词句大概就这么来的。蚊子比毛毛还难对付，否则怎么在那么频繁的风雨中能生存。小物体碰大物体，速度瞬间消失，给自己带来的伤害更大。这么说来，打大的不行，打小的也不行，打软的也不行，打硬的也不行，难怪人们说君子动口不动手。人体接近 2 平方米的体表，在承受近两万千克的大气压，平均每平方厘米 1 千克左右。可见，我们人体内压可以平衡大气压。人能使出的力量和承受的外力，可以在 1000 斤量级。千钧之力应该说是这么来的。

雨滴中生存的蚊子（图 1.33）

十千米左右高度形成的雨滴，落下来会砸伤人吗？砸不伤体型较大的人，也许会砸扁蚊子。下雨的时候，蚊子是提前躲起来了，还是任受雨滴撞击，以柔克刚地化解雨滴的击打？

胡立德等用实验研究了水滴砸蚊子，得出了蚊子因体重较轻且可以通过偏斜身体来化解雨滴撞击从而能在雨滴的碰撞下得以生存的结论。这项成果让他得到了菠萝科学奖。

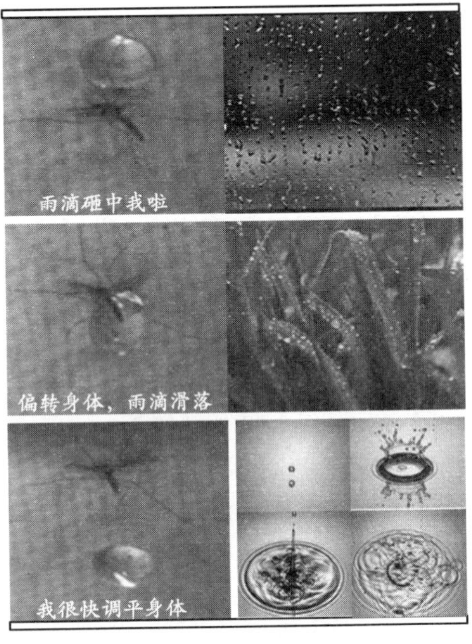

图 1.33　蚊子与雨滴

雨滴的下落没有想象的那么快。由于存在与速度平方成正比的空气阻力，因此，雨滴落地阶段的终端速度（最后下落的速度）每秒才几米。一般不会超过 10 米 / 秒。其次，蚊子反应能力极强。我们可能经历过被它侵袭时那种恨不得拍死它却又死活拍不着、关灯入睡时它来了、开灯寻找时不见了的情景。你搞不清它掌握了什么样的飞行奥秘。夜深人静时，它能鬼鬼祟祟地落在你身体上任何部位。等到你有所感觉，已经将毒液注射到你的皮下。

大自然的雨滴总该教训教训它们吧。那么密集的雨滴，就不信砸不中。几十倍蚊子重量的雨滴，消灭不了它们？可是，大多数情况下，只能砸中一侧的翅膀。翅膀结构如同荷叶结构一样，是疏水的，即不沾水的。蚊子巧妙地往被砸中的那一侧歪斜一下，像荷叶上的水滴一样的雨滴，滑走了。这种侧歪应该是被打歪，而不是刻意侧歪来躲避。

蚊子被打歪也没问题，它有不到百分之 1 秒的反应能力，很快就可以通过娴熟的飞行艺术调整飞行姿态。它的腿也有绒毛，也是疏水的。砸中它的腿，也不会打湿，雨滴滑走了。

即使倒霉地被雨滴砸了个正着，由于它又小又轻，要么被推开（如同你挥拳重重地击打在你眼前飘来飘去的小毛毛），要么被主动侧身躲掉，最糟糕的情况就是被雨滴裹住后一直砸向地面。

如果被雨滴裹住，它正好享受坐降落伞的滋味，但同时也会试图挣脱。随雨滴砸到地面上会发生什么就得看情况了。由于翅膀以及腿的疏水能力，它不会被打湿，不会被水粘在地上，没被砸晕的话，可能能像芙蓉出水一样地钻了出来。

如果被雨滴裹住带入水中，就不知道发生什么了。雨滴落水，会激发涟漪圈圈和碰出小浪花，中间可能有小水珠回弹。被裹住带入水中的蚊子，还能有方向感，还能起死回生吗？

如果还能起死回生，那么可能听到雨滴落水的声音。雨滴落水声音可不那么单调。

有一首“瀑布”（Cascades）歌，里面有一句：让我们倾听落雨的旋律！我们能听到沙沙的落雨声音，啪啪的雨滴拍地声。但是，雨滴落入水中，声音却很奇特。我们人耳能听到水滴落水“咚”的声音，但仔细测量，还有余音。原来，雨滴潜入水中时，会带起一个小空气泡。小空气泡会震动，频率可达 15000 赫兹，即每秒震动 15000 次，因此在人的听觉范围内。听到咚的一声后约 2 万分之 1 秒内，就有气泡发出的铃响声。

武师打击力

如果水滴撞击地板和人体，也不会带来什么损伤。人是在风雨中进化出来的。如果雨滴斜着击中身体的侧边，则有效撞击速度是投影到人体表面法向的速度。如果雨滴撞击头顶盖，那么由于我们的头盖骨进化得已具有较高抗打击能力，因此也带来不了什么损伤。尤其是击打物体时，雨滴会变形消耗了动能，因此物体受到的力与刚球相比小很多很多。再说了，人体没有想象的脆弱，否则武师就不需要千锤百炼去练成令对手伤筋动骨的绝技。

对普通人而言，武术是神秘的，无论是用于攻击、表演还是养生。因为神秘所以才导致好奇。将武术赋予了神秘的色彩，才使对手产生畏惧，不战而屈人之兵。泰拳、巴西柔术、少林硬气功、日本忍术、武当剑……。这些名称，本身就冷嗖嗖的。自然，人们关心的是什么武术最厉害，神秘在什么地方。其实，武术的目的不一样，要求不一样。竞技体育中的武术不是以置人于死地为目标，只是体现一种对极限的追求以及体现某种对抗性、表演性和观赏性。非竞技性武术则以修身养性、防身健体和提高自身素养为目的。有的绝技则是为了追求某种人体功能所能达到的最高境界，属于一种形式的极限运动。

科学测量能给出一些可定量描述的答案。《国家地理》“科学看武术”栏目有一组数据，是科学家用科学手段测量几类武林高手的杀手技在面对同样目标时的数据。包括空手道、综合格斗、跆拳道和卡波耶拉的高手都参与了表演和测试。

测试得到的数据包括高手踢腿时的攻击速度、打击力度和击打时的加速度，也包括他们能承受的打击力。武林高手踢腿时，瞬间可以达到时速 100 英里的量级（1 英里约为 1.609 千米），能产生 1000 磅（1 磅是 0.45 千克左右，即不到一斤，1000 磅是 450 千克左右）以上的打击力。具体而言，空手道高手西蒙（Simon），踢腿时速为 71 英里，打击力为 429 磅。综合格斗高手利维（Levi），踢腿时速为 130 英里，打击力度为 1400 磅。跆拳道高手布雷恩（Bren），踢腿时速为 136 英里，打击力度为 2300 磅。卡波耶拉高手拉蒂夫（Lateef），踢腿时速为 99 英里，打击力度为 1800 磅。

当然，这是针对静止目标产生的瞬间击打力。如果是击打具有躲避能力的对手，那么击打力会小多了。这有其科学道理。原来，物体的质量乘以速度代表了一种动量，即动的力量。物体的质量乘以速度平方的一半代表了能量。撞击或击打时，让动量消失需要一定时间的力的作用（物理上叫冲量定理）。作用时间越短，力度就越大。让动能消失需要力作用一段距离，完成作用的距离越短，力度就越大。于是，用同样的出腿或出拳速度，打在软物体上或者打在可以躲闪或后撤的物体上，作用时间或距离就会更大，形成的打击力量就会小。

人体抗击打能力

人体不像毛毛和小苍蝇那样轻，受到击打时不会迅速跟随打击物体一起运动，而是基本不动地在原地接受冲击力（至少对于普通人是如此）。如果是巨型刚性结构物体撞击地上的没有躲避能力的行人，那么损伤就会极大。汽车如果以每小时 100 千米的速度误撞行人，那么行人死亡率会达到 100%。每小时 70 千米死亡率达到 90% 以上；50 千米，死亡率为 60%；时速 40 千米死亡率 40%；时速 30 千米为生死临界点。时速 20 千米，被撞行人也会承受较大伤害。

时速 20 千米，就是每秒 5.5 米左右，大致是降落伞落地时最大允许速度，或者人从 1.5 米高跳下时的落地速度。双脚能承受从 1.5 米高跳下的冲击力。如果是汽车正面撞击人体，由于人体一般部位接受横向冲击的能力比双脚差，因此被 20 千米时速的汽车撞击，也会造成较大伤害。

因此，被小物体撞击，或者被变形的水滴撞击，伤害不会太大。但如果是大物体尤其是汽车那样的钢制物体撞击人体，就容易受到巨大伤害。

如果是身体侧面一个点被击打，人体受到击打时会自然侧歪，化解一部分打击力。打击胸部一点也会通过倾倒而化解一部分力。如果击打头部，则由于颈部能传递力的能力较小，因此打击力主要集中在头部发生作用（包括扭矩作用），容易受到更大伤害。

我们能承受多大的力，与力的作用面积有关。一根细细的针，轻轻用力就能扎进肌肉。青壮年用一根扁担可以挑起 100 千克左右的担子。扁担压在肩膀上的面积可能就 10 平方厘米左右，每平方厘米 10 千克量级。可见我们能承受的外力非常大。我们环境的大气的气压是每平方米 1 万千克左右。我们人体表面积接近 2 平方米，因此我们在承受 1 万多千克的气压，平均每平方厘米（手指印那么大的面积）也就 1 千克左右。

适当的肌肉锻炼可以使致密纤维能横向分摊打击力，能起到蹦床那样的可以将打击力分摊到更广域面积的作用。武林高手通过练习，让腹部肌肉更加结实，获得可以保护骨骼和器官的具有横向分摊作用的致密纤维组织，局部肌肉可以承受 800 磅的击打力。

气功与经络理论

气功练习者即使不对特定肌肉进行这样的练习，也能承受近500磅的击打力，能承受每秒22米左右的击打速度。尤其是锁骨上方的喉部软组织每平方英寸（约6.45平方厘米）可以承受860磅到2900磅的力。那么到底什么是气?

有许多关于气功中的“气”是什么的争论。除了呼吸循环系统中有空气进入，身体其他部位不会有足够的令气功师具有特异功夫的空气。当然，经过适当呼吸训练，在吸气后通过呼吸系统的膨胀，将腹部鼓起为圆弧形，能起到分摊击打力的作用。

气功师感觉到的“气”或者使用的“气”，可能是一种内压。身体肌肉是一种软物质，介于固体和流体之间。水中有水压，因此作为软物质的肌肉也可以产生内压。本来，我们体内的正常内压可以抵抗大气压，要知道大气压平均每平方米有一万千克。

经过特殊练习，能在特定时刻产生多余内压不难理解。气功练习时，许多动作中有四肢和躯体的弯曲和扭转。这种卷绕锻炼，可能使肌肉中的纤维、血管以及毛细管等获得特定有序的排列，一些与血流、淋巴输运和其他液体输送相关的细微管道可能更通畅，伸缩性更强，朝着更能激发内压和朝特定位置与方向传递内压的方式排列和变化。获得锻炼的内脏也可能通过畅通的血管或呼吸配合输送内压。

身体内液体的输送速度一般极慢，但压力波是一种振动，传播极快，比空气中每秒340米左右的声波传递速度还快数倍。例如，水中的压力波传播速度为每秒1.5千米左右。不知，气功中的意念发功，是否是在控制一些组织或器官的运动，激发可迅速到达身体某一部位的压力波。

除此之外，压力波到达端点时，不会无缘无故消失，会反射，就像乒乓球在台上反射一样。反射的压力波与入射的压力波的叠加有时会导致相互加强。中医把脉的脉搏点在手腕，即上肢的末端位置，跳动明显。心脏产生的压力波如果是在那里反射、再叠加，那么压力波的振幅应该可以在那里得到加强。心跳频率比 1 赫兹高一点点，每分钟约 75 次。假设心跳引起的压力波在血液中传播，血管长度是 1 米。如果依然用水中的压力波速度来计算，那么从心脏到达血管末端只需要不到 1 毫秒，一个来回就是 1 毫秒左右。或者说，压力波在血管中的来回反射的频率是 1000 赫兹量级。这比心跳快多了，因此不会和心脏一起共振。

中医认为人体上有经络，经络上和经络外有穴位。穴位确实存在，而不像一些质疑者否认的那样。例如，盐城师范学院、第二军医大学、复旦大学和上海应用物理研究所的刘成林（音译，Liu Chenglin）等九名科学家，于 2014 年在《电子光谱学和相关现象杂志》(*Journal of Electron Spectroscopy and Related Phenomena*）报道了经现代仪器（如 CT 扫描技术）探测的穴位特性。他们发现，在穴位所在的位置，不仅微量元素比别的区域多，而且微血管更细更密集（比非穴位区可以密集两到三倍）。

古代无法将穴位和身体内部的功能器官的链接关系用现代科学语言描述，因此统称为“气”。既然穴位上的微血管更密集，那么至少表明穴位有一些功能作用。按中医理论，不同的穴位（通过按压或者针灸）对不同症状有缓解甚至治疗作用。如果穴位是身体功能器官的特定排污口，那么当身体出现某些症状，对应的排污穴位可能排污不及时而出现堵塞，于是该穴位按压时可能出现胀痛或红肿。也可能出现某种类型的临时损伤，于是按压时出现刺疼感。

恰到好处的手指按压或者针灸可能有助于疏通被堵塞的穴位，甚至修复临时损伤的穴位，让排污畅通，从而达到缓解或治疗对应症状的目的。虽然如此，每个穴位如何与对应功能器官相连不是特别清楚（也许就是不太明显的血管）。穴位除了可能是特定的排污口，也许还存在极其细微难以探测到的神经组织、内压传输组织或韧带一类的牵引组织与某个功能器官相连。如果有这些功能，那么刺激时也就把刺激的作用传输到对应的功能器官之中。也许，有一些穴位是一种阀门或开关类的局部组织，被刺激时可以激发具有不同频率的神经信号或内压波（如同笛子按住不同风口能激发不同频率的声波一样）或其他牵引信号，而身体不同的功能器官可能对频率和振幅或其他牵引信号有种选择。

经络理论实践了数千年历史，不会违背科学原理，只是目前尚未完全按现代科学方式了解透彻。尚不了解并不表明不科学。

2.　生长与衰减　动物大小　技术能力的演化

数目或尺寸的增长或衰减是非常普遍的过程现象。技术的演化、癌细胞数目增长、头发与指甲的增长，都是生长问题。例如，手指甲可能每个月增长 3.47 毫米左右，脚趾甲每月增长 1.62 毫米左右，头发每月长长 1.25 厘米左右（这些数据可能因人而异）。有生长就有衰减，连构成物质的原子都可能衰减。技术的演化也像生命的演化一样，也有某种规律。尤其是一些重大突破，该出现时，会同时被不同的人想到。好像是技术发展的自身规律决定了技术的突破和重大创新的出现。倍增现象和半衰现象分别都是一枝独秀的增长和衰减。流行病患者数目、生物的数目等演化现象，同时被增长与衰减两类因素左右。这如同人的成长既会遇到正面影响也会遇到负面影响。两种相反因素的博弈，结果要么此消彼长，要么势均力敌。

倍增时间　癌症（图 1.34）

技术能力或者生物的数目可能会快速生长，往往用倍增时间衡量生长快慢。数目翻倍需要的时间是倍增时间。技术上一个著名的例子是摩尔定律，即半导体芯片上集成的晶体管和电阻数量将每隔18个月左右（也说24个月）增加一倍。这18个月就是倍增周期。摩尔定律不是一个严格的结论，但一直用于指导芯片发展趋势。往往以此来说明传统计算机的运算与存储能力的发展有多迅速。

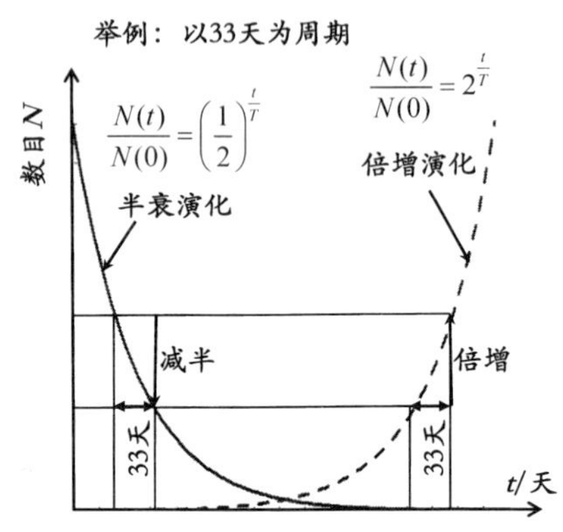

图 1.34　倍增与半衰的数目随时间变化

倍增时间可以用于预测疾病爆发的时间。例如，癌症细胞由正常细胞衍生而来。增值过程中，癌细胞1个变2个,2个变4个,……。胃癌、肠癌、肝癌、胰腺癌和食道癌的倍增时间平均是33天左右；乳腺癌倍增时间是40多天。数目达到10亿个以上我们才会察觉，从第一个癌细胞开始以倍增速度增长,3年左右就会达到10亿左右。达到10亿后，只需要30多天就达到20亿。因此，癌症一经发现就可能到了晚期。由于倍增原理，癌症越到晚期进展得越快。

癌症由于发病率越来越高，因此人们越来越恐慌。其实，人均寿命在增加，年龄越大可能更容易得癌症或者说寿命的增加越容易熬到癌细胞扩散从而被发现。过去由于人均寿命短，一些现在能轻易治疗好的疾病，在过去可能就夺走了生命，挨不到癌症的出现。于是给人印象癌症患者越来越多了。

癌细胞虽然是病变，但免疫系统却把它们当正常细胞，不予攻击。肿瘤先是在原位生长，接着游离原来的器官，循着淋巴液转移至附近的淋巴腺，最后是远距离转移。有关癌症治疗总是有激动人心的报道，人类翘首以盼能彻底攻克癌症。人们喜欢有某种方式不让它出现，不让它长大，不让它扩散，不让它造成破坏。一旦发现癌症，要么杀死它们，要么清除它们，要么饿死它们，要么通过免疫方式抵抗它们。

由于目前的医疗水平尚未达到完全有效的程度，因此总是善意地提出一些对癌症预防可能有作用的非医疗类建议。如拥有开朗的心态、乐善好施的行为、规律的作息时间、戒烟戒酒、健康的饮食。这些措施也许有助于避免癌细胞的原位生长。由于局部转移需要循着淋巴液，因此中医养生中有通过刺激淋巴反射区来缓和癌症转移的建议。癌症患者由于癌细胞吞噬，因此身体虚弱，因此在一些足疗著作中，也有刺激脾反射区应对癌症的建议。如果出现远距离转移，在目前看来，也许手术、化疗等现代手段是延长存活期的最有效方式。

衰变速度、半衰期与年代测定（断代）方法（图 1.35）

有的演化是数目不断翻倍，有的则是数目不断减半。与倍增时间对应，减半所需要的时间是半衰期。由此依据某物体在死亡前吸入的不同元素的比例的当前值，可以测定该物体的死亡年代，包括化石年代。

一些原子具有放射性，其原子核不停辐射一些粒子或射线（主要有 α 粒子、β 粒子、γ 射线或中微子），从而转变成其他原子核（如碳 14 转变成氮 14）。这一过程叫衰变或蜕变。放射性元素的原子核有一半数目发生衰变时所需要的时间，叫半衰期。碳 12 没有放射性，不会衰变，但其同位素碳 14 则会衰变，半衰期是 5730 年。

大气中有一定数目的碳 12 和碳 14。大气中两者数目的比例不

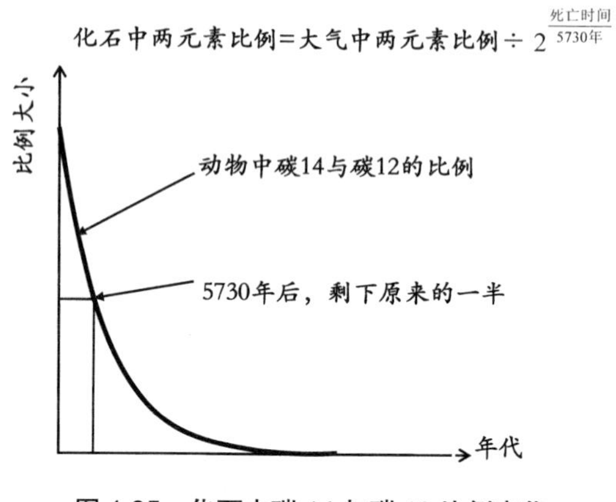

图 1.35　化石中碳 14 与碳 12 比例变化

会变化，因为有宇宙射线来维持这个比例。碳 12 和碳 14 与氧结合成二氧化碳，进入所有活组织，先被植物吸收，后被动物吸收。故动植物死亡前，碳 12 与碳 14 的比例与（过去和当前）大气中的两元素的比例是一样的，且大气中两种元素的比例基本不随年代变化。动植物死亡后，不再吸收新的碳，而其中碳 12 不衰变，碳 14 衰变。故化石中的碳 14 与碳 12 的比例随年代按半衰期 5730 年来变化。用现代工具测量二者的当前比例后，就可以算出动物死亡的年代。

由于碳 14 的半衰期只有几千年，因此死亡太久的动植物，剩下的碳 14 比例太少，很难测准，因此存在一定的误差需要校验。铀 238 半衰期为 45 亿年。含铀的化石，其铀在衰变中产生铅 206。通过测量含铀的化石中剩下的 238 铀和 206 铅的含量的比，就可以较为准确地计算出该化石的绝对年龄。

科普定律：动物的体积越来越大　我们会成长成巨人吗

正是因为有了测定年代的方法，科学家能从化石测出动物死亡的年代。依据化石反映的动物的大小，就可以得出动物的体积是越来越大还是越来越小的结论。

19世纪，美国古生物学先驱，爱德华·科普提出了一个定律，后来称为科普定律。该定律认为，动物起初往往体型较小，通过不断进化，体型会变得越来越大。科普定律一度被认为不是一个自然恒定规律。为了验证其正确性，斯坦福大学的佩恩和海姆利用化石记录研究了动物体型进化的趋势。他们的结果表明，科普定律是正确的，于是进化可以被预测。

在过去5.42亿年里，海洋动物的平均体型增大至原来的150倍。例如，美国西海岸温暖的浅海中的海胆的正常体长，200万年前是5厘米，现在增长到了30厘米。这些结论涉及了17000个海洋动物化石，占到了有化石记录的海洋动物总数的75%，涉及的种类几乎占地球史上所有动物种类的2/3。

科普定律与我们有关身高的常识也很吻合：与父辈的身高相比，新的一代身高在增加。然而，我们会进化成庞然大物吗？

动物体积以及数目的演化也受能量守恒定律和代谢原理的限制。克莱伯法则指出，动物的基础代谢率是体重的0.75次方。基础代谢率是在清醒而又极端安静的状态下，不受肌肉活动、环境温度、食物及精神紧张等影响时的能量代谢率。基础代谢率越高，消耗的能量也就是食物会越多。因此，体重越大，基础代谢率就越大，消耗的食物就越多。

由于一个生物圈上的能源和食物是有限的，因此，单位地域面积的动物数目（即数目密度）随其对能源或食物的需求增加而下降。也就是说，重量越小的动物，数目密度就可以越高。蚂蚁和白蚁远多于人类，因为它们的体积小多了。人的数目不可能比蚂蚁和白蚁多，否则太阳提供的能量不足以养活人类。或者说，数目一定的情况下，体重不可能无限制增长。

弗格斯·辛普森认为可居住的星球的半径应该比地球半径的

1.2 倍要小，宜居星球的大小更接近火星大小。弗格斯・辛普森依据上面那样的分析，认为地球外的高等生物的体重应该在 300 千克以上，比现代社会迄今纪录到最高的人，2.72 米的美国人罗伯特・瓦德罗（Robert Wadlow），还要高。因此，未来地球人是否体重也高达 300 千克以上，不得而知。

自然界中，动物数目的演化受制于对食物链的竞争以及环境变化对食物链的影响。对于人类，社会发展和宗教信仰也对不同的人群数目的演化产生影响。如果维持一对夫妇生两胎，那么总的人口数目就不会有太大变化（寿命的增长、灾害和战争也会导致总人口数目的变化）。研究表明，为了使一种文化得以保留 25 年以上，生育率必须维持在一对夫妇生 2.11 胎以上。如果生育率低于 1.9，那么文化消失现象很难逆转，进一步如果低于 1.3，那么根本不可能逆转。如果一对夫妇平均生 4 胎，那么人口就会出现以代为周期的倍增现象。如果只有 1 胎，那么就会出现以代为周期的半衰现象。随着社会的进步，生育率呈现越来越低的发展趋势。据报道，2007 年，法国生育率为 1.8，英格兰为 1.6，希腊和德国为 1.3，意大利为 1.2，西班牙为 1.1，欧洲共同体 31 个国家的平均值为 1.38。近期欧洲人口靠移民来维持数目。受此影响，人的体重也许增长得更快。

技术像生命体一样演化

科学技术的发展，往往被认为只是少数天才的科学家凭借与生俱来的天赋、卓越非凡的洞察力和坚韧不拔、不屈不挠的毅力推动的。然而，美国科技哲学家，《连线》（*wired*）杂志共同创始人凯文・凯利在《科技想要什么》和《失控》等著作中则认为科技的演化具有生命的特征，即科技有自身的演化规律。一些重大发现和技术突破似乎被写在了历史的轨迹上，只是由谁来完成而已。

凯利认为，地球上的生命包括七种基本形态：植物、动物、原生生物、真菌、原细菌、真细菌、技术。技术的演化和前六种生命体的演化相似，因此技术也可以理解为是一种生命形态。

如同生命的演化，技术的发展会以先前的技术作为基础。以植物为例，合适的土壤、柔和的光照与风调雨顺是植物生长的条件。一片土壤有了这种生长条件，不是出现树木就是出现花草。一树种是否得以蔓延带有偶然性，但大量的树种出现优胜劣汰的发展则是必然。

同理，如果技术有了萌发的土壤，求知欲与经济、市场、竞争等驱动因素会使大量科技人员去钻研与研发，不是这里获得突破就是那里获得突破。比如说，有了望远镜技术，求知欲自然会驱动人们去探索太空，这颗星球、那个星系自然有人发现。自然有人会观察到星系旋转。自然有人发现旋转速度异常，从而有人想象用暗物质去解释异常现象。现代通信技术、计算机技术、交通技术、医疗技术已经不满足人类的更高要求，于是驱动人们探索量子技术、无人驾驶技术、微纳米机器人技术。于是，这方面的技术自然会得到突飞猛进的发展。

牛顿时代，建立微积分既有了基础也有了驱动，因此牛顿与莱布尼茨可能同时想到。那时，微积分该出现了，即使没有牛顿和莱布尼茨，其他数学家也会发明。爱因斯坦时代，许多理论和实验结果均指向相对论出现的必然性，因此无非是爱因斯坦先建立而已。爱因斯坦说过，如果他不提出狭义相对论，那么也会由别人提出。揭示重力之源的希格斯机制，于 1964 年被三组不同科学家分别独立提出，其中包括于 2013 年因此获诺贝尔物理学奖的恩格勒和希格斯。

科学发现与技术进步会通过文献出版、会议交流以及通信等方式得以扩散，这使发达程度接近的不同国家的科技水平在一定的历史时间段差异不大。电子出版尤其是资料免费的开放获取，使现代科技知识的扩散非常迅速。谷歌技术总监库兹韦尔甚至认为，技术的力量正在以指数级的速度增强，人类正处于加速变化的浪尖上。

在经济、军事、政治和自由探索精神的驱动下，各地科学家和发明家应会被驱动或者自觉探索基于先前技术的问题。这一方面导致创造被独立地由不同人提出，另一方面导致技术的发展更像一种自然进化，甚至技术的发展可以被预测，至少被部分预测。例如，摩尔定律就非常准确预测计算机芯片存储能力的发展。

既然技术演化具有生命力且遵循生物学演化规律，那么微积分、相对论、希格斯机制、计算机与互联网等就是时代必然出现的产物。

增长与衰减的博弈（图 1.36）

倍增现象和半衰现象分别都是一枝独秀的增长和衰减。流行病患者数目的变化、生物的数目演化和城市与人口的扩张等，同时被增长与衰减两类因素左右，如同人的成长既会遇到正面影响也会遇到负面影响。两种相反因素的博弈，或此消彼长，或势均力敌，演化过程随着两种影响因素的消失而消失。

流行病的扩散与消失，小孩头发数目生长而老人的减少，人体身高先增后降等，都是生长因素与衰减因素共同起作用的结果。例如，一岁前的小孩，身高每年增长 10 厘米以上，之后一直到 10 岁多一点点，每年增高量逐渐下降，降到每年只有 5 厘米左右。之后增长速度又开始变大，女孩到 12 岁左右每年增长 8 厘米左右，男孩 14 岁左右每年增长 9 厘米左右。之后，每年的增长量又开始下降，到了 20 多岁，我们的身高就不怎么增长了，老了后甚至开始下降。

流行病开始爆发时，得病人数会与可感染区域的总人数成正比。这是因为，人越多，接触病人的人就越多。病人越多，接触病人的人越多。这导致感染人数成倍增加，刚开始会爆炸性地增长。随着尚未感染的人数下降、已经被感染的人的恢复、离世以及人为的干预，住院人数的增长将出现一个拐点，即增速开始下降的时间点。最后住院人数会出现一个极大值，接着开始下降。

以 2003 年 3 月份爆发的北京“非典”疫情为例，由于社会干预、出院和可感染人数下降等衰减因素，4 月 27 日左右出现拐点，5 月 15 日左右出现极大值，最后疫情慢慢消失。

疫情先增后减所满足的演化规律具有一定的普适性，包括人口增长率、城市扩张速率和环境污染的变化等可能满足相似的规律（数学上可用对数正态分布规律描述）：数目以及数目的增长率先爆发式增长，接着增长率出现极大值即出现拐点，随后数目达到极大值，最后数目开始减少。

生长因素促使增长，耗散因素促使衰减。与前面介绍的倍增或半衰只有单一因素不同，这种此消彼长或势均力敌的增长与衰减，是两种因素博弈的结果。首先是非常快速地增长，增长速率越来越大。流行病之类的增长太快的话，就会出现多种因素的干预，阻止

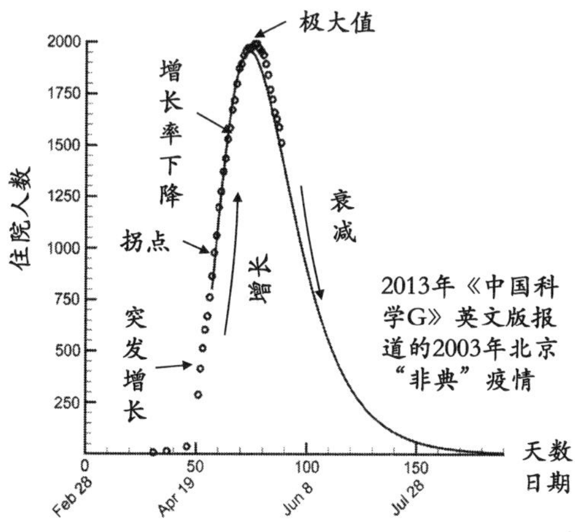

图 1.36　先增长后衰减现象

疫情无限制地恶化。这种干预就是衰减因素之一。于是增长率会在某一刻达到极大值，而不会无限制地增长下去。增长速率达到极值的点，就是拐点。即拐过去后增长速率就下降了。拐点过后，还在增长，只是增长速率越来越小，一直趋于零。不再增长后，数目就达到了最大值，即增长因素与衰减因素势均力敌的位置。随后，衰减取代增长，数目从整体上开始衰减。

除了这些好理解的例子，自然界还存在许多类似的先增长后衰减的例子。具体到每个现象，都有具体的原因，但作为一个普遍现象，又似乎存在更深刻的甚至统一的原因。

3. 演化的普适规律 省时省力省料

演化经常是如此的复杂，以致对每一类问题，细节性的过程需要大量专家去探索。虽然如此，演化的大方向和大结局至少可以用我们的常识和直觉去定性地理解和描述。演化是多种因素相互影响的结果，它们之间的相互制约会使表面上的对抗，隐含了某种相互包容以及妥协。这会使演化的方向、过程与结局遵循一些普适的规律。演化的方向也能体现削富济贫、缩小差异。演化的长远结局往往使差异最小化或利益最大化或者状态更稳定。这可能决定了演化对过程的选择：朝着缩小差异的方向，并构筑一些中间过程（如开水沸腾）或副产品（如生物圈的诞生、城市的出现），以便尽可能快且代价最小化地满足差异最小化、利益最大化和状态更稳定。省时、省力和省料不单是人类的智慧行为，大自然的演化也会这么奇巧。比如说蜂巢那样的六角形结构就是多方博弈的妥协，这种妥协就导致了省料，以及筑巢过程最快（即省时）。也因为如此，演化的终极结果往往可以预测，对演化规律的理解可有助于预测未来。

演化的趋向：缩小差异（图 1.37）

高处的自由物体会下落，水往低处流，温度高的暖气片向房间内温度更低的地方输送热量。这都是朝着缩小差异的方向演化的结果。暖气片输热是在缩小暖气片温度与周围空气温度差异的过程。高处的水与物体，比低处的位置更高，势力（势能）更大。往低处流动与落下，也是与低处的水与物体缩小差距的体现。因此，演化的方向也可以说成是慷慨解囊、削富济贫。缩小贫富差距，才能更稳定，这才是演化的方向。

在水中滴一滴墨水，变得更无序了

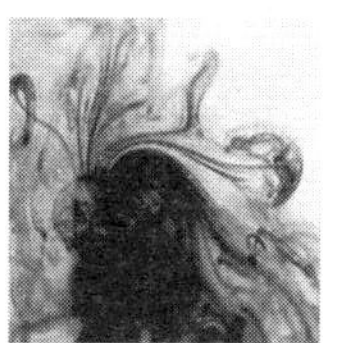

从污泥中长出的荷叶

图 1.37 无序现象的出现

如果把初始的差异定义成有序状态，缩小了的差异定义成无序状态，那么可以理解为演化朝着更无序的方向演化。把树叶茂盛当作一种有序状态，那么秋风扫落叶后，树叶随机散落在地面当然可以看成一种无序状态。落叶无序是自然的过程，树叶散落后不会自动跑回树上。在一杯清水中滴一滴墨水，墨水就散开了，即显得更无序了。散开后，在没有特殊干预情况下，浑水不会自动变回原来的一滴墨水和一杯清水。

因此，让一个包含了差异的状态自然演化，会朝着更无序的方向演化。

表述无序的正规术语：熵

物理学上用“熵”表示无序的程度。熵越大表示无序程度越高，熵越小表示无序程度越低。因此有一个物理学原理是这样说的：让一个没有外部作用干预的孤立系统自然演化，其熵只会增加不会减小，即只能越来越无序而不能越来越有序。也就是说，孤立系统中的差异会缩小，顶多不变。

这是一个普适法则，物理学上把这个叫热力学第二定律（热力学第一定律是指，给一个系统注入能量，那么该系统吞掉一部分能量变成内部能量即内能，剩下的一部分给外部做点贡献即用于膨胀做功）。爱因斯坦认为热力学第二定律是具有普适价值的唯一物理学理论，即放在哪里都能用，绝对不会错。用热力学第二定律可以证明，不可能制造出永动机（据报道，量子行为有违背热力学第二定律的可能性）。

高温空气向周围低温空气传送热量，而不是反过来由低温向高温输送热量使暖气片越来越热。为何这种现象非得说成是变得越来越无序了即熵增加了？原来，空气之所以有冷暖，是因为空气分子在做杂乱无章的热运动。每个分子一会儿跑到这里，一会儿跑到那里。温度越高，那么这种热运动就越强烈，从某种角度上说就越无序。因此，暖气片的热流传到冷空气中，使冷空气变热了分子热运动加强了，就是变得更无序了，即温度的演化朝熵增方向演化。

当然，我们会说，地球上生物的诞生难道不是变得越来越有序了？尤其像人一样的动物，有形的外表、功能齐全且能完美协同的器官、各种循环系统，这难道不是一种有序的表现？布满空隙的藕条、雨伞一样的荷叶、灿烂的荷花、鲜嫩可口的莲子，这可是完美的有序结构，它们明明是从无序的污泥中生长而成。小荷才露尖尖角，漫无边际的莲花雕刻着清澈的湖面，这显然是一种高度有序的自然画卷。其实这不违背热力学第二定律，因为该定律是指孤立系统。地球生物圈接受太阳光等外力的干预，不是孤立演化出来的。再说，眼光放大点看，相比于只有炙热的太阳和光秃秃的行星的太阳系，生物圈的存在就是一种无序。

省时省力 最大熵增率 最小作用原理（图 1.38）

如果说差异朝着缩小的方向演化，那这个普适法则却并没有告诉我们以什么样的速度演化。大自然也像人类的某些行为一样，有点着急，有点偷懒，以致由一个状态向另外一个状态的演化，会寻求最省时和最省力的演化过程。费力不讨好的事情，拖拖拉拉的事情，连大自然都不干。当然，科学家不会以这种方式来表述，把熵拉进来说事，就会显得科学一点。

加热平底锅一薄层水。锅底的水在加热后，温度增高，甚至变得更轻。热量从锅底高温位置，通过薄层的水散到水的上表面。这种在静态水（空气中类似）中，热量由高温位置向低温位置传播的过程就是热传导。继续加热，就可能出现许多六角形元胞（也称为贝纳尔涡，又称为瑞利 - 贝纳尔元胞，因为是他们通过实验研究提出了形成机理及其影响因素的）。六角形中心的水在上升，上升后的水沿六角形边缘下降。这种由于加热后引起的在浮力作用下的水流（或气流）上升，也称为自然对流。在大气中，在高度越低温度越高的区域中，也存在这种“沸腾”导致的对流现象。你在空中释放一根小毛毛，小毛毛可能往上蹿，这就是自然对流在把小毛毛举向高空。

以上现象，以及非常多的其他演化现象，蕴含着两大基本原理，按科学语言就是最小作用原理和最大熵增率原理，实际上就是省力和省时原理。这些简单普适的原理，左右着所有运动与演化。最小作用原理的提出者皮埃尔・路易・莫泊特斯（Pierre

水烧开后，锅底产生热对流元胞，称为贝纳尔涡

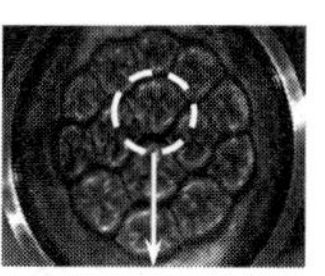

低温

热水从元胞中心线上升，冷水从侧边下降

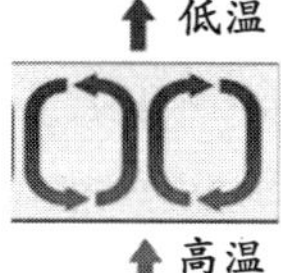

高温

图 1.38 沸腾的水用元胞加速换热

Louis Maupertuis）认为，自然界尽量节省其作用付出的代价。有速度的物体在没有外力时，走直线，因为走直线的代价最小。有转动因素驱动而生成的台风和澡盆涡，近似以圆周路径旋转，因为只有这样，各点走的路径才基本相似，否则就会相互干扰。能一样就一样，避免因差异带来的冲突，也是省力的一种表现。

齐格勒（Ziegler）提出的最大熵增率原理是指演化速度需要遵循的规律。虽然表述的是无序化的速率要最快，但也可以说成是省时原则。加热平底锅薄层水的过程中，出现六角形元胞，就是让热量的输送最快，或者说缩小上下温差的速度最快。如果说缩小温差就是一种熵增，最大熵增率原理就是指演化使熵增加的速率最快。

尽快完成，代价最小化，这就是自然所遵循的普适法则。如果局部出现有序结构（如美丽的生物圈，流线一样的河道，圆圈型的涟漪，等等）有助于满足整体上代价最小化和最大熵增率原理，那么就会出现局部有序结构。弯弯的河道尽量光顺，才能使水流顺畅，才能使高水位更快地流向低水位，使水位差缩小的速度最快，反映位势差的缩小速率的熵增率最大。

生物圈的形成与优美的演化，表面上看，局部或者个别生物本身更有序、更优美，从而熵更小。但把地球看成一个整体，其中的生物部分变得有序、自身的熵最小，则整个地球产生的熵最大化。

神秘的六角形（省料）（图 1.39）

煮水形成的瑞利 - 贝纳尔元胞中，温度增高的水通过浮力在六角形中心上升，上去后将热量传递给空气从而冷却了一些，又在旋涡带动以及重力作用下，迫不及待地沿六角形边缘下降，尽快去吸收新的热量再从中央上升。这好像是人为设计的尽快向上搬走热量的机器，没有什么其他手段比这效率更高。

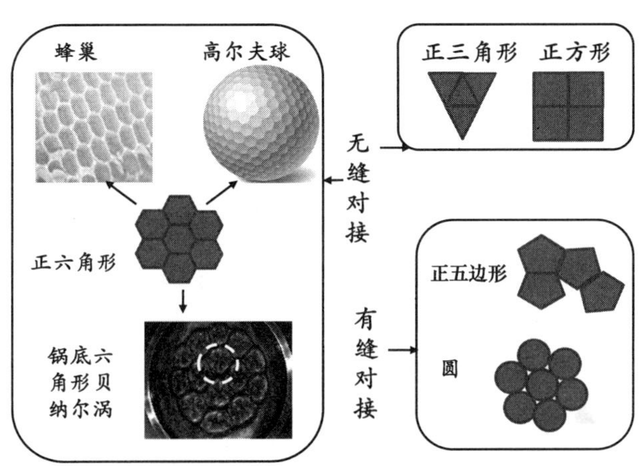

图 1.39　能无缝对接的六角形最省料、围的有用空间最大

我们会问，为何是六角形元胞，而不是圆形。原来，六角形可以挨着一个接一个，而圆相接时，三个相邻的圆之间会留下空隙，不能最大化地覆盖锅底。正三角形、正四角形和正六角形都能无缝地铺满整个平面。其他规则多边形都不能，圆也不能，因此不能有效利用全部空间。六角形与三角形和四边形相比，同样面积情况下，边长的和最小。因此六角形既能占满空间又最省料。

由数千个巢房组成的蜂巢，每一个都采用正六边形，可以无缝覆盖，最大限度地利用空间，利用了六角形所需材料最少且可使用的空间最大的原理。当然，蜜蜂的聪明可能并不是因为它们懂数学，可能是在巢穴中相互挤来挤去，最后挤成六角形，就没法再挤出别的形状了。小蜜蜂各自占据自己的巢穴，都想自己的空间最大化，于是应该会挤来挤去。最后的结果是妥协，使各自的空间最大，总的空间不变。利益最大化，却最省料。

高尔夫球的酒窝凹槽是为了打乱气流，减弱拐弯涡带来的压阻，以便飞得更远。为了最有效地打乱气流，也可能做成六角形的。

冰的分子具有六角形结构，而生成冰的水则是三角形结构。显然，这会使冰比水轻。这种六角形结构还使角点更容易抓捕小水珠，长出六角形雪花。

4. 演化规律能解释我们的世界吗？

用某种眼光看，运动无非是平动、转动和振动，以及这些基本运动的叠加。但把许多物体运动构成的随时间的演化一起看，就包含了一些普适原理，如省时省力省料原理。这很容易帮助理解开水沸腾等现象，甚至能帮助理解旋转的台风和河道的演化。但我们的世界包含的东西太多，我们能用演化的普适规律去解释吗？尤其是演化的结局是什么？是朝着简单、简约和简美的方向演化吗？

我们的世界灿烂无比（图 1.40、图 1.41、图 1.42）

演化的普适原理不知能否用于解释千变万化的整个世界。地球包含万物，我们用世界一词来囊括一切。与其用数字来描述地球或

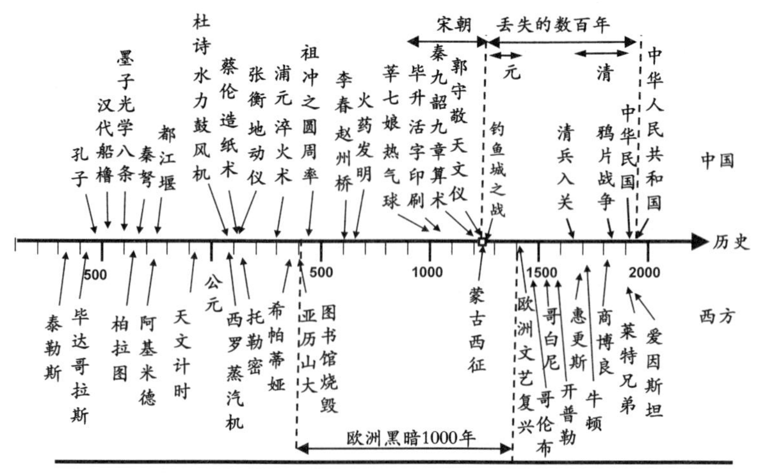

图 1.40　在时间轴上中西科技文明的历史演化

者世界，我们还不如用文字。也许，文字中就包含了不适合数学的数字。大到无法准确度量，小到无法精确测量，远到除了无限否则

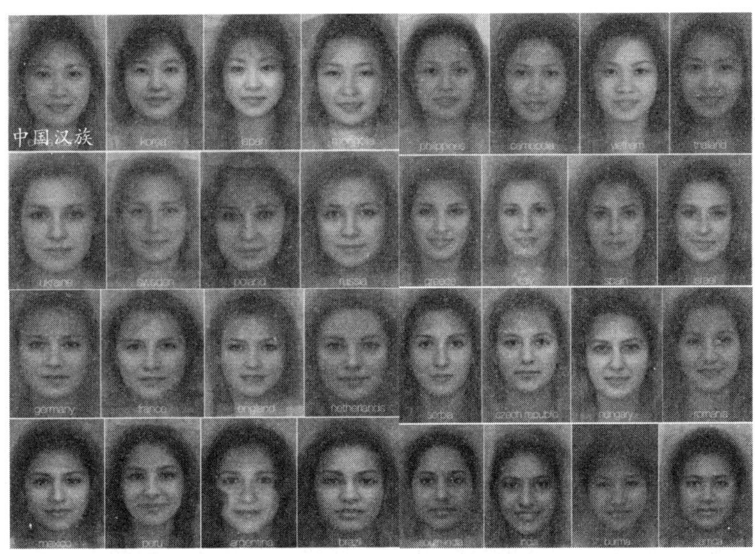

图 1.41　英国科学家绘制的部分国家女性平均脸型

机会型预测

常见于打赌、博彩和证券预测。特点是经常预测失败。

经验型预测

劳伦斯魔咒、7岁前成才暗示、摩尔定律可以归入经验型预测模型。

科学型预测

某类现象满足科学演化规律，因此可以被预测。如短时天气预报。

综合型预测

综合型预测有机地结合机会预测、经验预测和科学预测，并考虑到市场需求驱动。

科学家经过研究，发现7岁以前的小孩如果对某件事情很专注，那么有90%的可能性成才；而不专注那件事的有90%的可能性不成才。于是，一个现在不到7岁的小孩如果专注某件事，可以预测其有90%的把握在未来会成才。

图 1.42　预测方法包括机会型、经验型、科学型和综合型

无法描述，多到除了无穷否则无法计数，神秘到除了遐想否则难以表述。一些无法解释的奇特现象要么被当成精神寄托，要么被视为迷信，要么用未知科学进行关联。甚至诸如灵魂之类的敏感问题，也试图用诸如量子纠缠等现代物理学知识去解释。

地球上有大气、陆地、海洋，陆地上有江河、湖泊、山丘、峡谷、瀑布。多样的生物，包括植物和动物。当然，更有我们人类。人类的意识、智力、长相、思维、行为……，以及人类创造的建筑、科技、文化、艺术和人际与国际关系，等等。从天空看地球夜色，那是建筑物与光的岛屿，因为黑暗而灿烂。

有时，一些历史重大事件可能导致不同区域与不同国家的相对发展速度出现变化。公元四世纪，代表当时科技文明的亚历山大图书城的烧毁，使欧洲进入黑暗一千年，中国继续向前发展，使中国科技一度领先西方。随后的欧洲文艺复兴导致近代科技文明向前发展，而与此同时，中国进入了有百年停滞不前的时代，几乎正好与欧洲黑暗一千年前后错开，这导致本来领先的科技文明出现落后。

有的已经成为历史、有的继承到现在。有的正在创造、有的属于未来。还有的属于想象、梦境、期盼、意念。或永远留存，或瞬间即逝。或流芳百世，或遗祸千年。或在诞生之初，或在毁灭之末。有的是实在的，有的是虚拟的。有的，属于概念与设计，或属于痴心幻想，或导致重大突破。

文字、画、传说和古墓，记录着我们遥远过去的点点滴滴。近代的记忆，补充了照片与视频。望远镜让我们看到了远方。我们开始用色彩表示科学数据，照片与图片成了科学与艺术的桥梁。于是，我们有了虚拟世界，科幻世界。遥远的过去，要么成了古董、要么成了典故、要么成了史书、要么成了传说。继承过去是为了充实现实，珍惜现实是为了面向未来。过去与今天的一切都是通往未来的基础，向往美好的未来是演化的动力，这种向往驱动我们实现更美好的明天。继承过去并不等于断守过去，而是为了获得更好的未来，就像科幻电影展示的那样。

共性、多样性、差异性，和谐与对立，使世界如此灿烂、如此美好、无穷无尽。单单就我们人类，居然分成了埃塞俄比亚人、奥地利人、墨西哥人、巴西人、澳大利亚人……当然还有我们中国人。这是地理、文化、政治、经济和军事等综合演化的一种格局。各国之间人的平均的长相不一样，每个国家不同人长相不一样。肤色不一样，文化不一样，习俗不一样，制度不一样。文明在趋同，但文化却存异。

也许，这些也可以用大的演化规律来理解！对演化规律的理解并不总是为了解释过去和描述现在，有时是为了预测未来。预测有机会性、有经验的作用，但也有科学的指导。综合地运用这几类预测技术，可以提高预测的准确程度。

汉字的演化（图 1.43）

大世界的演化那么复杂，哪怕是文字的演化也是如此。演化的结局是复杂无比，还是变得简单、简约和简美?

我们这里不去讨论汉字形态的历史演化，而只看笔画。造汉字，笔画如果太少，就组成不了几个字，因此笔画少的字少的可怜。一笔的字也就是“一”这个字。两笔的字大概有“二”“十”“八”“人”之类的，十个左右。

于是，笔画越多，越能造出更多的字。可是，一个字的笔画如果太多，就记不住了或者书写起来太麻烦了。笔画少了造出的字不够多，满足不了要求，因此希望笔画越多越好，这是促使笔画数目增长的因素。笔画多了难写，记不住，这是促使笔画数目增速减少的衰减因素。最后造多少字，以及这些字的笔画多少，是这增长因

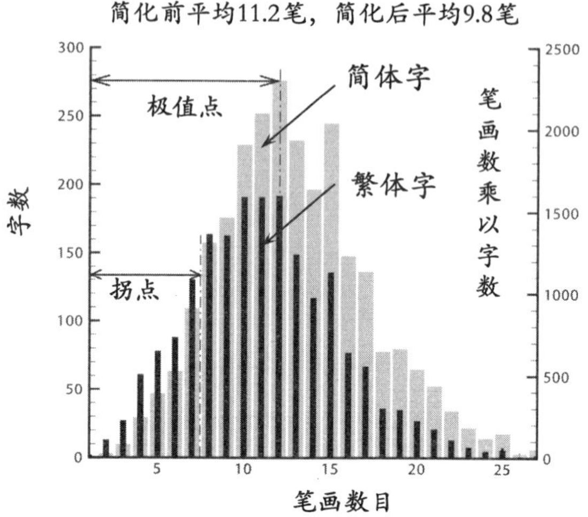

来源：《文字改革》1958年第3期

图 1.43　不同笔画的常用汉字数数目

素和衰减因素博弈的结果。

期刊《文字改革》在 1958 年第 3 期发表了“常用汉字笔画统计”数据。结果表明，汉字简化前，12 笔的常用汉字数目最多。简化后，10 笔的常用汉字最多。笔数超过 12 笔或 10 笔，常用汉字的数目就开始减少，到了 26 笔，就差不多没有了。

有一个特殊情况，笔画数目从 7 向 8 过渡时，汉字数目变化最多（简体字由 180 个变到 205 个；繁体字由 130 个变到 164 个），再往上，相邻笔画数目的汉字数目变化就下降了。似乎 7 是个障碍。这个障碍难道是巧合？

5.　数字 7

汉字 7 笔以上就有障碍了。常见的能量形式为机械能、热能、电能、磁场能、光能、化学能和（原子）核能等 7 种。基本物理学单位正好有 7 个。数字用于表示计量、顺序、大小、位置、程度、快慢和变化等 7 个方面。还有我们熟悉的 7 个音阶、七言诗、七色光。难道数字 7 隐含了什么秘密？当然，一周有 7 天、有 7 颗北斗星、地球有 7 大洲，人们认可 7 大奇迹也许只是一种巧合。对 7 的某些偏爱引起了人们的思考：是否存在深刻的自然或数学或心理学原因，还是纯粹属于巧合？这个问题还吸引了不少科学家的关注。对数字 7 的钟爱，也是演化的一种结局。

数字 7 的普遍性

在宗教仪式、医术、节假日、图形与符号、教条、地理分布、管理、关系等方面涉及数字 7 的实例非常多。与时间相关的 7：一周 7 天、人生 7 个阶段、圣经中上帝 7 天创造世界、七夕情人节。奇迹、难题、生命与自然：世界 7 大奇迹、克雷数学研究所发布的 7 大数学难题、7 种生命形态（植物、动物、原生生物、真菌、原细菌、真细菌以及技术）、海洋波浪的波长超过浪高的 7 倍就会破碎。地理：地球 7 大洲、19 世纪中国分为 7 个省、战国七雄。星球：北斗七星、日月金木水火土 7 颗星球。宇宙：卫星、行星、恒星系、星系、星系团、超星系团、宇宙。艺术与色彩：七言诗、7 个音阶、七色光（红、橙、黄、绿、青、蓝、紫）。寓言与故事：竹林七贤、建安七子、杨家七将、七仙女下凡、七夕鹊桥会、七个小矮人、辛巴达七海传奇。我们的日常生活离不开柴、米、油、盐、酱、醋、茶。

我们还可以举出更多的例子。

（1）物理学 7 个基本单位（图 1.44）

物理学包含许多规律，却只有 7 个基本单位：长度（米，m）；质量（千克，kg）；时间单位（秒，s）；电流强度（安培，A）；热力学温度（开尔文,K）；物质的量（摩尔,mol）；发光强度（坎德拉,cd）。其他单位可由它们导出，如速度为长度单位除以时间单位。基本单位以外有两个辅助单位：弧度（rad）和球面立体角（sr）。

图 1.44　科普作者多米尼克·瓦里曼 (Dominic Walliman) 的物理学地图

（2）7 种常见味觉（图 1.45）

7 种味觉是酸、甜、苦、辣、咸、鲜、涩。其中，酸、甜、苦、辣、咸这 5 种味觉似乎全球通用，其他几种味觉不同国家稍有差异。比如说，欧美将味觉大致分为酸、甜、苦、辣、咸、金属味、钙味。

不知是鲜味和金属味两种味觉的差异导致了餐饮中分别进化出了筷子文化和刀叉文化，还是反过来，因为我们使用筷子从而进化出了鲜味味觉，西方人因为使用刀叉而进化出了金属味觉。

五味调和百味香，即不仅仅是这几种孤立的味觉，它们合适的调配能产生馨香可口的美味，如同不同音调的声音调和在一起可以形成美妙动听的音乐。调音，可以让人听得悦耳，调味，可以让人饥饿。

（3）7 组脸部表情（图 1.46）与 7 种情绪

愤怒、快乐、恐惧、惊讶、厌恶、悲伤、轻蔑。政法大学微表情研究小组公布了更详细的说明。其他数千种表情可以看成 7 组基本表情的组合，如同连续变化的颜色可以看成7种基本颜色的组合，以及音乐可以用7个基本音阶组合一样。

七情六欲中的七情是喜、怒、忧、思、悲、恐、惊。温和的情绪一般不会使人致病，突然强烈或长期持久的情绪刺激就会超过人体本身正常生理活动范围，使人体机能紊乱，脏腑失调，导致疾病的发生。五脏六腑中的五脏是指心、肝、脾、肺、肾。六腑是指胆、

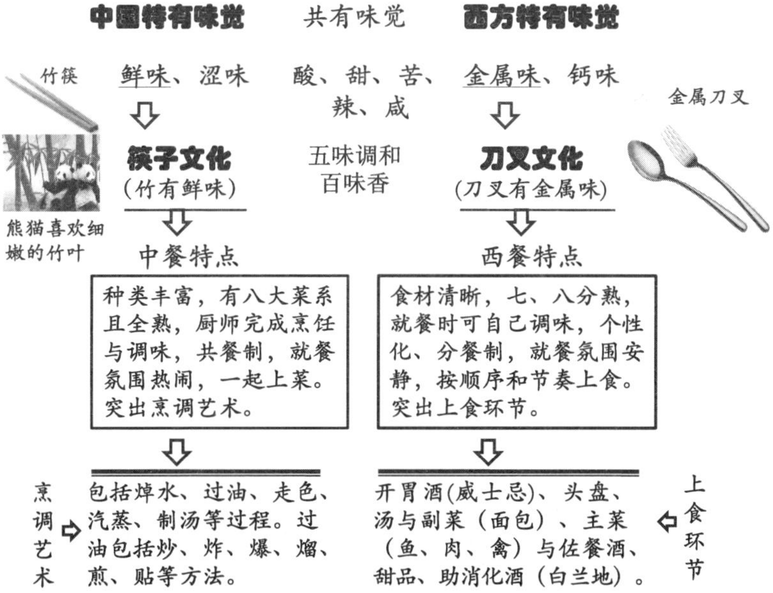

中国特有味觉　　共有味觉　　**西方特有味觉**

竹筷　　鲜味、涩味　　酸、甜、苦、辣、咸　　金属味、钙味　　金属刀叉

筷子文化（竹有鲜味）　　五味调和百味香　　**刀叉文化**（刀叉有金属味）

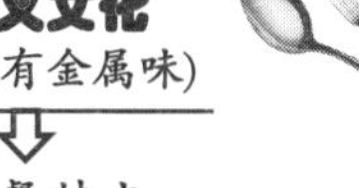

熊猫喜欢细嫩的竹叶

中餐特点

种类丰富，有八大菜系且全熟，厨师完成烹饪与调味，共餐制，就餐氛围热闹，一起上菜。突出烹调艺术。

西餐特点

食材清晰，七、八分熟，就餐时可自己调味，个性化、分餐制，就餐氛围安静，按顺序和节奏上食。突出上食环节。

烹调艺术 ⇨ 包括焯水、过油、走色、汽蒸、制汤等过程。过油包括炒、炸、爆、熘、煎、贴等方法。

开胃酒(威士忌)、头盘、汤与副菜（面包）、主菜（鱼、肉、禽）与佐餐酒、甜品、助消化酒（白兰地）。⇦ 上食环节

图 1.45　七种味觉与中西饮食文化

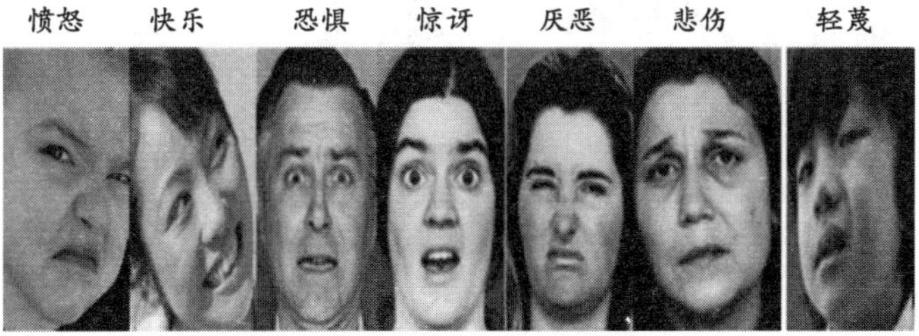

愤怒　快乐　恐惧　惊讶　厌恶　悲伤　轻蔑

图 1.46　面部七种基本表情

胃、小肠、大肠、膀胱和三焦。按中医理论，怒伤肝、喜伤心、思伤脾、忧和悲伤肺、惊和恐伤肾。

（4）7 组经络（图 1.47）

中医认为身体上有经络和穴位（足部有反射区），经络理论被广泛用于养生甚至（辅助）疾病治疗。

人体有 14 条经络，被归入 7 个组，分别是任脉 / 督脉、肾经 / 膀胱经、肝经 / 胆经、脾经 / 胃经、心经 / 小肠经、心包经 / 三焦经、肺经 / 大肠经。每条经络上穴位数目不一样（初步统计，任脉 24 个 / 督脉 28 个；肾经 27 个 / 膀胱经 67 个；肝经 14 个 / 胆经 44 个；脾经 21 个 / 胃经 45 个；心经 9 个 / 小肠经 19 个；心包经 9 个 / 三焦经 23 个；肺经 11 个 / 大肠经 20 个。总数与一年天数相距不远，但也有说法，说穴位数目达到 720 个）。

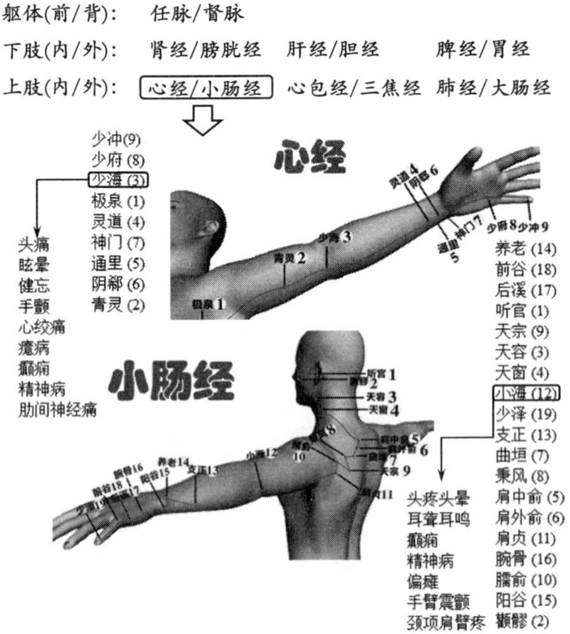

躯体(前/背)：任脉/督脉
下肢(内/外)：肾经/膀胱经　肝经/胆经　脾经/胃经
上肢(内/外)：心经/小肠经　心包经/三焦经　肺经/大肠经

图 1.47　人体上 7 组经络

按中医理论，每一个穴位对某一个症状或多个症状可能有缓解或治疗作用。一个症状依据其原因不同，可以与一个或多个穴位有关。足底反射区也类似。有某种症状时，依据严重程度，刺激对应的穴位，有酸胀、酸痛、刺疼等感觉，被刺激后可能出现临时塌陷和临时红肿等。如果症状变成了慢性的，对应的穴位刺激时，可能有气室感、颗粒感、条带感或肿块。

（5）7 种人际关系以及人际关系 7 原则

美国人事管理协会提出的人际关系，属于人与人在相互交往过程中所形成的心理关系，包括：① 亲属关系、② 朋友关系、③ 同学关系、④ 师生关系、⑤ 雇佣关系、⑥ 同事或战友关系、⑦ 领导与被领导关系。有时两人之间拥有多种关系，比如说同学也可以是朋友。

建立人际关系需要遵循的原则是：相互原则、交换原则、自我保护原则、平等原则、相容原则、信用原则和理解原则。

（6）常见的 7 种能量形式

我们的日常活动离不开能源，比如说照明、电脑和空调用的是电能，煤气炉用的是化学能，暖气片散发的是热能，太阳照射提供光能，风力发电用的是风的机械能。我们常见的能量形式为机械能、热能、电能、磁场能、光能、化学能和（原子）核能 7 种。能量的基本单位是焦耳和卡。

这里单单提一下机械能。机械能包括动能与势能，存在于运动物体、风和潮汐之中。动能等于质量乘以速度平方除以 2。风速为 1 米 / 秒时，每立方米的地面空气携带的动能为 0.6125 焦耳。取北京市东西各 100 千米的长度，再取 10 千米的高度。那么总体积为 10^{14} 立方米。假设密度沿高度方向的变化不考虑，那么这个体积蕴含的动能为 0.6125×10^{14} 焦耳。一度电是一千瓦小时，即 3.6×10^{6} 焦耳。因此，这个风场蕴含的动能，对应 17×10^{6} 度电，即一千七百万度电。风力发电正是利用风的机械能。

（7）小世界理论与名人阻尼现象

认识一个陌生人只需要大致关联包括自己在内的 7 个人。哈佛大学心理学教授斯坦利·米尔格兰姆设计了一个实验：米尔格兰姆在信中写有一个股票经纪人的名字，把信随机发送给各城市的一部分居民，信中要求每名收信人把这封信寄给自己认为比较接近这名股票经纪人的朋友。每位收到信的朋友将信寄给他认为更接近这名股票经纪人的朋友。结果表明，大部分信件都寄到了这名股票经纪人手中，每封信到达时平均经手了 6.2 次。

米尔格兰姆依据试验总结出了所谓的“六度分割理论”或“小世界理论”。依据该理论，如果你想认识一个陌生人，平均而言，只需要通过 5 个中间人就可以达到目的。两个需要相识的人加上 5 个中间人，一共是 7 个。这一理论对建立社交圈子和开展商务活动具有非常重要的价值。这只是早期在美国做实验的结果。

实际应用中，反映的是平均数或者普通人之间的概率。对于具体情况，不一定需要 7 个，也有可能永远达不到目的。例如，你不可能就单凭这个理论来认识某国领袖，或者电影明星。这里面存在一种所谓的信息传递阻尼现象。越有名的人，存在的阻尼越大。普通人不可能轻易去认识一个名人。虽然如此，六度分离理论中关联人的个数是 7。

（8）算盘一档有 7 粒珠子

算盘每一档有 7 粒珠子，下面 5 粒，每一粒代表 1，梁之上有 2 粒，每粒代表 5。这 7 粒珠子能很方便地将结果在 10 以内的加减法完成。超过 10 时，就用相邻的左边一档代表 1 的表示 10。用 7 颗珠子而不是 10 颗作为一档，既能完成运算又最省时省力，因此是一项伟大的发明，在推动古代文明进程中起了不可估量的作用。

文字中的数字 7（图 1.48、图 1.49）

有一份资料，统计了字母数从 1~21 的一些常用英文单词，有两组数据，一组比另一组更完整。对于两组数据，字母数为 7 的单词最多。

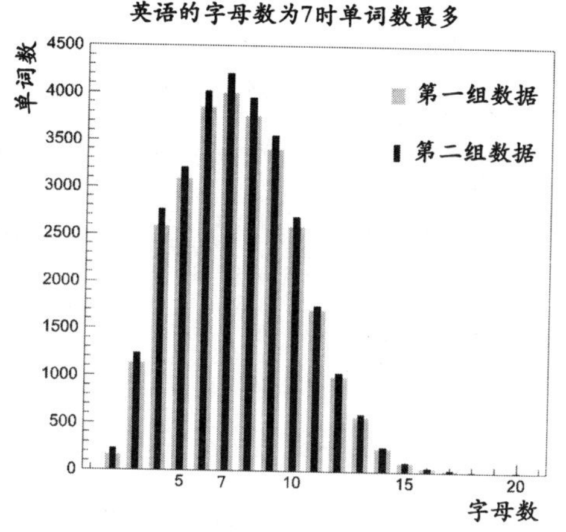

图 1.48　具有 1~21 个英语字母的单词

对于一篇具体文章，一些字母数较少的单词可能多次重复出现，因此一篇文章中单词的平均字母数一般小于 7。杰姆斯 • 哈德利 1858 年那篇《数字七》(Number Seven) 的英语文章有 6839 个单词，平均每个单词是 4.73 个字母。据说，更一般的统计表明，英语平均每个单词是 5 个字母左右。

期刊《文字改革》在 1958 年第 3 期发表了“常用汉字笔画统计”。结果表明两千个常用简化汉字的平均笔画大致是 9.8 画。中国第一首成熟的七言诗，第一句总共约 55 笔，平均每个字是 8 笔左右，第二句平均每字达到 11 笔以上。

汉字的基本笔画数目、实词数目、虚词数目、句子成分数目、点号数目、标号数目等都在 7 左右，正负不超过 2。

下面将要看到，人的短期记忆可能受限于 7，正负不超过 2。同样一篇文章，如果是英文，那么平均每个单词的字母数目一般小于 7，而翻译成汉字后，平均每个字一般是 7 笔以上。因此，从这个角度看，英语更容易记忆好学。

因此，文字改革可以朝着减少平均笔画数目的方向发展，那

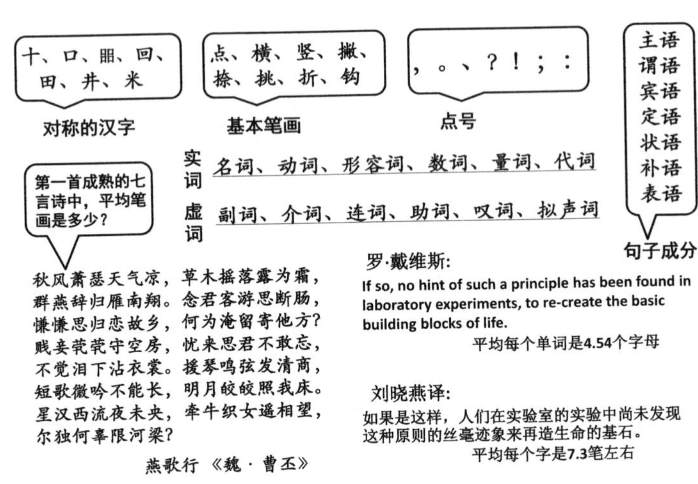

图 1.49　汉字中接近或偏离数字 7 的现象

样有利于记忆，学习的代价更小。问题是，让平均笔画小于 7 的同时，能造出那么多满足要求的汉字吗？利用现代图形学和人工智能技术，完全可以对汉字进行这样的改革。

数字 7 的科学研究

不少人把数字 7 当作神秘的数字进行过研究。据说，12 世纪葡萄牙人纳斯·玛尼德斯就解释了数字 7 是自然世界的神奇数字。历史上出现了关于 7 的一些重要文献。奥地利东方学者浦格斯塔（1848 年发文）、耶鲁大学希腊语教授暨美国科学院院士哈德利（1858 年发文）、俄罗斯神秘论学者布拉瓦茨基夫人（1880 年发文）以及获得过美国国家科学奖的哈佛大学心理学教授米勒尔（1956 年发文）等，均对神秘的数字 7 做过研究。

米勒尔创立了认知心理学这一领域，获得过美国国家科学奖。他用实验证明人的短期记忆能力受限于 7，正负不超过 2，发表的论文《神奇的数字：7 ± 2；我们信息加工能力的局限》是心理学领域引用率最高的论文之一（到 2015 年 5 月 22 日为止，至少被 7192 篇学术期刊论文直接引用）。米勒尔法则可简单描述为：人在一次事件中，能记忆的对象（颜色、声音、气味等）个数平均为 7。大家多数人一次能记住 7 样左右（而且通常是头尾记得较牢，中间的容易被忘掉）。因此，人的短期记忆能力是受限的，一次只能接受、处理和记住 7 条信息，误差 2 左右。研究结论被电信公司使用：电话号码太短满足不了要求，太长则记不住，于是设为 7 左右（区号除外）。

杰姆斯·哈德利（James Hadley）是耶鲁学院希腊语教授，美国东方学会主席，美国哲学学会副主席，美国科学院院士。在 1858 年发表的《数字七》的论文中，他试图从数字运算的角度解释 7 的特殊性。例如，数字 7 不能用其他两个数字相乘得到。在 1 到 10 的整数中，一些数字相乘得到另外的数字（如 $2\times3=6$），或由其他数字相乘得到（如 $8=2\times4$，$9=3\times3$），但除了与 1 相乘得到自己，7 既不能乘出 10 以内的其他数字，也不能由其他数字相乘而来。因此，7 似乎是孤单的数字。有关数字 7 的一些奇特数学特性还远不止这些（不信，你用 1 除以 7 看看得到什么）。

不仅算术如此，几何上也有点奇特。例如，在一个圆外接半径与这个圆相等的圆，只能接 6 个，加起来正好是 7 个。正六边形及以下的正多边形，可以用圆规和直尺画出，但正 7 边形则画不出来。

数字 7 具有普适性的可能原因（图 1.50）

记忆受限于 7（正负不超过 2）以及数字 7 的孤独性，可能预示人们在确定数目时，会在少了不够、多了记不住之中博弈，选择 7 可能是折中的结果。如果是由掷一对各有六个面、数字在 1~6 之间的色子（骰子）决定，则数字相加出现 7 的可能性最高。

物理学只有7个基本单位可能只是一种巧合。有关数字7的神秘性吸引了许多人的思考，人们希望找到更深层次的原因。然而，即使是发表了被高频次引用论文的米勒尔，他在论文《神奇的数字：7±2；我们信息加工能力的局限》下结论时依然很谨慎。他如此写道：

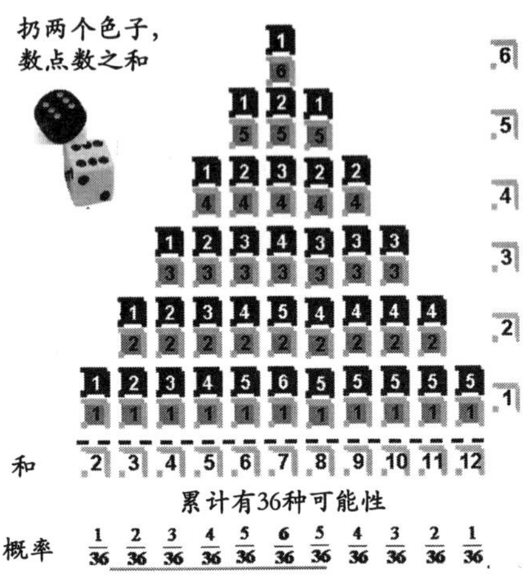

图 1.50　扔骰子和为 7 的概率最大

最后，魔幻数字7有什么秘密？……，为何将人的年龄划分为7个阶段？为何是7个基本颜色，音乐是7个音阶？一周7天？为何是7点评价尺度？为何绝对判断可以分为7类？为何注意力覆盖7个对象？为何短期记忆跨度是7个数字？在这里，我建议暂不下结论。也许，在所有这些7的背后有更深层更深奥的原因，这个原因召唤我们去发现。但是，我怀疑，这也许只是一种没有价值的、毕达哥拉斯似的巧合。

米勒尔的这个论文，被后来的研究者写论文时，引用了近10000次。这些后来者，从本质上揭示了数字7的奥秘吗？吉勒斯·日尼亚克采用了85年之中的语言短期记忆数据（覆盖了两组测试数据，每一组近7000个对象）进行分析，结果表明，语言短期记忆能力平均值是6.56，正负误差为2.39。这与米勒尔法则给出的十分接近。

1.4 速度的限制 谁能把我们带往宇宙深处

运动和演化的快慢用速度表示，也用完成的时间表示。我们可以轻易到达遥远的星球吗？不能，因为速度有限制。不要一味地对这种速度有限制表示失望。正是速度的限制，使我们的环境较为安全。试想，如果我们的太空或地面，充满了极高速的物体，我们还没看见就飞来了，那多不安全。我们对时间的感受好像与真实时间有差异：排队时我们觉得时间极慢，而有好事的情况下，时间一晃而过。速度则真能改变时钟快慢。不信，你就乘坐接近光速的宇宙飞船去外太空旅行几年，回来时一定比留在地球的同胞妹妹年轻好多岁。

1. 移动了几倍体长或音速 尺度比例效应

在地面移动和在大气中飞行，你有多大，阻力似乎就有多大。于是，越大不一定越快，大象就跑不过兔子。即使大动物的速度表面上更快，也得看用什么方式去比。用人的奔跑速度直接与蚂蚁的速度去比，显得有点以大欺小。如果公平地比谁移动了多少个体长，结论可能反过来。万物速度可能不一样，现在给一个公平的舞台来竞速：比谁在单位时间移动的体长更多。当然，飞机可能不屑与蚊子相比，那就与音速相比。音速也就是小得看不见的分子玩接力棒的速度。如果物体快得连音速都瞧不起，那就与光速相比。光线中的光子其实小得没有大小甚至没有质量，但又有谁能和光子比速度？比完了，就会知道不要以大欺小，小的东西说不定更快，反应时间短，机动能力强。如果比转了多少圈，那就更显大巫是小巫了。

速度是几倍体长

如果我们认为重量比波音 747 客机小 5000 亿倍的果蝇的飞行速度比起波音每小时数百千米来简直是小巫见大巫，那就看看谁在单位时间内移动的体长更多。

成年果蝇的体长为 3~4 毫米，它们在 24 小时内会移动 6.5 英里的距离，大致相当于 10.5 千米，即 1 秒内移动 120 毫米左右，是 30~40 个身体的距离。长度为 70.6 米的波音 747 的飞行速度大致为每小时 910 千米，即每秒 253 米左右，1 秒内移动的体长为 3.58。因此，以每秒移动的体长计算，果蝇比波音飞机快 10 倍的量级。

尖尾雨燕飞行的速度最快可达每小时 352.5 千米，即每秒 100 米左右。其体长为 9~23 厘米。如果以 23 厘米计算，那么每秒最快可移动 435 个体长。

我们驾驶小汽车，在高速公路上限速 110 千米 / 小时，即每秒 30 米左右。以 4.5 米长的汽车为例，每秒移动不到 7 个车长。

非洲猎豹则是陆地上以绝对速度衡量最快的动物，每小时可奔跑 120 千米左右。但以相对于体长的速度，这不是最快的。澳大利亚一种虎甲最快可移动 171 个体长。加州的一种小虫（Paratarsotomus macropalpis），体长不到 0.1 厘米，每小时爬行半英里，每秒能移动 322 个体长。这被认为是陆地上具有最快相对速度的动物。

如果以这种相对速度计算，人的速度小得可怜，飞人博尔特 1 秒也就跑了 6 个体长左右。当然，我们完全可以用另外一种计算方法。如果我们比的是奔跑方向的身体长度，那只有 10 厘米左右（假设体型足够纤细），那么博尔特那样每秒 10 米左右的速度（实际上他最快可以用 9.58 秒跑完 100 米），每秒移动了 100 个左右的身体长度（即身体朝前方向的长度尺寸）。这比波音 747 还快了几十倍。

弓箭射出时，初始速度大概是每秒 40~70 米。以 1 米长度的弓箭为例，这相当于每秒移动了 40~70 个箭长。一些枪射出的子弹初速度达每秒几百米。例如，AK47 子弹初始速度为每秒 700 米左右。子弹弹头长度如果是 2.68 厘米，那么初始时刻每秒移动了 2.6 万多个弹长。这是动物没法比的。

速度是几倍音速（也称声速） 马赫数

飞机与小昆虫竞速，以某种标准看，居然败下阵来，那就和空气分子送声音的速度去比吧。这一比，就比出事情来了。原来，空气也不是好欺负的。你敢超过我接力赛送声音的速度，就会给你制造麻烦，除非你削平你的机翼，磨尖你的头部。

电影《绝密飞行》中有一段飞机起飞时的视频，你能听到 1 马赫，2 马赫，3 马赫，4 马赫。马赫数是飞行速度与音速的比值。4 马赫表示飞机飞的速度是 4 倍音速。在地面空气中，音速大致是 340 米 / 秒，即每小时 1224 千米。20 千米左右的高空，温度比地面低 80 度左右，音速大概只有 290 米 / 秒左右，即每小时 1000 千米左右。在这样的高度以 6 马赫飞行，一小时就飞 6000 千米左右。地球赤道周长是 4 万千米左右。因此，这么快的飞机，数小时就能到达全球任一点，从北京起飞，不到两小时就到达巴黎了！

马赫是一个人名。之所以叫马赫数，是为了纪念他的贡献。据说马赫不相信原子，且爱因斯坦还蛮欣赏他的。马赫数大于 1 时，是超声速飞行，小于 1 时是亚声速飞行。接近 1 时称为跨声速飞行。

对于飞机，马赫数不仅仅是一个简单的相对比值。马赫数的大小将空气流动分成完全不同的类型，以致高马赫数的飞机与低马赫数的飞机的形状差别很大，不是简单把发动机的推力提高，就可以获得高马赫数飞行的飞机。

原来，飞行器等物体撞击空气，引起的气压变化，以压力波即一般以音速向四周扩散。这种扩散力图释放局部的气压变化，推送到其他地方。但这种推送是在流动的空气中推送，或者说在推送时还受到飞机的进一步追赶与引起的新的气压变化的干扰。于是飞机的速度会影响气压变化的释放快慢或效率。这种影响就会与马赫数有关。

尤其是飞机超过音速后，即做超声速飞行时，压力波的释放速度快不过飞机，一般使压力波会在飞机头部堆积，形成冲击波堵在前面，尤其产生巨大的阻力（简称波阻），让飞机付出巨大的代价才能正常飞行。为了减小这种堆积，超声速飞机的头部要更尖细，机翼更薄平。

谁的转速快

要问每秒转了多少圈，或者转一圈要多少时间，一比还真是吓一跳。银河系是一个螺旋结构，天体绕银河系中心旋转。转一圈，要两亿多年。这也太久了。地球绕太阳转一圈，365 天左右。地球自转一圈，24 小时。台风眼转一圈，1 小时量级。表的秒钟，转一圈，1 分钟。飞机机翼发出的翼尖涡，转一圈数秒量级（与飞机大小和飞行速度有关）。

澡盆涡转一圈，1 秒量级。

蝴蝶翅膀转半圈，0.1 秒量级。最快的蚊子，翅膀转半圈，0.001 秒量级。

至于分子、原子、电子和光子之类的，它们的自旋与我们理解的宏观物体自旋有差异，是一种不能进行确定定义的状态。有人估算，如果用某种宏观等价方式来衡量自旋带来的效果，电子自旋一圈只需要 10^{-32} 秒的量级。

从这些数据看，旋转系统的尺寸越大，转速就越慢（即转一圈的时间就越多）。也许，把系统的尺寸乘以转速，得到的数，就差异不大了。

比例尺度效应 相似参数帮助你省时省力地解决问题

有一个科学理论，称为尺度比例理论（scaling theory），用到动物的速度，是指动物体重越小，那么它们相对于自身体长的速度就越大。自转和振动也是如此，转动物体越小，转速一般越快，振动物体的尺寸越小，振动的频率就可能越高。小的东西动起来快，就是比例尺度效应的一种通俗表述。

其实，有更多问题可能涉及尺度比例效应。比如说，飞机的大小也有尺度效应。大型飞机在结构上会受到尺度效应支配。升力以及承力面积与机翼面积成正比，因此与线性尺寸的平方成正比。而等于升力的重量却与体积成正比，即随尺寸按立方放大。因此，单位面积所承受的力（应力）随尺寸增大而增大。飞机尺寸巨大后，这种应力就非常巨大，结构无法承受。因此要么改进结构设计方式，要么限定飞机的尺寸。飞机太大的话，对气流的扰动会更严重地影响下游飞机的起降。因此，飞机不是做得越大越好。

比例尺度效应还存在于空气中的落体之中。大物体掉落快，小物体掉落慢，就是因为阻力与面积成正比，而重力与体积成正比，从而越小的物体越容易达到阻力与重力平衡的终端速度，或者说下落速度越小。冰雹与雨滴就能快速落地，小得多的雾滴就会悬在空中很难下来。

我们学习物理时，可能提到小球和大球谁先落地的问题。如果回答说大球先落地，那就算物理概念错了。其实，让大的铅球和小的雨滴同时从 12 千米高度落下来，还真的是铅球先落地，雨滴很久以后才落地。这是因为，越小的物体，受到的空气阻力相对于其重量而言越大。

飞行的速度与音速的比，运动速度与光速的比，也是衡量速度大小的比例尺度，也刻画一些比例尺度效应。

马赫数也是一个比例尺度。上面提到，马赫数高于 1 时，会产生冲击波，这在马赫数远低于 1 时是不会出现的。也就是说，飞行导致的气流流动的性质，与马赫数有关。

飞机的速度接近音速时，即马赫数接近 1 时，飞行速度与声音速度的影响旗鼓相当，互不相让，会使问题变得更复杂。这就是所谓的跨声速情况。自然界也是那样，如果有两种因素起作用，弱的听强的，由强的因素主导。蚂蚁听蚁后的，蜜蜂听蜂王的。事情就很简单。如果两种因素一样强，谁都不听谁的，最后使事情异常复杂。振动的弦的两个频率接近时，会产生难听的声音。

反映两种因素相对大小的比值会决定自然规律具有不同性质，马赫数只是一个例子。科学研究过程中往往会去寻找是否有这样的相对比值。如果相对比值一样就能决定物理规律一样，那这种比值就称为相似参数。科学家往往围绕相似参数的大小探寻是否有与相似参数相关的规律。这样往往能给出可表述、可推理和可应用的结果，大幅减少研究的盲目性，最有效地将规律性结果付诸应用。

2. 太快也不安全 幸亏有音障、热障与光障

物体越快，越能在有限的时间到达目的地。追求速度的提高促进了现代技术的发展。但是，阻力与障碍会阻止你恣意加速。虽然如此，对速度的妨碍也让我们世界更安全。如果物体在大气层试图接近或超过音速飞行，空气就如临大敌、提高气压众志成城地堵在前面。如果速度想进一步提高，就会把物体搓热烧毁。当然，正是因为这种火烧博望坡似的火攻技术，才使从太空高速进入地球的流星被提前烧毁，否则我们一点也不安全。在没有大气的太空中，速度可以无限制地增加吧。比如说超过光速 100 倍，让我们一年就可以飞到 100 光年以外的星球。不幸的是，宇宙有安全法则，你想接

近和超过光速时，会有一种无形的力量阻止你，如果你胆敢接近光速，就让你超重得比宇宙还重。

音障与热障（图 1.51）

物体在空气中运动，推动空气时会在迎风面增加气压。增加的气压一部分会以压力波即声波向四周传播。这种传播速度就是音速，在地面附近，大概是每秒 340 米左右。

超声速物体由于超过音速，前方被推动的空气无法通过那些传播速度等于音速的声波及时避让开，因此部分地被堵在那里，被堵的空气的前锋就是冲击波。冲击波像幽灵一样拦在那里，给物体施加额外的阻力，称为波阻。波阻与摩擦阻力合在一起形成巨大的总阻力，又因为早期发动机动力不够，使早期飞行器很难超过音速。这就是音障。

高速飞行的飞行器撞击气流，除了使气压增加，也使气温增加。除此之外，气流在机体上的摩擦，也会提高温度。我们使劲搓手掌，就会发热，道理是一样的。

由于是飞行速度与音速的相对大小决定了是否遇到音障和热障，因此就用它们的比值来表示速度大小。这个比值就是之前提到的马赫数。

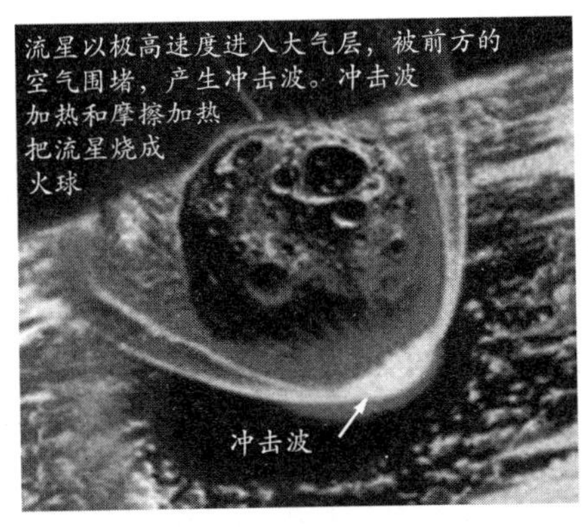

图 1.51　高速物体穿越大气层会烧起来

飞行马赫数越高，飞行器表面气流温度增加越多。例如，太空物体以 36 马赫进入大气层时，头部温度最高点可以达到 11000 度左右。这么高的温度，当然容易将物体烧坏。天体中的流星以极高的速度落入地球大气层，产生极高的温度，使流星下落带着一团火球，绝大部分还没落下来，就烧光了。

因此，飞行速度接近和超过音速，遇到的阻力会大，以声音速度传播的压力波来不及释放，堵在那里设置障碍，这就是音障。飞行速度更高的话，摩擦就会将物体加热到可能将其烧坏的程度，使不加特殊考虑的飞行器很容易烧坏，这就是热障。

地球大气会爆炸和烧没吗?

高速物体在地球大气层中穿梭时，引起那么高的温度，空气会烧起来，但会爆炸吗？不会，否则一颗流星下来，我们早就炸没了。可是，流星不是带着一团火球吗？

极高马赫数的飞行器或流星体试图将空气加热到极高温度。被加热的氧气和氮气会用化学反应来吸收热量，而不是像煤气燃烧那样释放热量。

高温使分子热运动速度提高，空气中的氧分子和氮分子首先像弹簧一样振动起来，帮助消化掉一部分热量来降温。如果温度更高，那么分子热运动把双原子分子中由共享电子形成的化学键撞开，以便吸收掉更多的热量。

双原子分子被撞开成原子的过程称为离解。游离的氧原子和氮原子有了结合的机会，会产生一些一氧化氮分子，也吸收掉一些热量。如果马赫数极高，使飞行器表面附近的气温升高到近万度，那么极高速度的分子热运动导致的碰撞，可以把原子中的电子打出来，形成带正电的氧离子和氮离子。这也会吸热帮助降温。这些离子与获得自由的电子形成的气体称为等离子体。另外，局部温度极高后，还会通过辐射散掉一些热量。

幸亏空气遇到高温产生的反应是吸热过程，才使我们的大气不会因为高速物体穿越而烧没。

光障

声速是每秒 300 多米的量级。如果我们觉得太快了，那就看看光速有多快。光速是每秒 30 万千米左右（精确地说是每秒 299792458 米左右）。从地面发出的光，1 秒钟多一点点可以到达离地 38 万千米左右的月球表面。离地球 1.5 亿千米左右的太阳发出的光，8 分钟左右可以到达地球。如果用地面音速那样的速度从地球飞到太阳那样遥远的地方，得 14 年左右。如果是更遥远的星球，比如说 22 光年以外的与地球有点类似的格利泽 581d 行星，必须得以接近光速的飞行速度才能在可接受的时间内到达。

高速飞行器遇到音障，是因为速度快了，导致空气用冲击波等设置障碍。茫茫的太空，除了偶尔遇到星际尘埃，几乎是什么都没有的真空。设想我们搭乘一艘宇宙飞船，每秒加速 9.8 米 / 秒，使我们感觉如同生活在地球上一样。差不多正好一年，我们的飞船就达到光速了。如果还嫌慢，那就每秒加速 98 米 / 秒，那 1 年下来，差不多 10 倍光速了。先不说用于加速的动力能否有这么大，能否持续这么久。自然界有一个常人无法理解的现象：任何有质量的物体接近光速时，会遇到光障。其实光障这个名称并不常用，指世界上任何物质的速度不能超过光速，甚至无法接近光速。

我们之所以看到远处的物体，是因为物体发出的光朝你跑来。因此你看到的是须臾之前的物体。就像我们听 34 米以外的人说话，我们听到的是 0.1 秒之前的话，因为声音的速度大概是每秒 340 米。如果宇宙中有物体超过光速，那就乱套了。设想一个物体以超过光速朝你飞来，你还没看见它（因为他发出的让你看得见的光以光速向你传来），它就到了。因此，无法超越光速是一个宇宙安全法则。我们的宇宙不存在超光速的物质。

在加速器中，人们无论提供多大能量，都不能把比分子还小的质子加速到光速，更别说超过光速。电磁波、引力波以及光子以光速运动，因为它们没有静止质量。但没有超越光速的东西。

光速是宇宙中物体运动的最大速度，这个速度无法被超越。其次，也是最难理解的，光的速度相对于任何移动的观察者，都是个不变的常数，在真空都是299792458米/秒（在非真空，比如说水中，稍微低一点点）。这种光速的（相对于以任意速度移动的观察者的）不变性，虽然是一种假设，但可以导出许多神奇的且能被验证的结论。比如说，一个立方体正对着你飞来，它变成了玫瑰花一样的形状。这些就是所谓的相对论效应导致的。

3. 相对论效应　卫星定位　核能利用

音障和热障，只是说困难，但技术的发展让人造飞行器得以突破音障和热障。光障却不能突破，不是技术问题，而是物理法则问题。不仅如此，物体接近光速和靠近有引力的星球，会发生一些匪夷所思的现象。把地面生产的原子钟放在急速飞行的飞船上，原子钟走得慢了。朝月球急速飞去的飞船，看地球与月球之间的距离缩短了不少。这就是爱因斯坦提出的相对论效应。相对论效应是如此违背常识，以致人们说，地球上懂爱因斯坦的人站在一排，一个人一小时就能数完，也就是数千位的数目。依然有人还在反对相对论，虽然所有能做的实验都证明这个学说是正确的。连霍金都声称，他不断收到一些信，指出爱因斯坦错了。既然这么古怪，那就值得去看看到底会发生什么。除了加速器可以将非常小的粒子加速到接近光速，一般的物体的速度比光速小多了，因此拿去和光速相比，表面上显得毫无意义。因而，人们可能误认为我们的日常生活不会受相对论效应影响。事实并非如此，最著名的例子便是GPS定位系统，以及由相对论原理得到的质能关系在核能利用方面的应用。

速度让时间变慢、让距离缩短　狭义相对论效应（图 1.52）

苏联宇航员谢尔盖当年以每小时 28163.52 千米（约 7823 米 / 秒，即 1 秒钟将近 8 千米的距离）的速度绕地球飞行了 803 天 9 小时 39 分。下来时，他的表居然慢了 0.02 秒。这不是表出了故障，而是由于所谓的物体相对我们以极快的速度运动时，上面的时钟会变慢的缘故。

一辆小汽车几米长，如果放在很远看，就显得很小了。但这只是视觉问题，小汽车本身还是那么大。但一个很快的物体从边上离去，该物体在运动方向的长度缩短了，这不是视觉问题，而是测量的长度真的变短了。

长度缩短了多少，时钟慢了多少，与运动速度相对于光速的比值有关，这是所谓的相对论效应。用 1 减去这个比值的平方，得到的数再开个根号（2 的平方是 4，3 的平方是 9；开根号就是把平方得到的数与平方之前的数对应起来，于是 4 开根号就是 2，9 开根

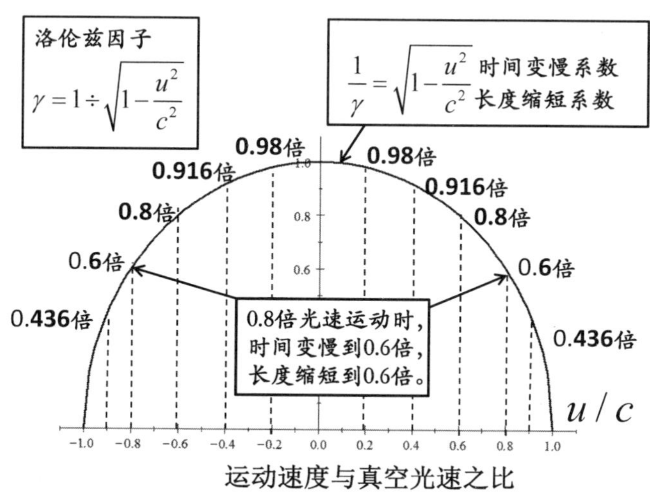

图 1.52　洛伦兹因子与时间变慢与长度缩短系数

号就是 3）。再用 1 除刚才开根号得到的值，得到的数称为洛伦兹因子。例如，0.8 倍光速对应的洛伦兹因子是 1/0.6。洛伦兹因子的倒数（1/0.6 的倒数就是 0.6）就是长度缩短系数和时间变慢系数。例如，0.8 倍光速的飞船上的时钟走过的时间只是地面时钟走过的时间的 0.6 倍。地球时钟走了 1 秒，飞船上的时钟才走 0.6 秒；飞船在飞行方向的长度，是起飞前的 0.6 倍。

纳闷的是，爱因斯坦是怎么得到这样的比值关系的。他主要用了物体的速度不能超过光速并且从任何移动物体上的观测者看运动物体（包括光）的速度也不能超过光速这一假设。你在地面看一束光，它以光速离你而去。你开始追它，不管你追它的速度是多少，它相对于你的速度还是光速。

物体 A 以 0.5 倍光速相对于地球运动，物体 A 发出的光相对于 A 也以光速相对于 A 运动。但这束光相对于地球也是光速，而不是 1.5 倍光速。由于速度等于距离除以时间，爱因斯坦于是让距离和时间收缩，且收缩因子正好等于洛伦兹因子的倒数，就满足了速度怎么叠加都还是超过不了光速这一光速不变法则。

假设在地球和离地三十八万四千四百千米的月球之间有一个中继站，中继站离地球 30 万千米。速度为每秒 30 万千米的光（实际上也不是精确地等于每秒 30 万千米）从地球出发，1 秒就到了中继站。现在假定飞船从地面出发，以每秒 20 万千米朝中继站飞去（忽略加速过程，也暂时不考虑能否达到这么快的速度）。

飞船出发时向中继站发出的一束光线，在飞船上的人看来，这束光是以每秒 30 万千米的速度向月球跑去。速度为每秒 20 万千米的飞船，发出的相对于飞船的、速度为每秒 30 万千米的这束光，我们地球上的人看，应该是每秒50万千米吧。不是，爱因斯坦假定，那束从飞船上发出的光，在地球人看来，速度还是每秒 30 万千米，1 秒后到达中继站。

飞船朝中继站飞去，中继站和地球相对于飞船当然就朝相反的方向飞，即它们相对于飞船有了速度，速度也是每秒 20 万千米。飞船上的人测得地球和中继站的距离缩短了，不是我们看到的 30 万千米的距离，而只有 22.36 万千米。于是，它们发出的光线，以每秒 30 万千米的速度，只需要 22.36 ÷ 30=0.745 秒左右就到达中继站。即飞船上的原子钟，只过了 0.745 秒左右，那束光就到达中继站了。这是飞船上记录的时间，是原子钟的时间。

可是，地面上的人看飞船发出的那束光，还是每秒 30 万千米。地球上的人看中继站距地球的距离，是 30 万千米。于是，地球人看到那束光，是 1 秒钟到达中继站。

这就是说，地面上的原子钟走了 1 秒，飞船上的原子钟只走了 0.745 秒。这不是时钟出现了故障，而是相对论效应。这个效应说：运动物体上的时钟变慢了，且感知的距离缩短了。

这种运动的物体时钟变慢以及长度在运动方向缩短的效应就是爱因斯坦 1905 年发表的狭义相对论效应。在速度接近光速时，这种效应十分明显。

这个时间变慢是物理时间变慢，包括所有的生物、化学和物理过程，变慢了。距离也真的缩短了，在更短的时间可以跑完这个被缩短了的距离。飞船如果停下来，飞船上的时钟因此会滞后一些，但长度又恢复到原有长度。

引力使时钟变慢　广义相对论效应

由于引力使自由物体会获得速度，因此引力与速度有等价效应，也使时钟变慢，这就是广义相对论效应。引力越大时钟变慢越多。宇宙黑洞中心引力巨大，时钟就可能不走了。地面的时钟比高空的时钟受的引力大，因此高空时钟比地面时钟走得快。在速度较小以及引力较弱时，这种相对论效应不明显。

广义相对论效应是爱因斯坦1915年提出的。按广义相对论，引力也使时钟变慢。可以这样理解，高处的物体在引力作用下会往低处加速下落，到了低处就获得了一个速度。这个速度的作用，就等效于狭义相对论运动物体的速度作用，使时钟变慢。因此，低处的物体相比于高处的物体，有一个等效相对速度，使低空的物体时钟相比于高空的，变慢了。

运动质量　质能关系　核能（图1.53）

爱因斯坦的学说还没完。运动物体的长度和时间不一样了，但并不表明运动物体上的物理化学规律不一样了。比如说，月亮上有人吃饭，你无论在地球上看还是飞船上看，都是在吃饭。月亮上的物体满足万有引力定律，满足牛顿定律，满足热量从高温向低温传导的规律，无论是在地球上的人看来，还是在飞船上的人看来，都满足，且形式都一样。

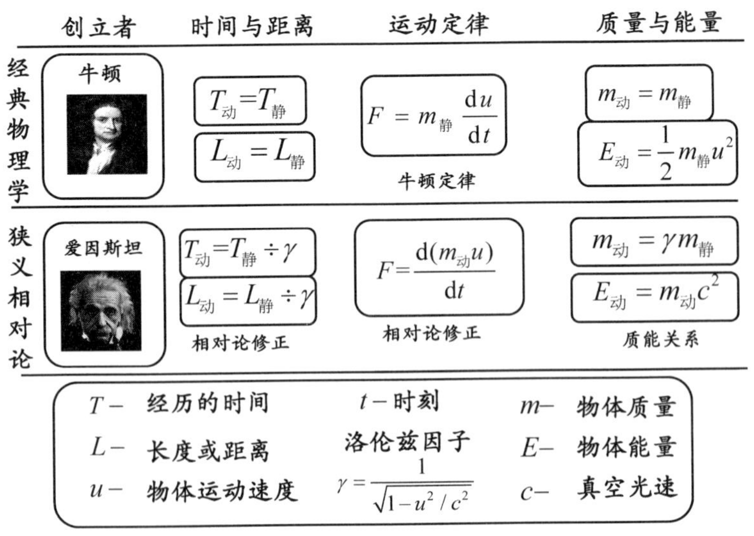

图1.53　爱因斯坦与狭义相对论、质能关系

可是，许多规律，包括牛顿力学定律（作用在物体上的力等于该物体的质量乘以该物体的速度随时间的变化率），用数学表述时，既包含位置（距离），也包含时间。比如说，在重力的作用下，下落物体获得速度，速度的大小就与时间和位置有关。既然运动物体上的时钟变慢了，长度在运动方向缩短了，那么将这些经典物理学规律用到运动物体上，就会出现与静止物体上的形式不一致的情况。爱因斯坦想，物理学与化学规律的形式不应该与物体（或观察者）是否运动有关。

于是，他把物理学规律加了修正，比如说把牛顿定律加了修正。修正后的规律，形式就与物体是否运动无关了，与观察者是否运动无关了。

修正的结果是，物体的质量必须与速度有关且运动物体的质量大于静止物体的质量。静止时有质量的物体，如果运动速度等于光速，那么运动质量就无穷大。光子的速度是光速，因此光子没有静止质量。

给自由物体施加作用力，物体会加速，速度越来越大，与速度平方成正比的动能越来越大。按经典物理学，这个动能的增加，等于力乘以力的作用距离。考虑了运动质量修正后，爱因斯坦发现，力乘以力的作用距离，累积起来等于物体加速后的质能减去加速前的质能。这里的质能是物体的运动质量乘以光速的平方，在运动速度较小时，运动质能与静止质能之差近似等于经典的动能表达式。爱因斯坦认为，这个加速前的质能就是静止物的能量，等于静止质量乘以光速的平方，这就是著名的质能关系。因此，静止物体有质量代表的能量，如果让质量消失，会释放巨大的能量。

达到光速时质量是无穷大，从而能量也是无穷大。因此你无法将一个有静止质量的物体，通过施加外力做功达到或超过光速，因为你无法得到无穷大的能源去推动静止物体达到光速。甚至哪怕是接近光速，都需要巨大的能量。目前没有发动机能做到这一点。

质能关系在核能利用的理论中能找到应用。原子核由带正电的质子和不带电的中子组成。强相互作用力的残余力将它们捆绑在一起，只有提供足够的能量做功，才能将原子核中的核子（质子和中子）拆开。这种能量就是结合能。于是将本来分散的质子和中子结合成原子核，就会释放能量。

一种原子中包含的核子（质子与中子统称为核子）的总数目称为原子量。原子量不同的原子，核子数目不同。核子数目不同，结合后各核子之间的排列方式与距离远近有差异。又由于强相互作用力的大小与距离有关，因此不同排列方式导致不同核子之间距离不一样，从而结合能不一样。这就使结合能的大小并不正比于构成原子核的核子数目。

用原子核的结合能与原子核中核子数目相比得到的值称为比结合能。由于不同原子的原子核数目不同，排列方式不一样，结果是，比结合能的大小与原子量的大小既不是纯反比关系，也不是纯正比关系。原子量中等的原子核比结合能最大，拆开需要的能量就越大。这如同很强的人之间以及很弱的人之间不容易团结在一起，而中等能力的人更容易相互团结一样。

氢分子这样的原子量较小的原子核的比结合能较小，铁原子之类的中等原子量的原子比结合能最大，铀 235 和钚 239 之类的重原子的比结合能也较小。

质子和中子均有固定的质量。可是，一个原子核的质量，比构成它的那些质子和那些中子的质量之和要小，小掉的部分称为质量亏损。那么亏损掉的质量去哪里了？

原来，核子从分散状态结合到一起时，要释放能量，这个释放的能量就是刚才提到的结合能。释放掉的能量，与亏损的质量之间，满足爱因斯坦的质能关系。通过测量质量亏损，即可算出每一种原子的结合能大小。结合能以这种方式与质量亏损进行关联，直接验证了质能关系的正确性，也间接验证了狭义相对论的正确性。

核能的利用

如果能让铁原子之类的具有高比结合能的原子核分解或聚合成低原子量或高原子量的原子，那么显然需要添加能量做功，因为后者的比结合能更小。这如同拆散一个具有高度凝聚力的团队或者合并几个这样的团队，需要付出较高代价一样。

反过来，如果让氢原子聚变成高原子量的原子，或让铀 235 和钚 239 裂变成低原子量的原子，就会释放能量。这种释放的能量就是核能。

太阳等恒星基于氢聚变释放巨大能量。由于氢的比结合能极低，因此聚变成高原子量时释放的结合能巨大，基于氢聚变的氢弹威力巨大。原子弹则是基于铀 235 或钚 239 的核裂变。原子弹涉及的裂变释放的结合能比氢聚变小不少，但威力也足够大。

核反应完成后，让剩余物质冷却下来，那么物质的质量减小量，按爱因斯坦的质能关系，与核反应释放的能量满足质能关系式。由于核反应释放的能量巨大，因此物质质量减小量是可观的，可以测量出来。相反，同等质量的物质因化学反应释放的热能，与核裂变相比，小 1 百万倍的量级，故质量减小量可以忽略。

恒星的质量非常巨大，热核反应产生的高温高压会阻止万有引力将拥有巨大空隙的原子挤压在一起。然而，如果恒星质量比太阳大许多倍，那么核反应结束后，在万有引力作用下，会坍塌成黑洞，将原子核挤压在一起，形成体积极小的致密星体。

GPS 导航的相对论效应修正

离地心平均高度为 26600 千米处有 24 颗平均轨道速度为每秒 4 千米左右的卫星，作为 GPS 系统的星座。卫星上的原子钟，因相对论效应，每天会比地面同样准确的时钟快 38 微秒左右。如果不加修正的话，每天就会给导航带来 10 千米左右的伪距离。这对定位精度要求在数米以下的 GPS，显然不可接受。

卫星上的原子钟每天比地球上的快 38 微秒左右，不是来源于原子钟的故障与误差，而是因为速度带来的狭义相对论效应以及引力不同带来的广义相对论效应。这是一天的累计效应，每时每刻的具体效应还受离心力和旋转导致的相对位置或相对速度不一样的影响，后者称为萨格纳克效应。

虽然对于卫星这样的速度，与光速相比很小，从而变慢效应很弱，但每天积累起来，还是有几个微秒。同时，地面相对于地心也有自转造成的速度（赤道上为每秒 0.46 千米），也比地心时钟慢，但没有卫星慢得那么多。把卫星相对于地心变慢的时间减去地面相对于地心变慢的时间，就等于卫星时钟相对于地面时钟变慢的时间。按此理论，对于相对于地心以每秒 4 千米的速度运动的卫星，因狭义相对论效应，上面的时钟每天比地球表面的慢 7 微秒左右。原来，对于每秒 4 千米的卫星，时间缩短因子是 8.89×10^{-11}，以此乘以 1 天的总秒数，是 7.69 微秒。

离地心 2.6 万多千米的卫星受到的地球引力，比离地心只有 6 千多千米的地球表面小 10 多倍，因为按照牛顿万有引力定律，引力与离开引力源质心的距离成反比。按广义相对论公式，受地球引力更大的地面原子钟，每天比在受地球引力小 10 多倍的卫星上的原子钟慢 45 微秒左右。

因此，因狭义相对论效应使卫星上的原子钟每天比地球上的慢

7 微秒左右，而因引力减小使卫星上的原子钟每天比地球上的快 45 微秒左右。合起来，卫星上的原子钟每天比地球表面上的快 38 微秒左右。

一架飞机可以从处在地球同一面的几颗卫星上接受不同时刻的卫星位置信息，并依据几何关系从几颗卫星的位置算出自己的位置。如果相对论效应导致的卫星时钟时刻不加修正，飞机得到的就是错误时间的卫星位置，从而错误地算出自己的位置。不加修正的话，每天累计的伪距离会达到 10 千米左右，这与定位精度要求数米以内的要求相距太大。因此，人们会对相对论效应做出修正。一种做法是将卫星搭载的原子钟设计得走得更慢，每天慢 38 微秒左右，这样，相对论效应就使卫星上的时钟与地面时钟同步。

4.　时间很慢也很快

速度等于距离除以时间，因此也可以从时间看速度。时间在流逝，也有相对快慢。不仅是时钟决定了快慢，有时是感觉决定了时间的快慢。我们说，有时很慢，煎熬的时间慢如蜗牛。有时很快，快得如同时光流逝，以致大家会问时间都到哪里去了。这说明我们对时间的感觉与情绪有关。物理法则也会改变时间和生物钟的快慢，尤其是速度和引力可以将时钟调慢，让飞机和卫星上的原子钟走的时间和地面的不一样。弟弟坐接近光速的飞船去太空漫游，几十年回来后，会比留在地面的双胞胎姐姐年轻几十岁。

反应速度

发生在一个时间段的事件，不同人感觉到的时间长短不一样。动物都有自己的生物钟。事件发生的快慢用自己的生物钟测量，具有不同快慢的生物钟感知的快慢程度就不一样。如同一把尺子测量长度。如果尺子的度量长度很短，那么地球周长就显得很长，如果尺子的度量长度很长，甚至比地球周长还长，那么就会感觉地球很小。不同的动物，甚至不同年龄段的人，拥有的感知时间的生物钟快慢不一样，如同拥有的测量长度的尺子不一样。

我们会觉得小动物很可怜，它们寿命和人类相比太短了。有的细菌生死就在一瞬间。如果生物钟的快慢与动物的体积成反比，那么也许不同大小的动物感受自己的寿命差不多都那么长，至少差异不是特别大。古人寿命短但生活节奏慢，虽然与古人相比我们现在的寿命按太阳年增加了，但由于现代人节奏快，一年时间显得很短，因此也许古人比今人更觉得一生很漫长。

反应时间也许是对生物钟快慢的某种有效衡量。正常情况下，人的反应时间为 0.1~0.2 秒。你听到号令枪响再起跑，这个时间间隔是 0.1~0.2 秒，这就是反应时间。据说，刘翔从听到号令枪响到起步，总的反应时间是 0.139 秒。司机的反应还包括对车作出操纵，反应时间是 1.5 秒左右。有的司机可能得 3 秒甚至更长。赛车手开车的反应时间肯定比 1.5 秒短多了。

动物和人的感觉器官接收信号（如眼睛看到或耳朵听到）或刺激后，将信息传递到神经系统，再由神经系统做出判断，向运动器官发出命令，最后由肌肉做出反应，这些环节累计的总的时间就是反应时间。各环节所需要的时间显然与参与这些环节的系统的尺寸有关，如同路程越短越快到达一样。

于是，反应速度似乎与动物的尺寸或体积成某种反比关系。大致而言，越大的动物反应速度应该越慢（反应时间越长），越小的动物反应速度越快（反应时间越短）。有时我们看到擂台上不同身高的搏击高手格斗，看不出身体越高的就一定占上风。也许身材矮小一点的因为反应快，弥补了打击距离和力度的不足。

体长 1 厘米左右的大齿猛蚁据说是地球上反应速度最快的动

物。它们能在 0.13 毫秒内合嘴咬住动物，比人的反应时间快 1000 倍左右，比人类眨眼的速度快 2300 倍左右。

如果我们生物钟嘀嗒得极快，那么我们就会感觉一天时间极其漫长。如果嘀嗒得飞快，那么连电影也看不成了，超声波也能听得见了。

原来，电影的画面按每秒 24 帧（有的可能不完全是这个数）一个接一个的输送，相邻两个画面很接近，但稍有差异。人眼及其数据接收与传输系统每秒能够输送 10~12 格画面，然后大脑的视觉处理中心会将每格画面保留 1/15 秒（视觉残留时间）。

当然，为了产生电影感觉，还需要在极短时间内识别每一副图像。在图像“刺激”视网膜后，大脑就会对形状、颜色和方向等信息进行处理。研究人员给受测试对象连续看 6~12 张各种类型的图片，如野餐图片或者带微笑的夫妻照片。每张显示时间只有 13~80 毫秒。结果发现，人的视觉能力比想象的要强，人脑能够解读眼睛仅看了 13 毫秒的图像，且眼睛每秒可以转移 3 次视线。研究人员还指出，大脑中的某些部位一定能将看到的信息保留至少 13 毫秒。

于是，视觉残留以及能瞬间解读图像，使我们感觉电影画面是连续变化的。如果我们视觉反应太快，那么我们就会“看得清”一幅一幅不同的画面，就没有电影的动画感觉了（可能是皮影戏的感觉）。

人的反应速度快慢对于百米赛跑之类的运动非常重要。苍蝇的反应速度极快，因此能从人的眼皮底下逃生。

时间去哪里了

我们可能坐过飞机。飞机爬升的半小时显得很快，但飞机着陆前下降的半小时似乎显得很慢，显得过了很久。

小时候我们无忧无虑，很多事情我们还来不及体验，因此我们期待什么，却又不需要自己操心。这种等待会让儿童感觉一年过得很慢，寒假暑假总是显得姗姗来迟，过年过节久等不来。年龄大了后，我们承担的责任更多，需要靠自己来完成，因此总是感觉时间不够，久而久之我们就感觉到时间在飞逝。尤其我们老了以后，感觉所剩时间不多了，于是时间流逝更显快速。小孩度日如年，老人度年如日。

儿童时代身体活跃，生物钟较快，自己的生物钟嘀嗒 60 下可能比时钟嘀嗒 60 秒的时间短，于是感觉一分钟可能很长。老人生物钟慢，于是感觉一分钟很短。自己生活过的年龄也会成为我们的时间参照。一个三岁的儿童，才过了三年，一年与三年相比显得很长，因此儿童觉得一年很长。老人过了好几十岁，一年与几十年相比显得很短，因此感觉一年过得很快。除此之外，心情也可能临时影响生物钟。排队时、处理不愉快事情时，生物钟可能变快，时间显得很慢。遇到愉快的事情则反过来，生物钟变慢，时间显得很快。

心理学家通过研究得出了这些年龄越大感觉时间变得越快的结论，并且发现，这种感觉是跨文化的——在德国、奥地利、荷兰、日本和新西兰等国的实验中，参与者的表现十分接近。

一个已经过去的节日，在大人看来仿佛就在上周，而在儿童看来它已像是几年前的事。心理学家发现，如下几个因素影响到了我们对时间的感觉：①我们用难忘的事件衡量时间，年龄越大历经的难忘事件越多；②比例原理，即一年光阴占据生命中已过的时间比例越小，感觉一年过得越快；③生物钟随年龄增长而放缓，身体的衰老当然使跳动的生物钟节奏更慢了；④年龄渐长琐事越多，使人们对时间的关注更少，因此从退休开始对时间快慢的感觉可能不会有大的变化了；⑤用做好一件事情的时间来衡量时间流逝，随着年龄的增大，压力增大以及琐事增多，让人感觉没有足够的时间做好一件事。

用标签找回时间（图 1.54）　一万小时成才定律

布赖恩·格林在科普片《扭曲的时间》中的开场白是这样的：人们说时间在飞逝，时间就是金钱，我们却在浪费时间，我们却在消磨时间；我们也试图节省时间，但我们对时间究竟有多少了解？他进一步说，时间就像河流那样，不断地朝着单一方向和朝着未来在流逝。

我们在问：时间去哪里了？我们觉得时间不够用，没法完成我们想完成的那么多事情。当然，我们也可能度日如年，如果在忍受令人不情愿的事情。我们能节省时间吗？当然能。

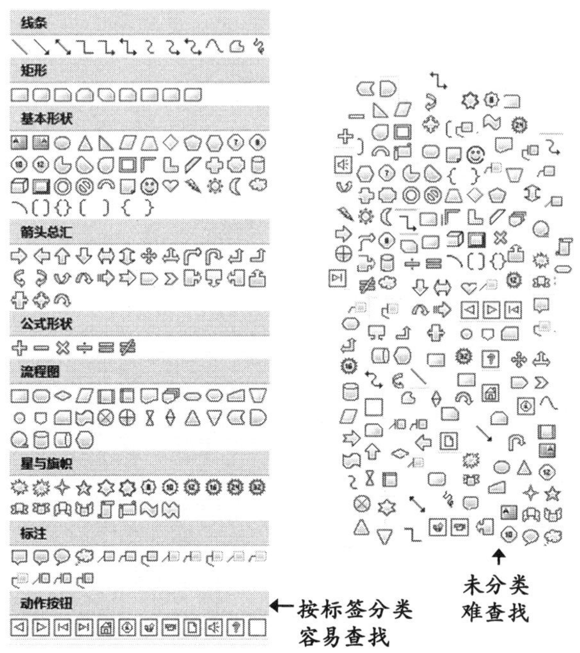

图 1.54　Office 中各种图形按标签分类布置

30 年前，一位憨厚的大伯进了某校园，找他的侄儿。逢人便看便问，每分钟能遇到个把人，白天一天 10 多个小时能看到 1000 人左右。校园各类人，包括教职工、学生和其他人，也许是 3 万量级。照这种找人方法，理想情况下，需要 30 天左右才能把所有人筛选一遍，因此平均而言他需要 15 天才可能撞见他的侄儿。

30 年前，一位女作家在北京旅游时要去校园找她表弟的女儿。首先她问清楚了表弟女儿在哪个系、哪个年级、哪个班。她上午 11 点左右进学校后，半小时内便打听到和找到了那个系，从该系教务打听到了表弟女儿的宿舍。那时正好是中午 12 点，她等在她宿舍那儿，很快她下课了。作家从进校园开始，一小时左右便找到了表弟的女儿。平均而言，比憨厚大伯节省了 360 倍的时间。

哪所大学、哪个系、哪个年级和哪个班，以及叫什么名字，就是给学生贴的标签。按标签分级筛选，可以将时间减小数个量级。找人只是一个例子，生活、工作、管理，尤其是探索与发明，按标签一级一级分类筛选，就能提高效率，节省时间。

有了可以支配的时间，就有可能成才。有一个异数定律，即一万小时成才定律，是指需要累计花上一万小时以上，才能学艺有成。博士研究生就读时间一般是 4 年以上，这个时间段足够提供一万小时让研究生成才。

每天也不需要一定达到 8 小时。十年以内，针对某具体活动每周练习 20 小时，每天 3 小时，就可以累计出一万小时。格拉德韦尔的研究显示，无论是学习古典音乐还是从事冰球运动，无论是作曲、打篮球、写小说、弹钢琴和下象棋，最低需要练习一万小时，才能成才。心理学家埃里克森调查了柏林音乐学院的学生，发现从 5 岁左右开始练习小提琴的学生，起初每周时间并不多，但随着年龄增长，优秀的学生练习的时间更长，到了 20 岁时，就累计 1 万小时，成为优秀的小提琴手。

飞机上的原子钟：海福乐和基廷实验

与人的感觉时间与实际时间之间有差别不同，狭义相对论效应和广义相对论效应真的会改变物理时钟，比如说，飞机搭乘原子钟，飞几圈后，走的时间会与地面的原子钟走的时间不一样。

1971 年 10 月，海福乐（Hafele）和基廷（Keating）用飞机搭载原子钟做了实验。飞机向东向西做了两次飞行，两次飞行中，速度差别带来的狭义相对论效应有差别，而引力带来的广义相对论效应无差别，实验巧妙地同时捕获了狭义相对论影响和广义相对论影响。实验结果与爱因斯坦的理论预测非常接近。该项研究的理论预测与实验结果分两篇论文发表在 1972 年 7 月的《科学》杂志上。其中理论预测给出了很详细的计算方法。

飞机一次向东飞行，在总共 65.4 小时的时段内，累计飞行时间为 42.2 小时。由于地球自西向东自转，因此向东飞行时，飞机的对地速度加上地球自转带来的地面速度才能算作相对于地心的速度。按理论计算，由于飞上蓝天后引力较小，广义相对论效应使飞机上的时钟在实验时间内应比地面时钟累计快了 144 纳秒，而由于相对运动导致的狭义相对论效应，应比地面慢了 184 纳秒。这样，在飞机上旅行了的钟总共比地面的慢了 40 纳秒。这是按爱因斯坦狭义与广义相对论计算得到的理论结果。实际带上飞机的原子钟，比地面的慢了 59 纳秒。这已经非常接近理论结果，与理论值的偏差来源于一些理论近似和一些可能因素的忽略。

一次向西飞行，在总计 80.3 小时的时间中，累计飞行了 48.6 小时。广义相对论理论计算的引力减弱导致时钟变快 179 纳秒。但向西时，相对于地心的速度等于对地速度减去地球自转的速度，结果是飞机相对于可以看成惯性参照系的地心的速度比地面旋转速度要小。按狭义相对论，地面时钟比对地心速度更小的飞机上的时钟慢，于是飞机上的时钟累计比地面上的快了 96 纳秒。加上广义相对论效应，飞机上的时钟累计快了 179+96=275 纳秒。这是理论计算的结果。而实验搭载的原子钟，比地面的快了 273 纳秒，与理论结果相当吻合。

旅行改变双胞胎姐弟的相对生物学年龄

无论是 22 光年远的格利泽 581d，还是离地球 1400 光年的开普勒 452，均是地球目前拥有的航天器无法到达的。22 光年就是每秒 30 万千米左右的光，需要走 22 年才能到达的距离，大概在 200 万亿千米远的地方。以每秒 16.7 千米的宇宙速度飞行的飞船，需要飞行大致 40 万年才能到达。因此，无法在有生之年飞到这么遥远的星球。

向远以光年计的遥远星球做星际飞行，宇宙飞船必须以接近光速的速度飞行，才能在可接受的时间内到达。海福乐和基廷实验是真实的实验。现在来一个虚拟的实验，也许未来真的能实现。这个虚拟的实验也称为双胞胎佯谬，有许多版本，但都是说明同样的问题：乘坐高速飞船的人，会比地球上的人老得慢些。

20 岁的弟弟从地球出发以 0.8 倍光速去 22 光年以外的格利泽 581d 星球，20 岁的双胞胎姐姐留在地球上等弟弟回来。假设弟弟加减速飞船以及滞留在格利泽星球需要的时间短得可以忽略。姐姐看远方星球是不动的，于是她看弟弟来回的距离是 44 光年。这个距离除以 0.8 倍光速，是 55 年。即弟弟回来时，姐姐过了 55 年了，已经 75 岁了。

弟弟在飞船上，那颗遥远的星球和地球是以 0.8 倍光速朝与他飞行的相反方向飞去。于是，距离缩短因子是 0.6 倍，在他看来星球与地球之间的距离只有 $22\times0.6\approx13.2$ 光年，来回距离约为 26.4 光年。这个距离除以 0.8 倍光速，就是 33 年。

于是，弟弟只过了 33 年，回到地球时 53 岁了。因此，弟弟回到地球时，弟弟为 53 岁，姐姐为 75 岁。弟弟这一旅行，比姐姐年轻了 22 岁。

时间旅行可能吗?

有时人们把运动物体上的时钟变慢解读为时间旅行。实际上，至少相对论中的时钟变慢，只意味着时间向前走的快慢之差，没有暗示时间可以倒流，不意味着可以回到过去。虽然如此，有些报道指出，2040 年可能出现时间旅行机器。但也许只是一种媒体的不同解读，与能回到过去的时间旅行可能不完全是一回事。

有几类思考指出，时间旅行不太可能存在。时间是所有人和所有世界的共有时间，怎么可能一个人或者一艘时间飞船拥有可以倒流的时间？如果未来技术的突破真的可以实现旅行，那么未来人早应该坐着时间旅行机器来造访我们了。其次，如果时间旅行真有可能，那么我们可以回到过去改变历史，这样会引起混乱和悖论。最著名的例子就是回到过去把自己杀死，既然被杀死了怎么又能活到未来再回去杀死自己。

人们说，从相对论满足的数学模型可以得到一些支持时间旅行的数学解。比如说链接两个时刻的虫洞就是广义相对论数学模型的一种解。一个虫洞可能链接今天和数千年前的古代，而穿越虫洞不需要多少时间，于是可以瞬间回到古代。

但有那样的解不一定有那样的事实。比如说，圆的面积等于圆周率乘以半径的平方。面积为 3.14 平方米的圆，对应的半径是 1 米左右。你取半径为 −1 米左右，代到圆面积的数学模型中，得到的面积也是 3.14 平方米。但没有一个圆的半径是 −1 米的。因此，只有具有物理意义的解才有意义。

也有一种说法，由于接近光速的飞船，其时间比地球上的过得慢，等于光速，那么时间就凝固了，因此外推到超光速的情况，那时间就倒流了。这种反推不一定正确。首先，超过光速本身不可能。其次，即使超过光速，物理学规律不一定是低于光速的物理学规律直接外推过去。另外，时间倒流是什么意思？是出发时身高 1.8 米且 20 岁的人，在飞船超过光速后，就回到 1.2 米的儿童时代？恣意外推，很容易得到一些古怪的结论。许多自然科学理论满足的数学模型其实也存在一些荒谬解（物理学家要排除荒谬解，而不能让数学家随意求解）。但时间旅行的概念因为更容易引起大众兴趣，从而本身可能荒谬的结论也会被不断展望是真的并被寻求理论支持。试图支持荒谬结论的理论一旦高深到连反对者都无法理解时，这样的理论就可能红极一时。

但这并不是说，时间旅行就一定不可能。谁不期望能乘坐时间机器回到遥远的古代，欣赏战马奔腾的激烈场面？

5. 星际旅行　费米悖论

地球如果不独一无二，那么宇宙中一定有传说中潘多拉和坦尼斯那样美丽的星球。在不远的将来，最好在我们的有生之年，甚至恨不得就在明天，我们能探索遥远的宇宙天体，接触地球一样的系外行星，欣赏无与伦比的地外文明。然而，天体之间的距离之大，显得那么遥不可及，相对论揭示的宇宙安全法也阻碍我们获得能在有生之年能到达这种遥远星球的速度。难道我们就只能困在太阳系内？冲出银河系如果不行，难道不可以造访那些近邻，如 22 光年远的格利泽 581d，离地 1400 光年的开普勒 452？可是，千万注意啦，近光速飞行时，世界看起来变形变色了。前方的物体或背景会变肥变凶了，闪着可怕的蓝光呢。别怕，这只是相对论效应引起的光幻觉。物体远离我们时，又会变瘦变温柔，发着慈祥的红光的。

近距离放大镜效应　运动物体颜色的多普勒效应　探照灯效应

先来了解几种常见的视觉效应。首先是近距离放大镜效应。一辆小汽车在几千米以外的地方，看起来像玩具一样那么小。到了眼前，它就比我们人体还大。因此，在视觉中物体的大小，与离我们的距离有关：远而小近而大。

物体的颜色与物体反射或者发射的光的波长或频率有关，频率是波长的倒数。频率越高（波长越短）看起来越是蓝色、紫色，越低越是红色。当物体高速飞来，光波就更快地过来，因此频率显得越高了，所以是蓝色、紫色，远离时正好反过来，因此是红色。

探照灯效应或汽车前灯效应，是指由于这些灯太亮，使高亮度区以外的地方（包括汽车本身）看上去显得更黑了，于是耀眼的部分看上去更像白光。名人也具有探照灯效应或者汽车前灯效应。璀璨夺目让其他人显得无足轻重，一灯独亮虽然耀眼但也苍白。

这些效应在相对论距离缩短等效应配合下，使近光速旅行时，看到的世界变形变色了。向你驶近的物体、街景的形状和颜色在你看来，与静止或低速时的不一样了，像哈哈镜中看人脸一样，物体显得变胖了，而且变凶了（发着蓝光紫光），远离时显得瘦了变温柔了（发着红光）。

近光速旅行　奇形怪状和光怪陆离的世界（图 1.55、图 1.56）

扑面而来的物体，其不同位置相对于你眼睛的速度不一样。假设物体的中点对你眼睛的速度最大。物体上离中点越远的位置，对你的速度越慢。由于狭义相对论长度和距离缩短效应，相对你速度最快的点，相对论效应缩短的距离最大，因此显得离你最近，看得更大些。相对你速度更慢些的位置，相对论效应越小，因此显得越

（来源：ACM Trans Graph 等，作者魏斯科普夫、克罗斯、科布拉斯和鲁德尔）

图 1.55　近光速运动时的变形与变色效应

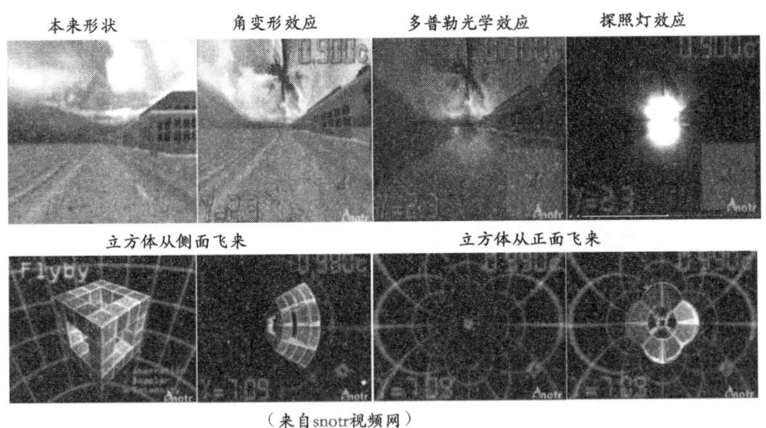

（来自snotr视频网）

图 1.56　近光速飞行中看街景和近光速飞行的立方体

远，看得越小些。

比如，矩形门洞框的中点就比门框的角点对你的速度快，从而显得更近，于是看起来门框的中部变宽了，或者说门框变胖了。明明是矩形，看得像圆形了。

街道上的两侧楼房之间的空隙可以看成矩形空间，由于上面的效应，与你眼睛同高度的部分显得宽了。于是，如果你在街道中以近光速沿着道路直行，两侧本来直立的高楼大厦看起来，其楼顶向街中心一侧弯曲。低矮部分接近你的速度更大，相对论效应使其离你的距离更近，两侧楼之间的间距显得就很宽。而两侧楼房的高点部分因接近你的速度更慢，显得更远，于是看起来更靠近街中央。

总结而言，运动物体上对你方位不一样的点因相对你的速度不同，而引起的相对论修正强弱不同，导致了物体不同点的远近视觉有差异，被看到的物体有角变形，即有畸变（aberration）效应。

由于多普勒效应，你看到正前方变蓝了，因为正前方的物体或背景相对于你的速度最大，多普勒效应最强。相对论长度缩短效应进一步压缩波长，加强这种多普勒效应。相对论效应还可以加强正前方（速度最大的地方）的亮度。这种耀眼的光具有探照灯效应或汽车前灯效应，使高亮度区以外的地方看上去显得更黑了，于是耀眼的部分看上去更像白光。

德国理论物理学家魏斯科普夫、克罗斯、科布拉斯和鲁德尔模拟了各种速度下，房间与街景的变形与变色。上面说的那种变形（畸变）效应使矩形门洞变胖了，街道两侧的楼顶向街中心弯曲。除此之外，多普勒效应使颜色变为蓝色、紫色，探照灯效应使前方或本来有光的地方显得更亮（因此蓝色和紫色不容易被肉眼看到）。

如果一个立方体一面正对着你眼睛从远处以近光速飞来，那么效应类似。明明是立方体的正面，即正四边形，看起来像从每侧棱边中点凸出的玫瑰花瓣。甚至是里面的往外翻，因为越里面相对你的速度越大，相对论效应越强，显得越在眼前。如果立方体从前方往侧边飞来，类似效应使立方体像空心圆管的一扇。

如果是圆球飞来，则周边各点接受的相对论效应一样，因此还是圆球形状。

星际旅行与文明等级

一百多年前我们能飞上蓝天，缩短了地球上的距离。几十年前人类到达月球，阿姆斯特朗个人一小步，人类一大步。虽然飞往太阳系内的火星目前还是一种奢望，但我们早就展望飞往更遥远的宇宙天体，如同星球大战与星际迷航等科幻电影展示的那样。

飞往以光年计的遥远星球，只能寄希望于能接近光速的飞船。我们不敢想象是否能把自己分解为光子，以便瞬间到达宇宙中任何星球，在那里重新组合成我们的本来躯体。我们身体发热时难免会发射光子，因此属于我们身体的一些东西早就造访了遥远的宇宙。

飞船速度接近光速后，按爱因斯坦质能关系，质量变得越来越大，动能越来越高，到了光速飞行，就无穷大了。以 0.9 倍光速为例，按爱因斯坦质能关系，将 10 吨的宇宙飞船，加速到这样的速度，大约需要 3.2×10^{14} 度电。这比将飞船加速到第三宇宙速度（16.7 千米 / 秒），多 8 亿倍左右的能量。

获得这么高的能量，需要发动机提供动力推动飞船不断加速。可是，现有技术无法提供这么巨大的能量。为此，俄罗斯天文学家卡尔达舍夫（Nikolai Kardashev）提出了一个基于能量利用的高技术文明分类方法。

宇宙中可能存在三种文明，分别称为卡尔达舍夫等级Ⅰ型文明、Ⅱ型文明、Ⅲ型文明。

Ⅰ型文明能像地球目前文明一样利用地球能源和部分地利用太阳能。实际上，地球人目前还无法全部利用地球能源，于是谦虚地称地球目前是 0.7 个Ⅰ型文明。

Ⅱ型文明能利用所在恒星系的全部能量。如果地球人类达到Ⅱ型文明，那么就能全部地利用太阳的能量。戴森（Dyson）设想：要完全利用一颗恒星的能量，需要在以恒星为中心、直径上亿千米的球面上布置足够多的人造天体来完全接受恒星发光辐射的能量。这个球面也称为戴森球。如果遥远的星球中拥有Ⅱ型文明，他们可能构建了戴森球。戴森球上的人造天体将遮挡恒星足够多的亮度，以致地球上可以观察到。天文学家依据发光星球出现过的亮度奇异变化，猜想“发现了”戴森球。但这不过是一个猜想。

Ⅲ型文明能利用所在星系的能量。

银河系中有几千亿颗恒星，如果每颗恒星都像我们的太阳一样至少有一颗行星有通信技术文明（指具有射电望远镜技术），那么银河系中就应该有几千亿个高技术文明。卡尔·萨根在《神秘的宇宙》中对银河系高技术文明数目的估计，却远比这少得多。按他的估计，银河系当今顶多有 10 个左右的高级文明。

外星生命或文明如果存在，必须处在宜居星球上。只有那些离恒星不远不近、温度适宜、和地球差不多大，从而在星球表面能有液态水的行星才能是宜居星球。行星“格利泽 581d”距离地球约 22 光年，其环境似乎如地球般符合孕育生命条件。开普勒 452 的直径是地球直径的 1.6 倍，位于距离地球 1400 光年的天鹅座，绕恒星一年大约 385 天，与地球一年 365 天很接近，有可能拥有大气层和流动的水。

费米悖论　不明飞行物（UFO）（图 1.57）

由于人类尚无法造出能利用星系能量的宇宙飞船，因此盼外星高等文明来造访地球。只有等级高的文明才有可能利用足够的能量将他们的宇宙飞船加速到接近光速的飞行速度，造访其他星球。

由于宇宙中有那么多的星系、恒星和行星，因此按理有相当多的行星满足孕育生命的条件并进化出了高等文明。有的行星出现生命的历史应该比地球的长多了，按理其文明比地球文明先进多了。这种高等文明的生物早应该造访地球了。可是，从来没有发现外星文明造访地球。这就是所谓的费米悖论。

虽然如此，许多人还是相信外星人乘坐不明飞行物造访过地球。我们许多人相信有外星人，但似乎谁都不太相信别人讲述自己遭遇了外星人或者不明飞行物的故事。

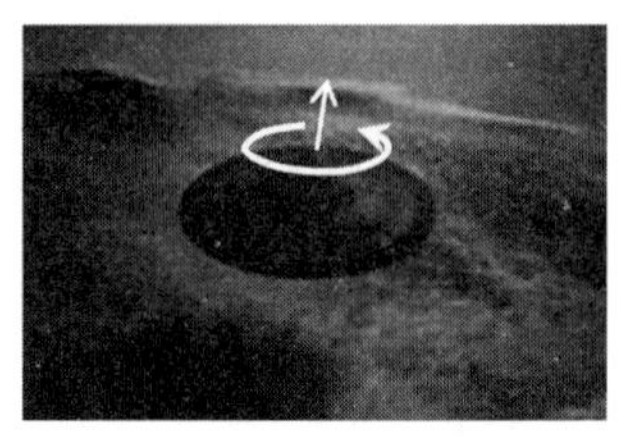

图 1.57　旋转的飞碟

不明飞行物（UFO）本来是指不知道是什么的飞行物，但人们习惯地认为不明飞行物就是外星飞船。星星、极光、幽闪、流星、发光的鸟与昆虫、大气异常现象以及人造飞行器往往被摄像机捕捉到而误以为是 UFO，但普通百姓倾向于相信甚至期盼真的有外星人驾驶 UFO 来造访过地球。

甚至有相当多的目睹外星人的报道。短小的四肢、硕大的眼睛、虫子一样的外表，是科幻电影以及民间报道描绘的外星人的形象。如果我们承认伴随技术的进步和生活水平的提高，地球人类正在变得越来越美丽，那么技术文明先进得多的造访地球的外星人就不应该长得丑陋不堪，他们的容貌难道不是惊如天人？

我们在科幻电影中看到的不明飞行物呈碟状，飞行时在旋转。旋转也许不仅仅是为了产生陀螺效应，使遇到扰动后更稳定。也许旋转是为了产生离心力，这种离心力的作用如同地球引力。人类在地球，习惯了地球引力的生长环境。到了太空，就只能靠加速或者旋转来产生这种等效引力了。

宇航员到了太空，失去了重力，长时间会导致骨密度下降，肌肉流失和视力下降等。除此之外，我们在地球表面处于重力环境下的一切生活方式都出现麻烦。例如，我们用杯子盛水，杯子要立着。在重力作用下，水就留在杯中。可是在失重的环境下，杯子朝哪个方向放，水都无法装在开口的杯子中。如果空间站是旋转的，那么产生的离心力就可以模拟重力环境。如果不明飞行物的出现真的是外星文明造访地球，那么由于地球重力环境与外星人所在的星球的不一样，他们就无法长时间出现在地球上，而只能像空间站一样留在绕地球的某种轨道上，通过飞碟旋转产生必要的离心力，模拟他们习惯的重力环境。当然，如果飞碟尺寸太小，那么高速旋转的飞碟也会使里面的人晕眩。

第二篇 柔情似水

江河湖泊与大海，让我们看到了丰富多彩的水面世界。那里拥有奇妙无比的涟漪、旋涡、水浪。水面生物与船只穿梭时，又会给水面带来波动，进一步丰富水面现象。水流冲刷如同大自然的雕刻师，让河道弯曲，让小湖出现，让不同形状的棒棒糖不可思议地演化成同样的形状。澡盆涡似乎谁都理解，唯有严谨的科学家不敢轻易地把它放在教科书中讨论。

水滴落在荷叶上，能保形成水珠。一只小小的水黾，靠与荷叶表面细微结构相似的小毛毛撑开水面，能在水上凌波微步，激发的涟漪形态居然与超声速飞行扯上关系。其求偶、威慑和驱赶利用了涟漪水位一高一低的交替变化的频率，与现代通信和计算机存储共享相似原理。

提到大海，我们会想到鳞次栉比的海蚀地貌、引人入胜的蓝洞、五彩缤纷的礁石，浪花与白云交相辉映。然而，无风不起浪，无风三尺浪，这种矛盾的表述并不是文学语言为了渲染而牺牲了科学的严谨，是真真实实的存在。

水面甚至水下有多少未知世界不得而知，已知的世界也只能在这里涉及点点滴滴，尤其是水面上能看到的现象。

2.1 柔情似水　凌波微步的小昆虫

水是液体。我们可以立在陆地上，在水面就会沉下去，于是我们对水有一种恐惧。但我们都知道，上善若水，水是生命之源。构成水的分子长着一对小胳膊，招手就是液体，搭手就是冰块。粘上荷叶就变成水珍珠，露在外面就筑膜给小昆虫提供蹦床，让水黾凌波微步。怪不得我们说柔情似水，想想杜甫诗中的点水蜻蜓款款飞。《传统文化论坛》提到老子之言：圆必旋、方必折、塞必止、掘必流。这就是说，水能善解人意，你提供什么舞台，水就演出什么花样。小昆虫戏水，水会羞涩地泛起涟漪。涟漪中波纹沉浮，就是一种通信的方式，让水黾能发出驱赶、威慑和求偶的指令。

1.　柔情似水

我们离不开水。正是因为有水才使地球是宜居星球，是水孕育了早期生命。陆地上的动物和植物需要水分才能生长，海水的保温作用使我们的冬天不会太冷。水被植物吸收，在阳光照射下引起光合作用，释放出我们呼吸需要的氧气，其中的氢原子与被植物从大气中吸收的二氧化碳结合成淀粉和葡萄糖，又成了我们食物的主要来源。水让古人能远航，促进了地球人类的早期交流与文明的扩散，也承载了现代大型货物的运输。水面的水分子在上面空气分子的退让下，筑起让小昆虫能在水面栖息的膜。水用涟漪、水浪、旋涡等谱写美丽的画卷，激发了艺术家的灵感，也让我们赏心悦目。冷了，她凝结成冰块，让冰块浮在上面抗寒。热了，她悄悄蒸发，飘向天空，化作云雨去滋润陆地上的花花草草，使江河川流不息。大风起处，怒涛不止，巨浪滔天，减弱了风的速度，让陆地上的生物免遭灭顶之灾。水压、浮力和表面张力，她浑身都是力量，让船能浮在水面，让小虫子能爬行，让小水珠晶莹剔透，让游泳选手有了竞技的舞台。

挥手就是水，搭手就是冰（图 2.1、图 2.2）

将铁块扔到烧化了的铁水中，铁块就会沉下去。这说明固体一般都比同样物质的液体密度大。水却例外，它结成的冰比自己轻，因此冰块会浮在水上。一般的固体都很坚硬，但薄冰可能很脆。有一副古联：兵下冰，冰上兵，嘎吱一声兵压冰。是指士兵在冰上行走可能把冰踩烂。

水是一粒粒水分子组成的。1 纳米是 1 米的十亿分之一，水分子的直径约为 0.4 纳米，可见水分子有多小。一个水分子是由一个氧原子和两个氢原子组成的。两个氢原子就像两个小球，用化学键连在比氢原子大得多的氧原子球的边上。可以近似说，氧原子和两个氢原子分别处在一个三角形的三个顶点上，其中氧原子所在的顶点的内角是 104.5 度左右。看上去就像一个人在伸懒腰或试图拥抱的样子。

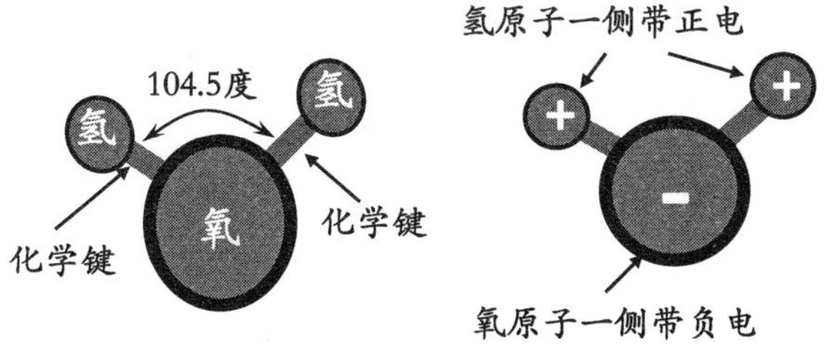

图 2.1 水分子模型

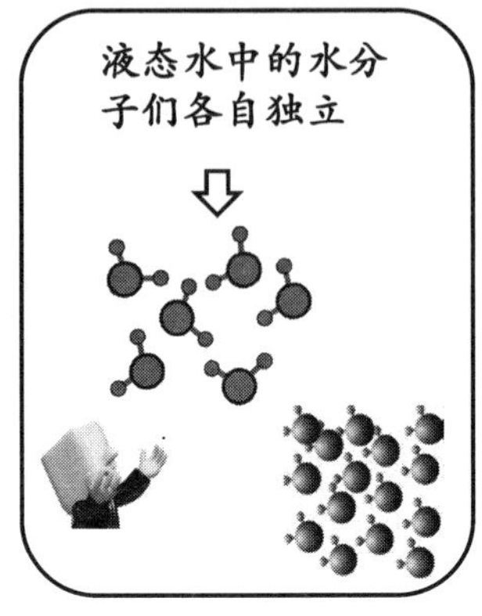

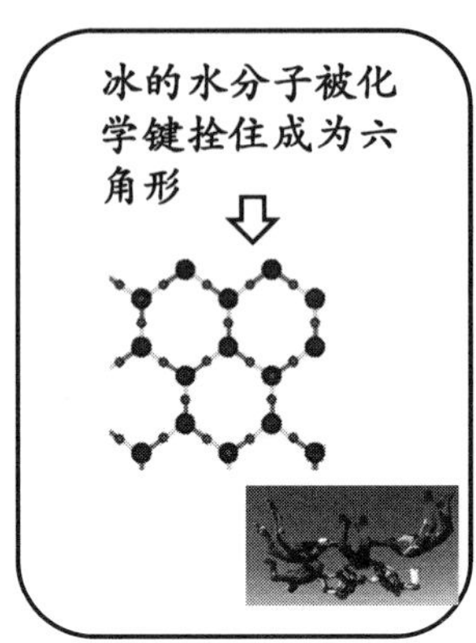

图 2.2 液态水分子与冰分子

氧是由带正电的氧原子核与带负电的电子构成，氢是带正电的氢原子核与带负电的电子组成。水分子中的氧原子个头或者力量大一些即带正电的质子数目比氢原子多一些，把更多电子地拉到自己一侧，因此靠近氧原子那段带有一点负电，每个氢原子那段带有一点正电。这种正负形成的电极，在相邻水分子之间产生了静电吸引力，即内聚力，使水分子在一起，但分子之间却没有连在一起，因此形成可流动的液体。

如果水遇冷结成冰，那么就不是一个氧原子链接两个氢原子了，而是六个氧原子处在一个六角形的各个角点上。六角形上相邻两个氧原子之间有一个氢原子。多余的氢原子则与和该六角形不在一个平面的那些氧原子相连。在一个平面内，每个氧原子又是相邻三个六角形的公共角点。这样，一系列的六角形铺满平面。这样的图形最省料，也可以说，同样多的水分子情况下，冰这样的六角形结构占据的体积最大。于是，水结成冰后，体积增大了，密度减小了。温度为零度时，冰的密度比水的小大概 8.3% 左右。冬天由于水底的保温作用，水下温度比水面上高，所以先从水面开始结冰。

冰块由于比水轻，因此能浮在水面上。冰的温度越低其密度越高，但还是超不过水的密度。

由于将氢键拆开需要能量，因此冰化成水就需要吸收能量，反过来，水结成冰就会释放能量。

可以说，水遇冷后，用最省料的方式抱团取暖，并将余热奉献给外界，结冰时会散发热量。招手就是水，搭手就是冰，是指水分子中的两个氢原子像在招手，在冰中氢原子搭在两个氧原子之间。

分子巧手织绫罗 表面张力（图 2.3、图 2.4）

在水下，相邻的水分子之间由静电吸引形成内聚力，但各个方向的水分子吸引一个水分子，使作用在每个水分子的合力等于零。

可是，在水表面与空气结合的地方，水分子与空气分子之间的吸附力较弱，从而留有一些极性去增强与水面平行的水分子之间的内聚力。这种被增强的平行于水面的分子吸引力就是表面张力。形象地说，这相当于在水面上有了一层有张力或弹性的塑料膜。

水面横截一刀，刀口的表面张力就与刀口长度成正比，也与表

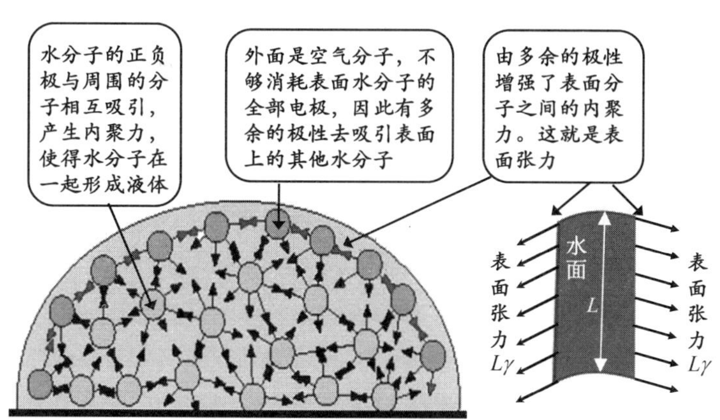

图 2.3 表面张力来源于剩余极性

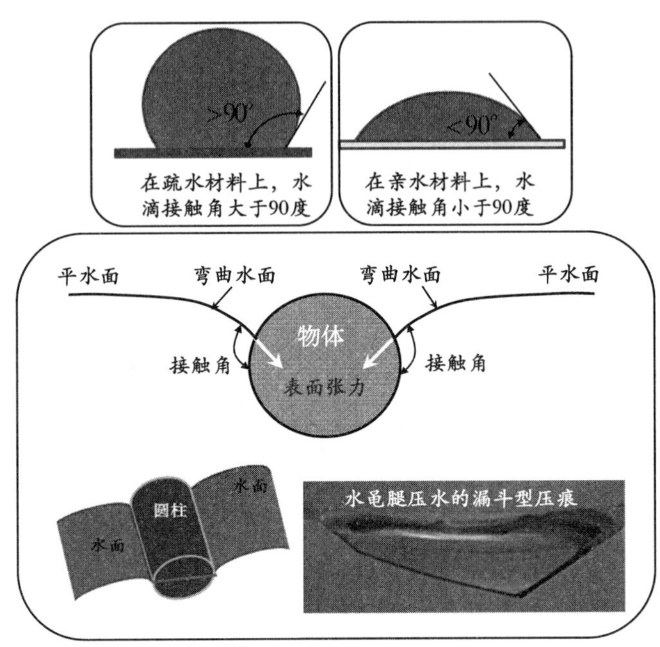

图 2.4　疏水材料和亲水材料表面张力影响

面张力系数成正比。暴露在空气中的水面，温度为 20℃时，表面张力系数为0.0728牛顿/米。温度越高表面张力系数越小，例如，0℃时为 0.0756 牛顿 / 米。长度一厘米左右的圆柱，平放在水中，两侧吃水线能产生的表面张力大概各是 0.75 毫牛。

如果水面弯曲，那么与水面处处平行的表面张力就试图将弯曲的水面拉平。于是，没有风的水面会平静如镜。如果是小水滴，表面张力的作用就如同小水滴被塑料膜捆住了一样，各点受力没有差别，因此使小水滴尽可能呈球形。

如果将小水滴放在固体材料表面上，那么具有易流性的水就会试图打湿表面。在干湿分界线上，固体的分子吸引力、水分子的吸引力就会同时发生作用。具体作用机制需要很深的表面化学知识才能解释。最后的结果是，只有接触固体表面的水面与固体表面形成一个夹角（在水里侧的这个夹角称为接触角），才能维持平衡。如果接触角小于 90 度，那么水滴就铺展得很开，成了高度较小的半弧形，这种材料称为亲水材料。如果大于 90 度，那么如同小球被截掉了一小部分，这种材料称为疏水材料，也称为憎水材料，即不喜欢与水贴在一起的材料。

随处可见的表面张力影响（图 2.5）

表面张力的影响随处可见。这里举两个例子。第一个例子是动物小便。小的动物排小便时，由于排出的尿液较细长，因此表面张力容易将其包裹出一粒粒小水珠。大的动物排小便时就不会这样。虽然如此，哺乳动物无论大小，排小便的时间都差不多。那位研究了蚊子战雨滴的科学家胡立德及其合作者发现，哺乳动物排小便的平均时间为 21 秒，围绕平均值的误差在 13 秒以内。排尿系统的体积在排便过程中，可以变化 3600 倍。

大的哺乳动物尿量大，但重力影响大，因此尿液流速大。小的哺乳动物由于排便管道小，虽然尿量少，但摩擦阻力和表面张力会让尿液以一粒粒水珠形式排出，因此速度慢。尿量大的流出速度快，少的流出速度慢，结果排便时间都差不多。

第二个例子是植物种子在潮湿的地方靠表面张力维持形状。例

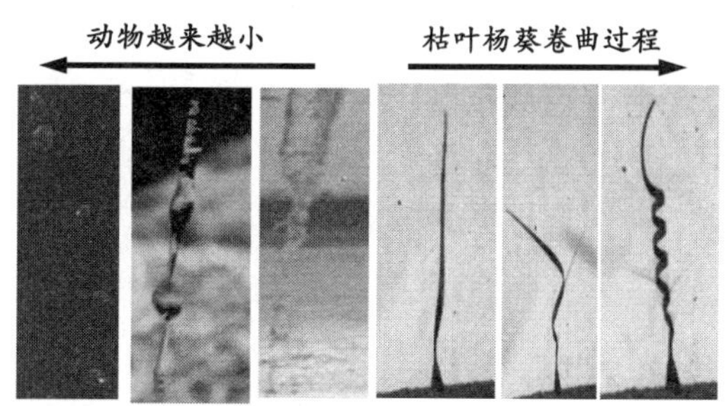

来源：《科学》杂志2014年3月新闻报

图 2.5　表面张力影响排小便和植物的形状

如，枯叶洋葵的种子很长，本身维持不了直立状态。但在潮湿的空气中，表面水产生的张力使种子是直的。遇到干燥空气后，失去水分，表面张力消失，就卷起成螺旋形状。

压出水痕生浮力

我们都知道物体入水能产生浮力，其实物体压在水面上也能产生浮力。

把一块比水轻的物体放在水上，物体会浮在水面，这是因为水给物体产生的浮力能平衡物体的重量，使物体不会沉下去。其实比水重的物体放入水中也有浮力，只是浮力相比于重量不够，物体会沉下去。

阿基米德洗澡时琢磨出了这种奥秘：浮力为入水物体排开的水的重量。原来，水下有水压，是地球引力导致的，如同大气有气压。水深 1 米的地方的水压，正好能托起这个地方的上方 1 米深的水的重量。越深的地方需要托起的水的重量越大，因此水压越大。故水压随深度成正比。

把物体放入水中，越深的部位感受的水压越大，因此会产生一个向上的力，就是浮力。由于水压并不认识你是水还是什么其他物体，因此放入水中的物体的表面任一点感受的水压，与原来占据的水在这些位置的水压是一样的。既然这些位置的水压能托起这些重量的水，那么也就能托起同等重量的其他物体。因此，把这部分水用一个物体替换，水压对这个物体的作用还是相当于原有水的重量。也就是说，浮力等于物体排开水的重量。

物体浸入水中会产生浮力是广为人知的现象。如果疏水的小物体压在水上，使水面被压出漏斗，也相当于排开了一部分水。虽然物体的受力是直接通过表面张力，但力的大小还是等于漏斗排开水的重量。这个现象就不为人熟悉了。因此，要让小物体受到的力越大，就需要压出的漏斗体积越大。稍后介绍的水黾，就是靠疏水的腿压出漏斗形压痕，产生让其能立在水面上的浮力的。

人在深水中

鸭子在水上不沉下去，是因为所受的浮力大于其重量。鸭子身上有不少毛毛，这些毛毛的比重比水的小，但压入水中却能产生不少浮力。

人类如果像鸭子一样，也就能轻易浮在水上了。可是，一部分人的身体密度恰恰比水的密度多了一点点，使我们排开水的重量即能够产生的浮力的大小，偏偏就比我们的体重小一些。

比如说，某人的身高假设是 1.7 米，身体近似看成直径约为 23 厘米的圆柱体（当然，人的身材比这优美多了），体积近似为 0.07 立方米。完全沉入水中，产生的浮力为 70 千克，因为水的密度是 1000 千克/立方米。可是，大多数人的人体密度比水高百分之 2 左右。因此，这位身高 1.7 米、体积 0.07 立方米的人，体重约为 71.4 千克左右。就比浮力多了一点点。如果他不会游泳，就会沉入深水下。

但也有一些人可以仰躺在水面不沉下去。其他一些人可以通过脚踩水或者身体协调摆动浮在水面。通过姿势的协调、踩水或者游泳而不沉入水下，可以讲出许多科学道理，但真正用起来不是那么回事，不会那么简单。应在指导下先学会踩水和游泳，在此基础上接触科学道理或接受科学指导才可以提升技术。

据说，人直立在水中，将大腿放平，两个小腿像螺旋桨一样绕竖直方向旋转，同时让脚掌铺平，就能较容易地踩水。但也有将脚掌铺平往下蹬，往上收时竖着脚掌的踩水方法。前者可能利用了脚掌的升力，脚掌往内侧旋转运动时，看似像有迎角和弯度的机翼。后者利用下蹲过程的阻力。效果取决于协调、姿势和速度，需要有指导科学地练习。

2. 绿叶上的水珠　纯水泡泡与肥皂泡泡

植物叶暴露在有尘埃的大气中依然翠绿，上面的水珠晶莹剔透，荷叶出淤泥而不染。原来是无数微米级的乳头状小鼓包托起了小水珠，滚走任何有损容颜的尘埃。水底常常冒气泡，遗憾的是水面就是小气泡的葬身之地，我们纳闷小气泡为何不挣脱水表而飘向空中，以便享受在空中飘扬的快乐。好像舍不得把一点点水分带到空中，一钻出水面就自毁。表面张力让水泡有了生命，可是只是短暂的生命。肥皂液似乎是长生之剂，于是我们可以欣赏五彩缤纷的肥皂泡泡在空中漂浮。

绿叶上的水滴小鸟依人　乳头状小鼓包（图 2.6）

诗人白居易在两首诗中都提到露珠。“叶含浓露如啼眼，枝袅轻风似舞腰”。“一道残阳铺水中，半江瑟瑟半江红。可怜九月初三夜，露似珍珠月似弓”。形容霜露的水珠如啼哭的泪珠，也如珍珠般晶莹剔透。水珠不仅自身美丽，还能帮绿叶美容，清除绿叶上的尘埃。

荷叶表面上长有 10 微米尺寸的乳头状小鼓包。水滴在上面，这些乳头状鼓包起到了支点的作用，把小水珠托起来。这如同我们用几根手指托起了一只篮球一样。鼓包之间还夹带一些空气，因此水珠与荷叶的接触面上，相当于有不少空隙。乳头状鼓包携带空气，轻

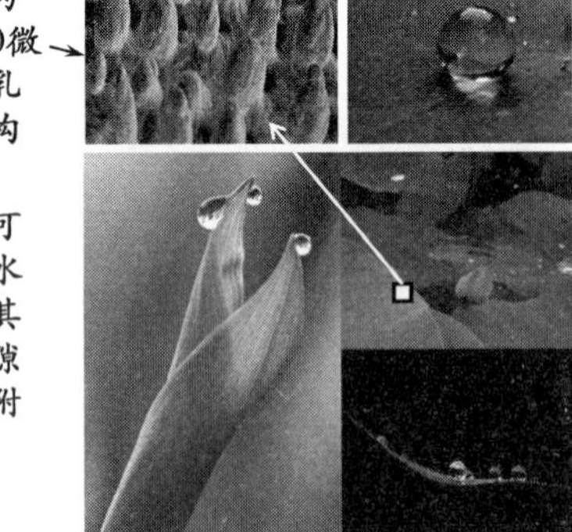

图 2.6　荷叶结构与绿草上的水珠

轻托起水滴，于是水滴能近似维持原有的球形。表现出来，就是接触角很大。接触角大于 150 度（也说 120 度），就称为超疏水材料，荷叶就是超疏水材料。

当然，表面张力还可以把极小的小水珠粘住，使小水珠小鸟依人般地吸附在绿叶的侧边或倒挂在叶下。如果表面张力的拉扯还不够劲，那么鼓包之间的空隙就利用真空吸附即拔火罐的原理助力。小水珠留在一处概率多低，怎么会舍得水珠掉下去呢?

其实，壁虎之类的爬墙动物，脚底也是有那种凹槽波纹结构，利用拔火罐原理可以吸附在峭壁上。你可以制造某种真空吸附装置，让里面 80 平方厘米的范围内大气压消失，这样产生的吸附力可以高达 80 千克，足以把人给悬吊起来。

由于尖尖的小乳头结构将小水珠支起，小风摇晃荷叶时，小水珠就如弹球一样，溜溜滚动，顺便清洁上面的尘埃，让荷叶滴尘不染。

肥皂泡泡与纯水泡泡

用肥皂水吹出来的肥皂泡泡，五彩斑斓，一串串球状泡泡，或飘向空中，或散落在地面。碰到树枝，会轻轻砸开成小得几乎看不见、会很快蒸发掉的小液滴。肥皂泡之所以维持球面形状，也是因为有表面张力，各方向紧绷肥皂泡内的空气，互不相让，最终让肥皂泡近似呈球形，以便肥皂泡表面上的形状处处一样，只有球面才可以处处一样。

我们都知道要吹肥皂泡泡，而不是吹纯水泡泡。这并不是为了显得五彩斑斓。原来，纯水的表面张力太大，吹出的泡泡很快破裂甚至吹不出来。用于吹泡泡的肥皂水表面张力只有纯水的 1/3 左右。肥皂泡泡一旦吹起来，可以持续几秒钟而不破裂。另外，肥皂有一层油脂，阻止液体蒸发。如果在充满水蒸气的容器中生成肥皂泡泡，那么蒸发速度就极慢，极有可能让肥皂泡泡持续很久时间而不破裂。据说，印第安纳州的泡泡爱好者埃菲尔·普拉斯特雷，吹出了一个泡泡，持续了 341 天才破裂！

有一种更科学的说法来说明肥皂泡泡应取球形，而不是椭球或者立方体形状。原来，球的面积除以体积，在所有同体积的立体图形中是最小的。表面张力也是一种能量，维持泡泡的形状也是一种代价。依据最小作用原理，应取表面积最小的球形。

3. 鸡毛掸子一样的水黾腿　镊子一样的刚毛

水面有表面张力，就像弹簧膜。弹簧膜支撑不起我们这么大的人，就像我们的弹簧卧床支撑不了大象。可是，体长只有 2 厘米左右，重量只有 10 毫克左右的水黾就不一样了。这么轻的水黾，躺在有张力膜的水面，也许像人躺在丝布吊床上荡秋千一样自由自在。

尖锥状螺纹刚毛（图 2.7）

别担心水黾的腿细如针尖，它的腿不像连皮肉都可以刺破的钢针，它的腿长满了锥头状小毛毛（也称为纤毛或刚毛），就像荷叶上长满了乳头状小鼓包一样，只是小毛毛更纤细。

水黾的腿长约为 2 厘米，腿的直径为 0.1 毫米左右。中国科学院化学研究所的科学家江雷等发现，水黾腿上长满了数以千计的尖锥状的有一定弹性的小刚毛。小刚毛的直径为数微米到 10 余微米不等。小刚毛上有些槽纹。可以吸附一些空气，不容易让水打湿，因此带刚毛的腿有较好的超疏水性。

如同荷叶表面的乳头状小鼓包可以像手指托起气球一样把水珠托起，小刚毛可以把水面撑开。水黾的重量通过腿压在水面上，疏

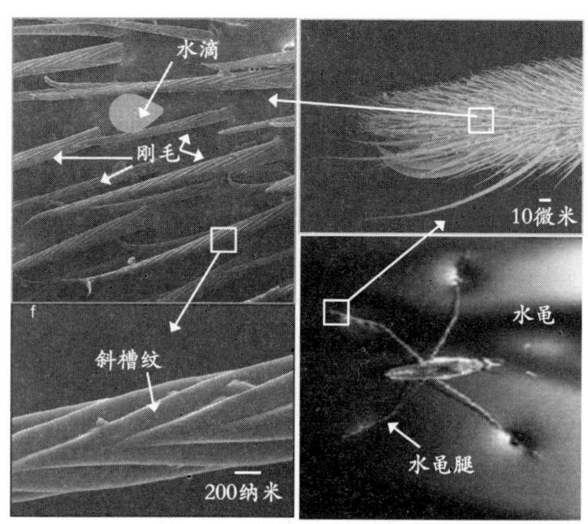

来源：江雷等用原子显微镜拍摄的水黾腿上的刚毛

图 2.7　水黾腿上刻有斜槽纹的刚毛

水的小刚毛能把有表面张力的水面往下推开，于是水面被压出漏斗型压痕。这如同我们站在弹簧垫上，弹簧垫靠弯曲下沉，来获得托起我们身体的力。有表面张力的水面，对于刚毛腿而言，下沉和产生力的方式完全与弹簧垫一样。有了许多小刚毛，就不容易刺破水面，如同我们一个大人站在弹簧床上容易压坏弹簧床，而多位体重加起来和大人体重一样的小孩站在弹簧床不同位置不会压坏它一样。

除此之外，中国科学院化学研究所等单位的科学家江雷等在 2015 年报道了相邻两根刚毛的镊子功能。即像镊子一样可以夹住小雾滴，使小雾滴无法钻进去打湿水黾腿。因此，在潮湿的地方，水黾腿也是干燥的。

压痕的深度　绰绰有余的浮力（图 2.8）

2003 年，中国科学院化学研究所的科学家江雷等与清华大学一组科学家合作，发现带刚毛的水黾腿横卧压迫水面时，在刚毛的憎水作用下，最深可下压 7 毫米左右，水面还不会被刺破。清华大学的科学家经过计算，发现被水黾腿下压的水面，向下弯曲成漏斗形压痕，压痕体积可达 150 立方毫米左右。压痕体积也等价于产生浮力的排水体积，即单根腿能支撑起 150 毫克左右的重量。实际水黾可能下压 4.4 毫米左右，这足以支撑 10 毫克左右的体重。

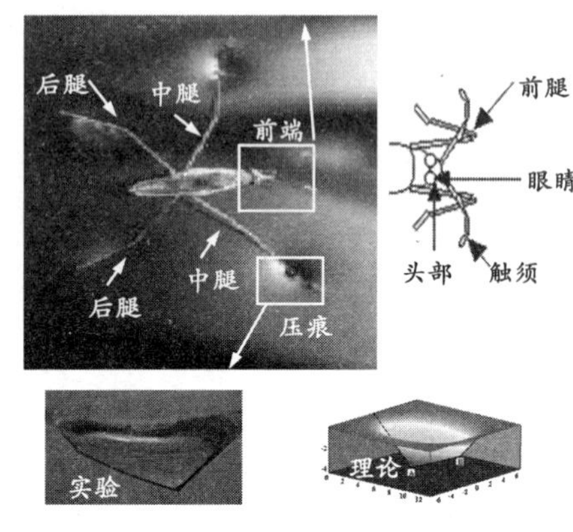

图 2.8　水黾腿与压痕

于是，水黾腿可产生的最大浮力远大于其体重，多余的力可用于弹跳或者应付其他特殊情况。例如，有风浪时，如果一个水波过来，这种能够产生的多余力可以保证水黾随波浪一起起伏，可以抵消波纹起伏时加速带来的超重现象。如果下雨，打在水黾身体正中央，那么瞬时增重后的重量比水黾自重大多了。

由于能浮在水面得益于表面张力，那么在水里放些肥皂水，让表面张力系数降低，水黾能得到的支撑力就小多了。我们可以抓住一只水黾，放在洒了足够多肥皂水的水中，看看水黾是否会沉下去。

4.　凌波微步　划桨运动　蹦床运动

甭认为小水黾是一只什么也不懂的小昆虫，它既掌握了划桨技术也掌握了蹦床技术，难怪说它能在水面凌波微步。它有六条腿，分工很奇特。两条前腿较短，用于扑食。中间一对长腿用于驱动运动。后面两条腿用于操控方向。在水面行走时最快达到每秒 1.5 米，比涟漪波纹的传播速度还快。它还能玩双人起跳呢。

比船划桨更奇妙的水黾腿（图 2.9）

我们已经知道，橹靠迎角升力产生推进力。一般的手动划桨也可以采用迎角效应，也可以通过让桨面朝着船行进的反方向运动产生阻力来获得推进力。水黾腿如果横卧着采用划桨模式，即向后滑动来获得行走的力，则有三种可能的方式。

第一种是后蹬时，把后面的水位推高了，这个被推高的水位也可以称为冲击波。高水位支撑的水重大，比堵在另一侧的水位高，因此重力引起的水压差就使后蹬的那一侧水压高了，另一侧低一些，于是产生推进力。这种模式称为冲击波模式。

第二种是摩擦力。即腿向后滑动时，水面给腿施加的摩擦力作用在水黾前进的方向。这和我们走路获得的行走力是类似的。

第三种是表面张力模式。向后蹬腿时，后方的水面更陡，前方的更平坦。于是，与水面平行的表面张力形成的合力就有一个指向水黾运动方向的分量。

这三种模式应该都起一定的作用，合起来可推动水黾前进，可以在水面滑动行走。

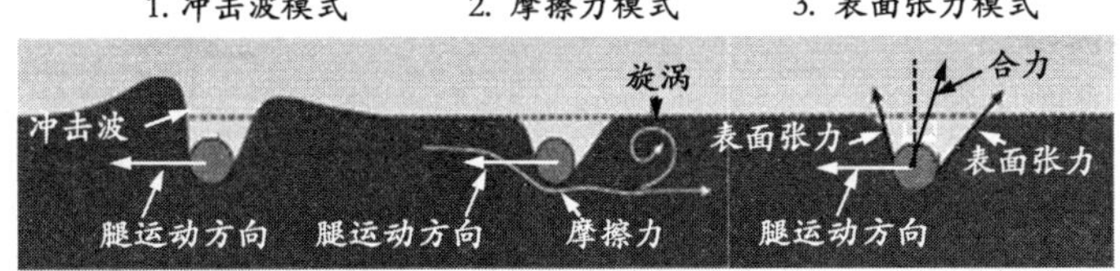

《实验生物学杂志》1997年报道的三种滑动推进模式

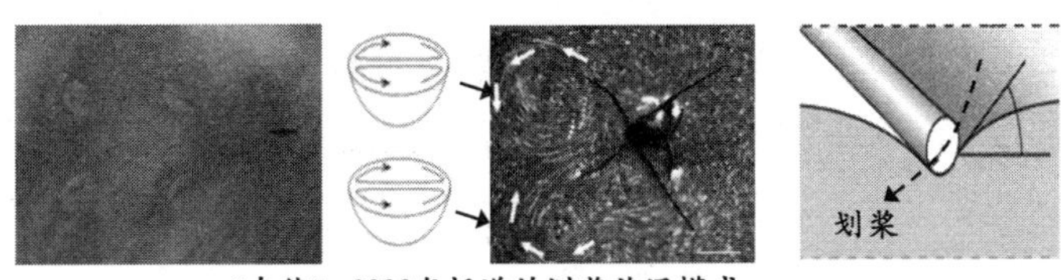

《自然》 2003年报道的划桨旋涡模式

图 2.9　水黾腿滑动时推进模式以及划出的旋涡

推进力要么是压差，要么是摩擦力，要么是表面张力，要么是它们一起起作用。这是最基础的力。移动所需要的力靠中腿，后腿类似于船舵，主要用来调节方向。

人们往往用推进过程中观察到的其他现象来解释为何产生了推进力。比如说，可以笼统地这样说：借助于划桨动作，对压痕产生一向后方的作用力，使当地的水表膜向后运动，从而获得一种反作用力（前进力）推动水黾向前移动。由表面张力维持的压痕像波浪一样，因此也把这种推进模式称为表面张力波模式。用这种模式去解释水黾的推进，也存在一个困难，称为德尼佯谬，是指婴儿期的水黾划腿速度太慢，不足以以此产生表面张力波。

于是人们质疑表面张力波模式。实验观察到，水黾行走时往往会在水面留下一串串旋涡，这和船桨产生旋涡的方式有点类似。尤其人们观察到了半球形旋涡。于是人们认为是旋涡导致了推进。旋涡应该是产生了推进力的结果，而不是产生了推进的原因。旋涡的出现，表明压水较深，后方被推高的水位向后移动时，将附近的水搅出了旋涡，如同船桨划出旋涡一样。

蹦床模式　蹦床运动（图 2.10）

前面已经知道，单只水黾腿即可以支撑起 15 倍左右的水黾的重量，因此多于重量的力可以用来使水黾弹跳。

表面张力使水面像有弹性的膜。因此，小水黾可以把水面当蹦床使用。在跳动模式中，后腿可能与中腿一起在作用，除了向后蹬，还向下蹬腿。借助表面张力产生的憎水力，作用方向向上向前，使水黾能跳跃。

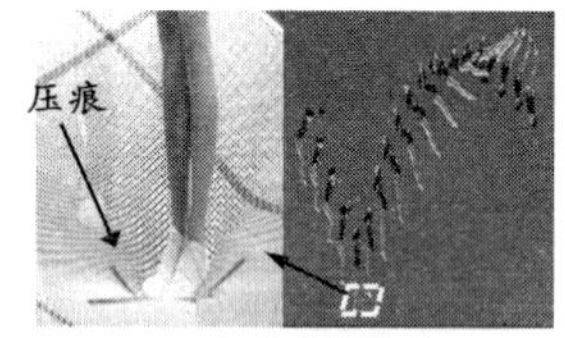

中国蹦床网

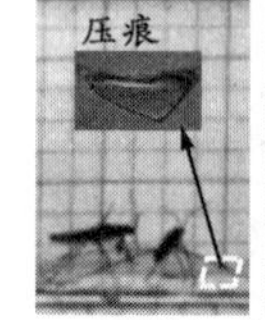

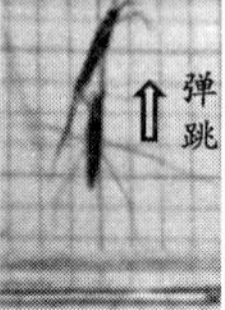

《科学》杂志2014年

图 2.10　蹦床运动与水黾蹦跳

蹦床作为一个体育项目，也称为空中芭蕾运动。蹦床选手从专用弹性垫上跳起数米高，每次起跳后，要在空中完成一次规定的空翻动作，包括前空翻、后空翻、侧空翻，也包括前空翻接侧空翻和后空翻接侧空翻。水黾在水面上也能旋转弹跳，这是由于两条中腿施加的力大小不一样造成的。

单只水黾起跳不难理解。有时能看到两只水黾一起起跳。很难想象，它们是如何沟通的，是有意识地一起起跳，还是一只起跳时把另外一只带上了，还是一只看到另外一只起跳后迅速起跳？如果是有意识地一起起跳，它们一定有一种信息沟通方式。它们肯定不会说话，但一定有通信方式。

5.　驱赶、威慑和求偶　通信与存储

小池塘、小河或者淡水湖水面上，有时会出现一圈圈的小波纹，称为涟漪，那是体长约2厘米、重量约为10毫克的水黾在凌波微步。涟漪水面波纹一高一低，水黾感受到这种水位高低的变化，能完成一定意思的信息沟通。这种信息沟通的方式，居然和现代通信及计算机信息存储具有相似之处。借此，我们正好浅显地去了解一下现代通信与存储的秘密所在。

水黾的驱赶、威慑和求偶信号（图 2.11）

一只雄性水黾向其他水黾领地（水）发起攻击，它通过激发频率为 25 赫兹（即每秒产生 25 个圈圈）的涟漪来驱赶其他水黾。这个 25 赫兹是水黾界的驱赶信号。其他水黾如果激发 10 赫兹的涟漪，就表示抵抗。这个 10 赫兹是水黾界的威慑信号。也许，它们根据对方信号的强弱（即涟漪波纹的强度，如波纹尺寸，传播快慢），来判断对方是否强于自己，以决定是否对抗或逃离。雌性水黾如果

留在原地，那么雄性水黾可能激发 3 赫兹的涟漪，表示友好与愿意为伴。

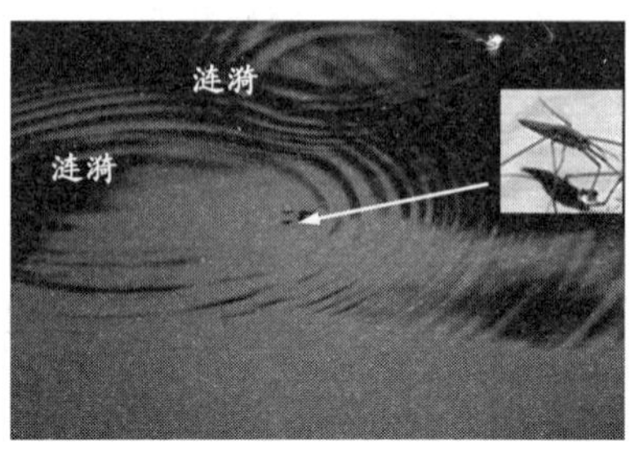

图 2.11　水黾行走产生的涟漪

科学家通过观察研究，发现了水黾利用这三个频率，分别达到驱赶、威慑和求偶的作用。其他动物也许存在相似的或者完全不同的通信方式。

人类因为有了语言，因此主要通过语言（包括文字语言）方式通信。直接对话或者托人带话，是最简单最直接的通信方式。书信、电子邮件是一种比较正式的通信方式。古代靠信鸽、快马（日行千里马，八百里传书可一日送达）、靠烽火台狼烟等实现快速通信。现代通信与水黾通信之间，也存在某种相似性。

水黾激发的涟漪中的一圈圈波纹，就是水位在一高一低地变化。一高一低的变化，只涉及了两个状态，因此这种通信方式非常简单。如果将水位变高记为 1，水位变低记为 0，那么理解水黾的通信就只需要与 0 和 1 打交道了。人类现代的通信以及计算机存储还真的就是与 0 和 1 打交道。

借此，我们就去看看一下现代通信和计算机存储是如何与 0 和 1 打交道的。

两楼之间的通信与存储

现代通信需要快速传递大量数据，基于的原理却较为简单。为此，先举一个形象的例子来说明，即南楼与北楼之间传递与存储信息。假设你用 10110 表示“停水了”，用 10111 表示“有暖气了”。

A 楼用红绿两盏灯的切换传信号。在一个规定的时间段内（比如说 5 秒），第 1 秒内用亮红灯表示 1，第 2 秒期间用亮绿灯表示 0，第3秒期间用亮红灯表示1，第4秒期间用亮红灯表示1，第5秒期间用亮绿灯表示0。这样，就把10110这个代表“停水了”的信号发送出去了。当然可以通过时间停顿或亮黄灯，表示要开始传输信号10110，以及结束传输10110。结束后，又可以按类似方式传送10111。

B楼通过某种方式识别到A楼那边信号灯的亮灯信息，看到红灯亮时记下1，绿灯亮时记下0，通过按顺序收到红绿红红绿，于是就识别为10110，接着还可以收到10111。按照约定的字符串对应关系，就得到了“停水了”和“有暖气了”的信息。

现在看B楼如何用最简单的机械、电子或光学方式存储这些信息。比如说，要存储“停水了”，就用一系列开关来存储10110。可以这样做：B楼针对每组数据，启用一组5个磁针来存储。让磁针指向上方表示1，指向右方表示0。收到A楼红灯信息时，用某种感应方式自动让磁针指向上方，收到绿灯信息时，指向右方。

于是，一组5个磁针按顺序分别指向上、右、上、上、右，就表示存储了10110。用另一组5个磁针，用类似方式存储10111。

B楼的人依据编码对应表，就从10110或10111可解读出“停水了”或“有暖气了”。

实际无线和有线传输以及计算机对信息的存储，依据的原理与A、B楼之间的上述通信与存储，非常类似。

近代与现代通信　编码与比特（图2.12）

电缆、光纤和无线传输是现代通信和传输的有效手段。通过编码来表示文字、数字、音频、图像和视频等。

莫尔斯电码就是最早采用的适合发送文字和数字的编码。英语单词是由字母组成，例如，but由b，u，t三个字母组成。之前发送电报时，通过长短信号的组合来表示一个字母。电报机电键按一

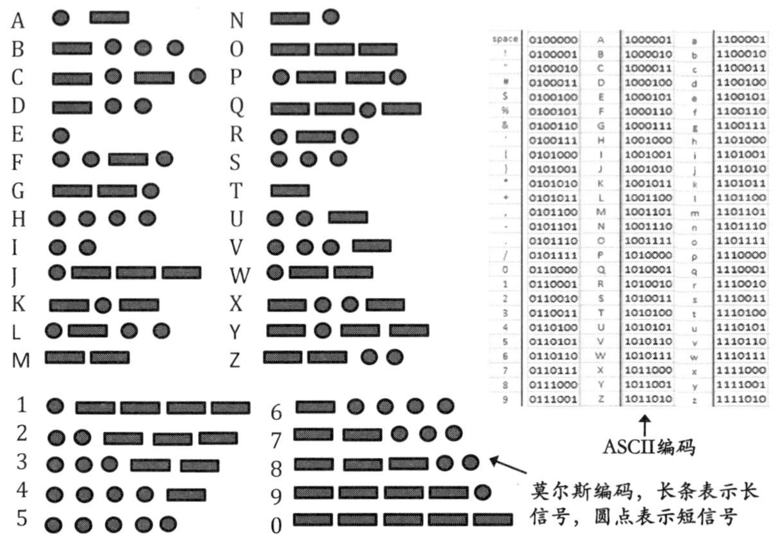

space	0100000	A	1000001	a	1100001
!	0100001	B	1000010	b	1100010
"	0100010	C	1000011	c	1100011
#	0100011	D	1000100	d	1100100
$	0100100	E	1000101	e	1100101
%	0100101	F	1000110	f	1100110
&	0100110	G	1000111	g	1100111
'	0100111	H	1001000	h	1101000
(	0101000	I	1001001	i	1101001
)	0101001	J	1001010	j	1101010
*	0101010	K	1001011	k	1101011
+	0101011	L	1001100	l	1101100
,	0101100	M	1001101	m	1101101
-	0101101	N	1001110	n	1101110
.	0101110	O	1001111	o	1101111
/	0101111	P	1010000	p	1110000
0	0110000	Q	1010001	q	1110001
1	0110001	R	1010010	r	1110010
2	0110010	S	1010011	s	1110011
3	0110011	T	1010100	t	1110100
4	0110100	U	1010101	u	1110101
5	0110101	V	1010110	v	1110110
6	0110110	W	1010111	w	1110111
7	0110111	X	1011000	x	1111000
8	0111000	Y	1011001	y	1111001
9	0111001	Z	1011010	z	1111010

图 2.12　莫尔斯电码与部分符号的 ASCII 编码

个长信号（按键开关让电流长一点，使对方接收到一个长的声音），再连续按三个短信号，就代表了 B。按两个短信号加一个长信号，就代表 U。按一个长信号，就代表 T。对方按顺序收到 B，U，T 对应的编码。接着按对照表就可得到英语单词。

现代计算机则用比特来表示字母、数字、音频和视频。用 1 和 0 表示比特（bite），即无论什么符号和数字，只会涉及 0 和 1。用一定数目的 0 和 1 排列出一个符号或一个数字。例如，用 1000001 这个排列表示字母 A，用 00000011 表示数字 2。

在看具体如何排列之前，首先说明一下，只有 0 和 1 时有什么方便的地方。由于只涉及 0 和 1，因此可以用某种形式的脉冲信号（如电流脉冲）表示 1 或 0 来传输数据（例如，用正电流脉冲表示 1，负的表示 0）。这样，通过一组脉冲，就可以把若干个 0 和 1 组成的字符串进行传输。发送完一组，又启动另外一组（需要有规定的起止信号，以便一组字符串能被单独识别)。

一组组的字符串被接收装置接收，一方面可用某种开关方式存储，另一方面用反编码转换成原始信息，例如将 1000001 转换为 A。

在电脑中，可以用诸如电子开关的两个位置（当然还有其他方式，如两个磁极、两个不同电压、两个不同的光强、两个不同的电流）分别表示 1 和 0，对每一个符号或数字，用一组这样的开关来存储相对应的 0 和 1 组成的编码。道理如同前面 A、B 楼通信用的磁针指向的存储方式。

符号、数字的比特表示

ASCII 标准采用 7 位格式表示文字符号。例如，用 1000001 表示字母 A。用 0110001 表示符号 1（而不是数字 1），用 0110000 表示符号 0（而不是数字 0)。我们按键盘上的 A 键，计算机磁盘上存储的就是 1000001，当然显示时又显示的是 A，即显示时，计算机又把 1000001 显示成符号 A。

对于数字，用二进制（而不是我们熟悉的十进制，十进制会用到 0,1,2,3,4,5,6,7,8,9 这 10 个数字)，即只涉及数字 0 和 1，从而与比特直接关联。

因此，无论是符号还是数值，均可用比特表示。由于只需要传输和存储 0 和 1，因此就非常简单。

依据不同精度要求，二进制表示的数可以采用 8 位，16 位，32 位和 64 位，也称为字长为 8 位，16 位，32 位和 64 位。以 8 位二进制为例，数字 0 表示为 00000000，数字 1 表示为 00000001，数字 2 表示为 00000011，即相加等于 2 时，就进 1（而十进制是相加等于 10 时进 1)。字长为 8 位的计算机（称为 8 位计算机）能直接对按十进制不超过 2^8（即 256）的数进行运算，16 位计算机能直接对按十进制不超过 2^{16}（即 65536）的数进行运算，32 位则能对

不超过 2^{32}（4294967296，即 42.94967296 亿）的数运算，64 位则能对不超过 2^{64}（1.8447×10^{19}）的数运算。然而，无论是采用多少位，都有比可直接运算的数大的数。对于更大的数的运算，需要按某种方式拆分成一系列运算。

音频和视频

任何形式的声音，包括语音、音乐和背景声音，都通过空气的气压随时间的变化来传到耳朵里。记录离散时刻的气压大小对应的数，对每一组数用上述二进制的方式传输与存储。最后，通过反解码将对应的数的大小转换成压力大小，作用在能发声的喇叭上，就可以重现音频。

图像则可以分解为平面上许多点的位置数据以及颜色数据（不同颜色也可以用数值来表示），视频则还包括了时间信息。

也就是说，无论是声音、图像、还是视频，都编码成二进制数据，按前面类似方式进行传输、存储（只需要传输 0 和 1 的组合）。按某种约定的顺序或方式，进行反编码后，即可播放或显示。

可以这样简单理解一幅图像如何处理。假设你有一幅画，那么可以把这幅画所在的平面分割成数以万计的小方格（像素），每一个的中心位置信息，以及每一格的颜色信息，都用二进制数据表示。这些数据传输并保存到电脑里，调出时，就依据这些位置与颜色信息进行还原。

信息的压缩

音频和视频的数据量大，对传输与存储要求高。因此，往往需要对信息进行压缩。例如，如果一个音频只是一段正弦波，那么只需要发送该正弦波的频率、振幅和起止时间就够了，而不需要用成千上万个时刻的气压来表示。接收到正弦波信息后，就可以反算出各时刻的压力。

对于我们听到的声音，一般不是单一的谐波，而是可以看成有许许多多频率不同、振幅不一、起始时间不一的谐波叠加而成。数学上有一种变换，叫傅里叶变换，可以从一个随意得到的音频数据，提取出组成的它的各种谐波的频率、振幅等。频率太高太低的谐波，耳朵听不到或听起来不舒服。这样，就可以把那些不好的或者没用的谐波滤掉，保留那些有用的谐波。有用的谐波个数一般不太多，因此，只需要发送这些有用的谐波信息（即谐波数量，每一个有用谐波的频率和振幅，起始时间）。这样，发送和存储的数据量就小。需要播放时，解压装置就依据这些谐波的频率和振幅等，叠加生成气压随时间变化的曲线。

对于图像与视频，也有相似的压缩技术。与字符采用 ASCII 编码不同，图像采用 JPG（JPEG）等格式编码，音频采用 MP3（MPEG-3）等格式，视频采用 MP4（Mpeg-4）等格式。MP3 和 MP4 包含了某种方式的压缩技术。

2.2 风蚀地貌 圆与旋涡的生命力

弯弯的河道、凹凸有致的山形、浪涛一样的沙丘、羽扇般的翅膀，是自然演化过来的。自然演化的物体或现象往往具有奇特或优美的形状，这是因为演化遵循一些最小作用原理，优美的形状在风蚀水洗时相互作用最小。棒棒糖在舔食时的消融，也是一个类似的过程。受水流冲刷的一侧往往具有优美的弧线外表。这是与水流流线形态自适应的结果。孩提时代就会问：棒棒糖舔多少下就能舔到中心？局部拥有圆弧一样的表面形状，往往是演化的最终结果。与圆相关的圆周率看来不单单是一个神奇的数学常数，也是一个神奇的物理常数。比如说，旋转的澡盆涡是绕圆周旋转，而不是绕不规则的路径旋转。

1. 棒棒糖舔一千下　地貌的演化

儿童也有一个长期悬而未决的问题：棒棒糖需要舔多少下，才能舔到棒棒糖的中心位置？这个问题，2015 年有了大致答案：舔 1000 下左右，即可接近棒棒糖的中心！虽然如此，得出这一答案的科学家还是认为 1000 下很难验证。

但这个问题牵扯出了更一般的有趣问题。例如，在水流冲刷下，堤岸、地貌、山丘等各具形状，形成了所谓的风景与地貌。糖块、药片和化学材料也会加速消融。这个过程包含了侵蚀、磨蚀、冲蚀、溶解和融化等化学物理过程。这些过程与我们的日常生活以及我们看到的大好河山息息相关。这里面应该与舔食棒棒糖一样，有一致的诀窍。

几何形状（图 2.13）

我们在童年舔食棒棒糖。棒棒糖有的是球形，有的是圆盘形，有的是尖锥形，有的是圆柱形，有的是立方体，当然可能还有其他各种怪异形状。由于经常涉及一些几何图形，因此这里归纳一下常见的形状。

平面图形中有三角形、四边形和多边形。四边形中还有正方形、梯形和菱形。正方形是规则平面图形的一种，其他规则多边形有正三角形、正五边形、正六边形等。圆可以内接正多边形，当边数趋于无穷大，正多边形就是一个圆了。非规则的多边形就数不胜数了。

总之，有无数种多边形，包括有无数个正多边形。这些多边形可以作为立体图形的面，这样的立体图形称为多面体。

对于球与椭球这样的带曲面的立体图形，可以想象成也是由数目无穷大的多边形作为面围成的，就像用边数趋于无穷大的内接正多边形可以逼近一个圆一样。对于六面体，如果每一个面都是正四边形，那么这个六面体就是正六面体。正多面体的每一个面都是正多边形，所有的棱边一样长。

不知你会不会受圆可以用正多边形逼近这样一个事实的启发，想当然地用内接正多面体逼近一个球，比如说正一万面体。然而，非常奇特的是，没有正一万面体。正多面体只有五种：正四面体，正六面体，正八面体，正十二面体，正二十面体。这五种正多面体，每个面要么都是正三角形（正四面体，正八面体，正二十面体），要么是正四方形（正六面体），要么是正六角形（正十二面体）。这是因为，只有三角形、四方形和正六角形，才能进行无缝对接。

非规则的立体图形数目之多就无法描述了。单是雪花的形状，就不胜枚举。自然界很难找到完全一模一样的两片雪花。

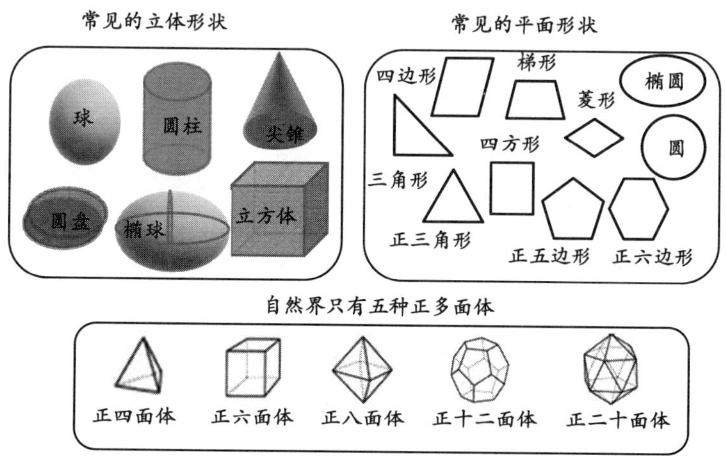

图 2.13　常见几何形状：平面图形与立体图形

圆球和椭球虽然是弯曲的表面，但属于规则形状。液滴越小，越接近球形，因为表面张力试图让面上各点都一样。不管形状如何，如果水流和气流通过摩擦和溶解能改变物体的外形，那么什么形状容易顺应水流或者气流，什么形状就可以维持到最后。

棒棒糖的溶解（图 2.14）

纽约大学库朗特数学研究所的博士生黄（Jinzi Huang）以及佛罗里达州立大学数学系的莫尔（Nicholas Moore）教授在纽约大学应用数学实验室将糖果放在水中任由水流冲刷。结果出乎意料：无论糖果初始形状如何，或球形或圆柱形，无论水流速度如何，最终会被冲刷溶解成一个特有的一致形状，这个形状出现后，将维持该形状，直到最终消失。这个特定的形状在水的上游一侧近似为球面，下游一侧则被旋涡削平。原来，这种旋涡流动易生成湍流，湍流通过脉动轻易地把高浓度的溶解糖分带走，把清水送过来继续溶解。要知道，糖更容易在含糖浓度低的水中溶解。

好像水特别喜欢吃糖，只有通过削平下游表面、激发拐弯涡和湍流，才能让附近的清水跳进旋涡舔食和溶解糖分。

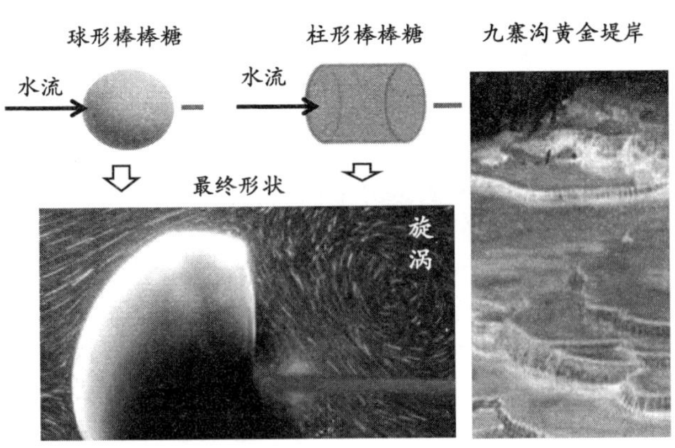

图 2.14　棒棒糖的最终形状与黄金堤岸的形状

因此，直接被水流和气流冲刷的面，容易被水流打磨成光顺带弧度的球面一样的形状。这样，朝前看形状优美，面子上好看。在下游一面，却在用最有效的方式抢食棒棒糖。

最终一致形状的出现，也许能解释山形地貌如何形成。长年累月的水流冲刷，会让岩石和堤岸接受水流冲刷的一侧变得光顺且带点弧度。九寨沟翠海迷人，如梯田般的形状，黄金堤岸在水浅时露在外面，水深时埋入水中。日积月累的水流冲刷，使堤岸如同打磨过，立体般的画卷，是水流起到了雕刻师的作用。

2. 河道弯曲　牛轭湖　蜿蜒度

黄河干流多弯曲，俗称九曲黄河。浏阳河，弯过了九道弯，也是这个意思。自然形成的河道，总是弯弯曲曲，哪怕是在平原地带也是如此。长长的河道的两岸，长年累月经奔腾的河水冲刷，理应变得更直，这样水流才会顺畅。可是，河水非得绕那么大的弯子。弯到一定程度，甩出去形成圆环型牛轭湖。这种舍直取弯的演化，给岸边建筑和跨河修桥也带来麻烦。当然，也不是毫无规律的弯曲，形状不仅像抖动的弦，弯曲程度还能跟美丽的数学常数拉上关系。

旋涡的雕刻作用（图 2.15）

一条直的河道不可能是被推弯的吧，这么大的蛮力从何而来。弯曲的形成有不少因素共同起作用，其中就包括这样一个可能的机制：一旦稍有弯曲，会导致水流走弧线，引起的离心力指向弯曲的一侧，从而驱动横向流动，将两岸的泥沙交换位置，且朝着加强弯曲的方向。

假如河道首先是直的，那么由于水流不均匀或者河岸土质流失，偶尔会导致局部河道产生弯曲。如果出现这种情况，河水流动时，顺着弯道就产生由河道凹的一侧（内岸）指向河道凸的一侧（外岸）的离心力。水面的水沿河道的流速比河底的更快（河底的摩擦阻碍了流速），因此离心力更大。这种离心力使河面的水由内岸横着流向外岸。

由于河床摩擦对水流的阻碍作用，因此河床水流速度低，不会产生很强的离心力，于是在河底不存在由内岸指向外岸的流动，相反，河面的横向流动在河床产生回流（水流必须循环起来，否则不知道去哪里了）。于是，在外岸，这种回旋流动就把河岸的土质向河床方向冲刷，使外岸泥土进一步流失，向外拓展。冲走的泥土被回流输送到内岸，使内岸进一步向外岸方向拓展。这也许就是越来越弯曲的一种原因。

总之，一旦某处有弯曲，就会在弯曲的地方产生离心力，形成横向回流，回流的冲刷使河道进一步变弯。当然，可能还有一些其他原因。有的用地球自转线速度在不同纬度的差异带来的离心力差异和水位高差异来解释。河道弯曲的演化过于漫长，很难检验哪种原因更正确。

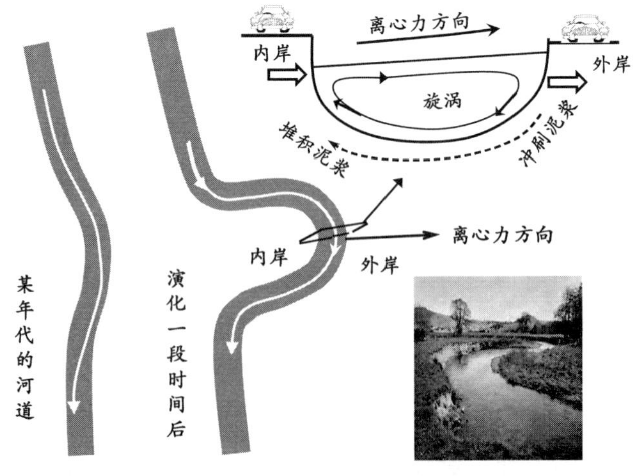

图 2.15　河道走弯的一种原理

截弯取直生成牛轭湖（图 2.16）

似乎没有理由阻止河道越来越弯，最弯莫过于形成圆周形河道。

河道如果出现大的拐弯，就有可能接近绕了一个圆周。这种局部圆环形河道的入口和出口如此接近，以致在洪水或其他因素作用下，可能直接打通。

如果发生这种情况，那么一方面使河道截弯取直，另一方面将原有的局部圆环形河道（近似牛轭形状）阻断，形成牛轭湖。河道边上常见的圆环形小湖，就是这么来的。

图 2.16　局部弧形河道截弯取直形成牛轭湖

蜿蜒度与圆周率（图 2.17）

河道弯曲程度可以用河道长度与两端直线距离的比值来衡量。该比值称为蜿蜒度（Sinuosity）。黄河是中华文明的母亲河，干流的河源在青海省的玛曲（青藏高原的巴颜喀拉山脉，北麓约古宗列盆地），经青海、四川、甘肃、宁夏、内蒙古、陕西、山西、河南及山东流入渤海。全长为 5464 千米左右，是河源与出海口之间的沿地球表面的直线距离的 2.64 倍，因此蜿蜒度是 2.64。长江干流发源于青海格拉丹东，止于上海长江口，沿地球表面的直线距离约为 2875 千米，蜿蜒长度约为 6397 千米，故蜿蜒度约等于 2.23。

1996 年，剑桥大学汉斯-哼里克·斯托伦（Hans-Henrik Stolum）教授在《科学》杂志上发表了一篇论文，将河道弯曲看成某种演化过程（一种自组织过程），用数学上的所谓分形几何理论，证明蜿蜒度的理论值应介于 2.7 和 3.5 之间，平均值正好等于圆周率 π，即约为 3.14。

于是，人们产生了这样的常识，即一条蜿蜒流淌的河流从源头到河口之间曲曲折折的总长度平均是其源头到河口之间（沿地球表面的）直线距离的 π 倍。后来，杰姆斯·克里姆比较了 258 条河流，发现蜿蜒度平均值比这小，只有 1.94。但对于平原地带的河流，蜿蜒度据说还是比较接近圆周率。黄河蜿蜒度是 2.64，小于 3.14 但大于 1.94。

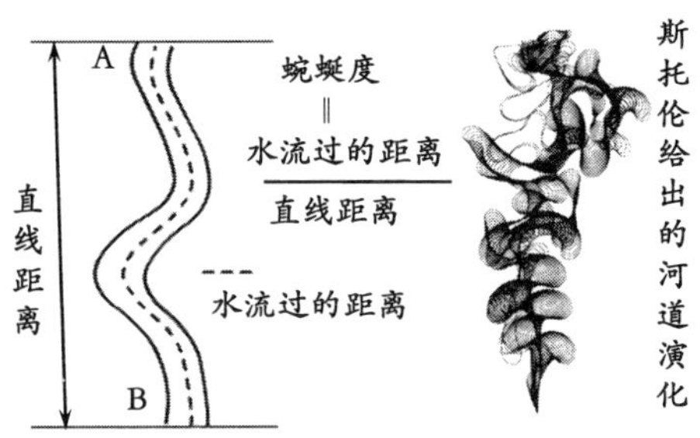

图 2.17　蜿蜒度与不同时期的河道形状叠加图

3. 圆周率　自然界中的常数　数学的魅力

弯弯的河道，蜿蜒度的理论值居然和圆周率联系在一起。圆周率本身是圆的周长与直径的比值。圆周率是一个常数，无论圆是多大，这个比值都是这个常数。圆周率的常数性让人们想到：复杂的自然界，是否由类似于圆周率这样的简单数学规律构成。我们首先会问，这样的常数是独一无二的吗？于是，欣赏圆周率之前，我们有必要看看一些别的常数。

奇特的常数（图 2.18）

真空中的光速是个常数，不管是什么发射的光，不管是蓝光红光还是紫光，在真空光速都是 299792458 米 / 秒，简单地记忆就是每秒 30 万千米。令人不可思议的是，不管发出光线的物体以何速度运动且不管测量者以什么速度运动，测得的真空光速都是每秒 30 万千米。另外，引力波、电磁波的速度也等于这个光速。

温度再低，也不可能低于 −273.15 摄氏度。这是绝对零度。给任何物质降温，都不可能低于这个温度。

向上，不能超过光速，向下，不能低于绝对零度。人们试图用各种方式去解释为何不能超过光速，但往往把从光速不能超过这个假设附带得到的结论，再用于去解释光速为何不能超过。

普朗克常数（约为 6.62606957×10^{-34}，单位为焦耳 × 秒）也是值得一提的量。光线是由光子构成的，一个光子的能量等于其频率乘以普朗克常数。

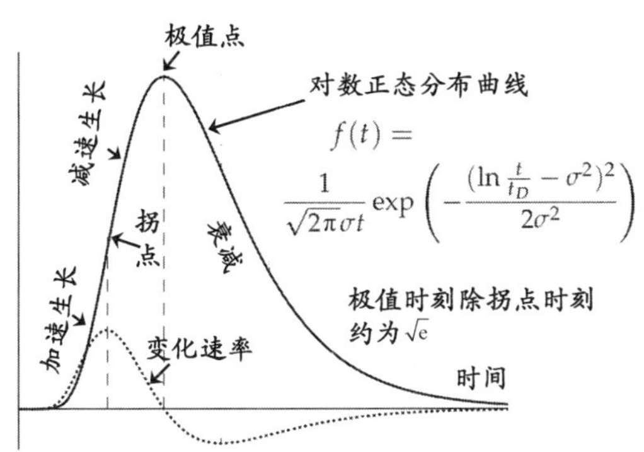

图 2.18　一类生长衰减问题的演化与 e 相关

这几个常数有一个特点，如果改变单位制，那么这些常数的取值就不一样。比如说，真空的光速，如果以每小时多少千米作为单位，那么就是每小时 10.8 亿千米左右。

还有一个奇特的常数，称为宇宙精细结构常数，用符号 α 表示，大小等于 137.03599913，没有单位。理论物理学家、宇宙学家和天文学家保罗·戴维斯在 2016 年 2 月专门发文讨论这个常数。它是普朗克常数乘以光速，再除以电子电量的平方，最后除以两倍的圆周率，得到的数。这个数在物理学中有重要地位。比如说，电子激发后发射光子的速度快慢就是由这个数来衡量的。由于这个数没有单位，因此它就是那么大。科学家一直搞不清这个常数是怎么来的，甚至怀疑宇宙中有更深刻的理论。数学家也试图找到一个公式，让这个常数与其他更好理解的数（如圆周率）关联起来。物理学中的认知规律（比如说牛顿定律）可以是常识与直觉，但数学基于逻辑推演应能给出严谨的结论。可是，这些努力都没有搞清这个常数的来源。

据保罗·戴维斯说，韦布用某种方式测量了十亿光年以外天体发出的谱线对应的宇宙精细结构常数，居然得出了这个数有可能不是常数的结论。如果此结论得到确认，那么整个理论物理学的根基将受到威胁。

有一类先生长后衰减的现象，例如流行病的增长与人口增长率。随着时间的推移，先加速增长，接着出现拐点，即增长率放缓，但还继续增长。到了某个时刻，不再增长，出现极大值，随后衰减。这种过程的变化规律往往是对数正态曲线。

据期刊《熵》（*Entropy*）报道，对于大多数问题，极大值发生的时间与拐点发生的时间之比值，理论上应等于根号 e（e 约为 2.718），即约等于 1.6487。这个 e 也是一个神奇的常数。艾力·茂尔（Eli Maor）2009 年就写了一部由普林斯顿大学出版社发表的书，书名为“e：一个数的故事”。可见这个 e 有多重要。学习过一点微积分的都知道，用这个 e 可以构造一个指数函数，其微分总是等于这个函数自己，不管微分多少次。

圆周率与科学家日

现在可以回到圆周率了。圆周率（符号为 π，读为 Pi）可以说既是一个常数，也是一个与单位无关的常数，尤其是可理解的常数。也许没有一个物理学和数学的其他常数可以给科学家的节日命名，而每年的 3 月 14 日被定为圆周率日，也称为科学家日。一般的庆祝活动包括吃苹果派之类的派（因与 π 谐音）。

圆周率前三个数字是 3.14，科学家日就是这么来的。其精确的值在小数点后有无数位。如果小数点后取 15 位，它是 3.141592653589793。

圆是一个简单优美的外形。按理，其周长与直径之比对应的数是一个有理数（有理数就是能表示为两个整数之比的数，如 0.4 可以表示为 2∶5）。可是，糟糕的是，π 却是无理数，也就是说它不能表示成两个整数之比。音乐往往由乐器发出的具有不同振动频率的声音叠加而来，如果不同的频率具有整数比，会比不是整数比的动听一些，乐感和谐一些（因此叠加出来的音称为和音）。既然圆这样的最优美最简单的外形是一种和谐的图形，那么为何反映周长与直径之比的 π 却是一个无理数?

不仅如此，它还是十进制下的无限不循环小数（小数点后有无数位，且不会出现循环，用 1 除以 7，得到的 0.142857142857……就是一个无限循环小数，小数点后 142857 不断循环）。连毕达哥拉斯这样的数学权威都否定这种无理数的存在，声称它们与一个精心设计的宇宙不相容。

古人用圆的内切多边形来逼近圆周，以此来计算圆周率的具体值是多少。多边形的周长好计算。古代数学家祖冲之算得的圆周率在 3.1415926 和 3.1415927 之间。阿基米德用了 96 边形来逼近圆，得出 π 的数值在 223/71 到 22/7 之间。印度数学家马德哈瓦用他的无穷级数方法，将 π 计算到小数点后十位。现在人们用计算机能算出小数点后数万亿位。

美国人口在 2012 年 8 月 14 日下午 2 时 29 分正好升到了 3.14159265 亿。为此他们展开了庆祝。用人口学家霍华德·霍根的话说：这是很多代人才有一次的事件。

自然与数学中的圆周率（图 2.19）

圆周率不仅对圆有意义，在物理学规律和数学中随处可见。例如，机翼匀速飞行时，升力系数的理论最大值是两倍的圆周率。当然，这只是理想的最大值，实际比这小很多，虽然蝙蝠的升力系数可以接近 5。

像圆周率这样的神奇的数，往往会出现在关联数字与规律的公式中。以牛顿第二定律即力（用符号 F 标记）等于质量（用 m 标记）乘以加速度（用 a 标记）为例，公式表示为 $F=m\times a$。用字母符号与运算符号来表示关联数字与规律的等式，统称为数学公式。数学公式简洁漂亮，可以表示各种复杂程度的数学和物理规律。

被学术杂志《*The Mathematical Intelligencer*》评为史上最美的公式为欧拉恒等式，也称欧拉公式。它把最神奇的三个常数（圆周率 π、自然底数 e、虚数单位 i）和二进制所涉及的 0 和 1 这两个最基础的数，用加法、乘法和乘方这三个最基础的运算联系在一起。

欧拉公式

$$e^{\pi i}+1=0$$

其中

$\pi=3.1415\cdots\cdots$

$e=2.7183\cdots\cdots$

$i\times i=-1$

图 2.19　最美丽的数学公式

自然底数（也是无理数，约为 2.718）与圆周率一样神奇，它的意义只有学习了足够的数学才能理解。虚数单位是 -1 开根号得到的数。我们知道 1 的平方就是 1。虚数单位的平方就是 -1。一个数（如 2）的平方就是与它自己相乘得到的乘积（如 2 的平方是 4），这个乘积（如 4）的根号就是原来那个数（如 4 的根号就是 2）。负数表示欠的数。0 减 1，没有可减的，即还缺 1，因此把 0 减 1 得到的数记为负 1，用符号表示为 -1。虚数单位是这样定义的，它的平方等于 -1。

数学的价值举例：指数与对数的放大镜效应与望远镜效应（图 2.20、图 2.21）

数学的价值不可能在这里用整个数学来说明。我们仅仅举指数与对数的例子。原因在于，我们许多地方都要用曲线来表示一些变化规律。如果曲线涉及的数的变化范围太大或者太小，那么用指数或对数，就可以把表观展示范围按要求缩小或者放大。指数和对数

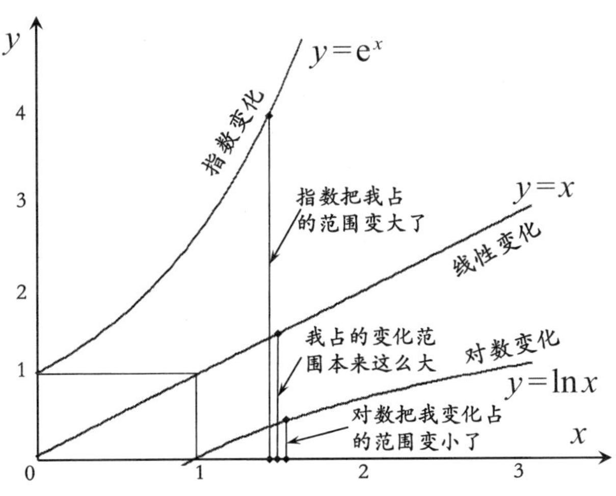

图 2.20　指数函数拉宽范围，对数函数缩小范围

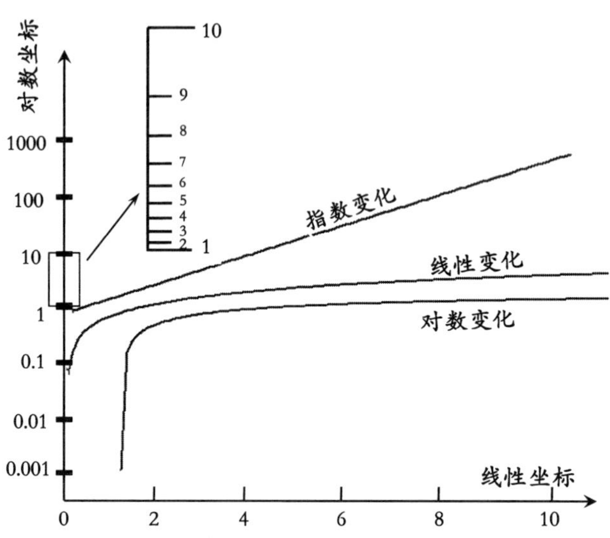

图 2.21　对数坐标距离每增加一倍，代表的数增加 10 倍

可以起到放大镜或望远镜作用，把大的东西缩小（望远镜）而小的东西放大（显微镜或放大镜）。例如，对于大于 1 的数，对数起到望远镜作用，把大的看小了或者说把远的看近了；对于小于 1 的数，则起到放大镜作用（虽然被放大的数要加一个负号）。

我们常常要画曲线，要表示或展示一些结果与影响因素的关系。有的数变化范围很大，有的变化范围很小。比如说，原子数目以万亿计算。噪声所涉及的气压变化，可能是 0.00002 帕（牛顿 / 平方米）的量级。这记忆起来很麻烦。对数和指数表示可以让这些数被展示为一下子就能念完的数。

以 10 为基准为例，一个数，每增加 1，其指数就放大 10 倍，每增加 2，指数就放大 100 倍，如此类推。比如说，一个数增加到 10 倍，其指数就增加到 10^{10} 倍。

又考虑以 10 为基准的对数。1 的对数是 0，10 的对数是 1，100 的对数是 2，100 万的对数是 6，如此类推。即 1 后面有几个 0，那么对数就是这些 0 的个数。用了对数后，原来的数的变化范围就缩小了。哪怕是 10 亿（9 个 0），其对数也就是 9。

如果数小于 1，那么指数就把范围缩小，对数就把范围扩大。

还是以 10 为基准，1 的对数是 0, 0.1 的对数是 −1，0.01 的对数是 −2，0.001 的对数是 −3。如此类推，0.0000001 的对数就是 −7。很小的数的对数，看上去都是一个不大的数乘上一个负号。

有时为了在一张图上展示数变化范围很大的曲线，那么可以用所谓的对数坐标。对于大于 1 的数，纸上的坐标距离每放大 1 倍，那么代表的数就放大 10 倍。这样，纸上坐标每等距地上拉 1 格，那么代表的数就可以分别是 1，10，100，1000，…。

对于小于 1 的数，纸上的坐标每等距地下拉 1 格，代表的数就可以分别是 1，0.1，0.01，0.001，…。

如果以自然底数 e 作为基准，也可以类似地定义指数和对数。

数学的一般价值（图 2.22）

圆周率这样的常数，在自然规律和数学中频繁地出现。这是自然规律满足数学法则的一种体现。自然规律可以总结为数学表达式，如牛顿定律。这些数学表达式可以求解，可以给出物质世界的演化规律和结果。这就是数学价值。

数学的魅力在于，一些有重大价值的物理学规律，往往可以用精美的数学表达式表示。自然规律的细枝末节可以由这些数学表达式求解获得。

我们需要用数字来表示计量、顺序、大小、位置、程度、快慢和变化等。对数的思考以及运用，诞生了推动古代与现代社会进步尤其是科技进步的数学。日常生活需要数的运用。社会发展需要数学。数与数学只有推动社会进步，才有价值。数学只有使我们达到同样目标时付出的代价更小，才有意义。上学时如果我们被数学搞怕了，这是因为数学本身与个人的目标可能不一致。虽然如此，理解一点点数学，感受其简易以及有价值的一面，可能会对我们理解世界、感受世界有所帮助。

在一般人看来，数字与数学高深而枯燥，而在数学家看来数字与数学神秘如艺术。事实上二者之间不断妥协，才使数学家发展的数学让普通人也能使用（其中的一部分）。2015 年，10 岁女孩晶晶因厌倦数学与两位同学一起写了“数学是死亡之源”那首诗。这说明，晶晶接触了数学枯燥与深奥的一面，让她对数字与数学失去了兴趣，甚至认为数学是万恶之源。

单是数字本身，就被伟大的数学家毕达哥拉斯认为是万物之源，更具艺术色彩的数学当然不是万恶之源。

数学家当然有理由把数学看成艺术，如同音乐家通过创造美妙的音乐把音乐当成艺术一样。我们普通人只有一少部分可能成为数学家，更多的是数学的使用者和数学发展的受惠者。除此之外，普

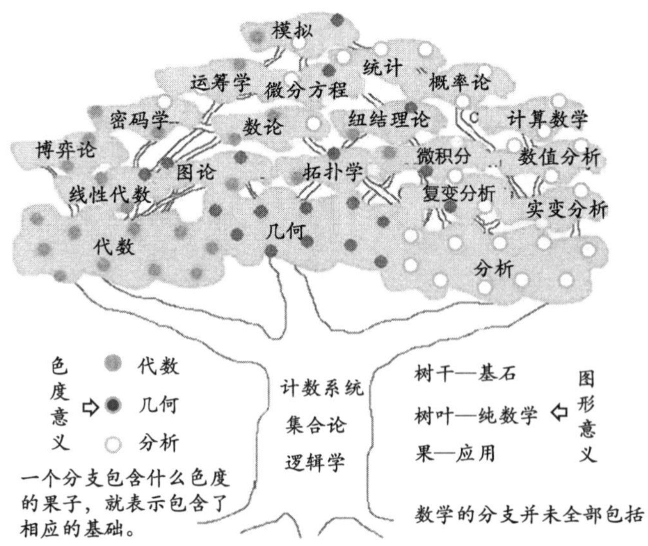

图 2.22　哈勒（Hale M，史丹森大学）的数学树

通人可以通过更巧妙地利用都能掌握的数学来面对工作与生活。正是数学的发展将与数相关的事物简单化与规律化。也许正是因为数的研究与数学的发展，才导致一代代活得更久，而不是晶晶所说的数学让一代代人死得超快！数字与数学可以帮助更好地总结自然规律，也可以让日常生活更方便。

科学问题的规律用数学语言表述，构建科学规律满足的数学公式，通过求解数学公式，又能揭示更多的规律，并可为工程与社会应用提供数据、图表和曲线。

数学以计数系统（如十进制）、逻辑学和集合论作为构建数学的基石，以几何、代数和分析作为三大基础。在中学我们就学习了不少几何和代数的知识，在大学我们会学习一些数学分析。基于三大基础，还有许多数学分支。工程技术需要用到很多数学，那是从各分支的数学中剥离出来的，可以让数学家以外的人可直接使用的数学。我们普通人在使用数学成果时，甚至都不会知道来自于什么数学分支。可见，数学家会去解决数学中的数学问题，而数学家以外的人主要使用数学家的结果。

4.　澡盆涡

澡盆涡是一个常见的日常现象，因此不但物理学家对澡盆涡感兴趣，普通人对它也有兴趣。澡盆涡是这样一种东西：它很常见，有了一点物理学知识似乎就可以大胆解释它，很容易出现在网络和科普宣讲之中；但细细思考又不是那么回事。于是，哪怕是顶级专家在写教科书时，对澡盆涡避而不谈。与陀螺仪成百上千的文献相比，澡盆涡的研究论文在正规刊物中屈指可数。难道，这么令人好奇的常见现象，在严谨的科学家心中似乎存在一些无法理解的秘密，由于很难透彻地理解而不敢轻易下结论？

澡盆涡现象（图 2.23）

洗脸池、马桶和浴缸等放水时，往往在出水管道上方出现一个快速旋转的旋涡。这种旋涡就是澡盆涡，也称为马桶涡。任何容器中，如果底下有小孔放水，就可能出现澡盆涡。

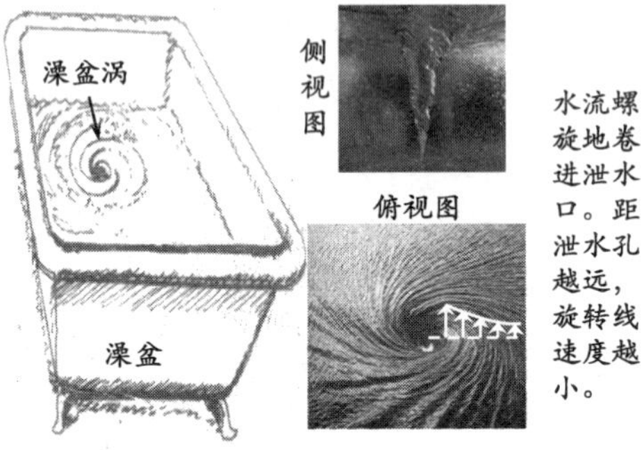

澡盆涡
澡盆
侧视图
俯视图
水流螺旋地卷进泄水口。距泄水孔越远，旋转线速度越小。

图 2.23　澡盆涡常见于澡盆泄水过程

洗脸池放水时，不是所有情况下都会产生澡盆涡。如果你试图用手掌以泄水口为中心、在水面画一圈，那么很有可能就会立即出现澡盆涡。旋转的澡盆涡的涡心是低压区，容易将空气带进去，你会听到吼吼的声响，这是空气柱与旋转的水发生摩擦产生的噪声。

陀螺之类的刚体在自转时，刚体上一点旋转的线速度与该点离开转轴的垂直距离成正比，即离转轴越远的旋转线速度越大。因此，刚体的自旋是各部分被带着一起整体旋转。

水这样的流体则很难像刚体那样被带着整体旋转。离旋转轴越远的流体，越难被带动。结果是，在以泄水孔为中心的圆周上，旋转线速度与该圆周周长的乘积，与该圆周的半径没有关系。原来，旋转也是一种惯性，上面的乘积就是旋转惯性的一种度量，没有理由改变这个惯性的大小。由于半径越小周长越小，因此越靠近澡盆涡的中心，旋转速度越快。

除此之外，由于旋转产生的离心力需要通过往涡心方向降压来平衡，因此越往内圈水压越低，从而水位越低。除了随澡盆涡一起旋转，水还有流向涡心的运动，这种径向运动与旋转运动叠加起来，就是螺旋线运动。因此，一滴水最终被泄水孔吞下之前，走了一段螺旋线。这与螺旋电钻打洞的过程有点类似，也与开葡萄酒的螺旋起子的运动也类似。

地球自转导致的南北半球的澡盆涡（图 2.24）

有人做过实验，发现在地球北半球自然产生的澡盆涡，从上往下看是逆时针的，在地球南半球，自然产生的澡盆涡是顺时针的。于是，人们认为，一般情况下也是地球自转导致了澡盆涡。

你站在北极的上面往下看，地球的自转是逆时针方向的。站在南极的上面往下看，地球的自转是顺时针的。在北半球其他地方，地球自转轴并不像北极那样与地球表面相互垂直，但这种逆时针效应还是存在的。南半球也类似。

在北极点放一个澡盆，让泄水孔正对着北极点。当然这不是个好地方，那里太冷，零下几十度，你得把水烧到一定温度才能做实验。但用于说明原理很恰当。在这里，水从周围的位置流向泄水孔

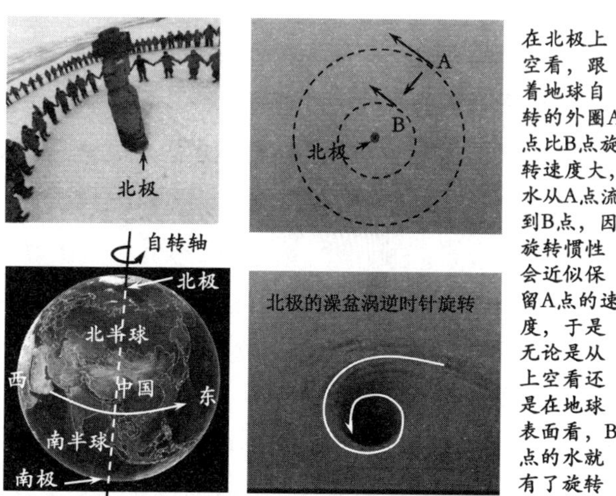

图 2.24　地球自转导致澡盆涡的产生

时，原来随地球逆时针自转的旋转惯性要保留，于是越靠近泄水孔，旋转线速度越快，于是就能看到澡盆涡。在北半球其他地方，这种效果还存在，虽然不似北极点那样显得好理解，且效果弱一些，澡盆涡生成慢一些。对于南半球，道理类似。按此说法，在赤道上，就不应该有这种澡盆涡产生。

我们往往会用一种更难理解的道理去解释一个本来很浅显的道理。最常见的就是用科氏力效应解释澡盆涡的生成。

假设一只蚊子从圆桌的中心沿直线向圆桌外飞去。如果你站在旋转的桌子上跟着桌子转，再看这只蚊子，在你的视觉里它就不是走直线。于是，在旋转圆盘中的你，觉得蚊子受到了一个垂直于其运动方向的力，在你的视觉里它在偏离原有方向。1835 年，法国科学家科里奥利（Coriolis）导出了针对运动问题在旋转坐标系看来不走直线的问题的力的数学表达式，发现这个力与物体运动速度成正比，与旋转角速度成正比，方向垂直于运动速度方向以及旋转轴方向构成的平面内。从 20 世纪开始，人们便把这个力称为科氏力。

那只蚊子本身没有受一个所谓的科氏力。所谓的科氏力，是在旋转物体中的你看到蚊子走曲线后，通过虚构这样一个力来解释这个蚊子为何相对于你在走曲线。本来是你在跟着圆盘走弯道，蚊子不是。你以自己为评判标准，就觉得本来走直线的蚊子在走弯道。明明你受到了离心力的作用，却认为蚊子受了什么科氏力。

由于地球在绕自转轴由西向东旋转，因此人们往往把澡盆涡的产生归结于地球旋转导致的科氏力。其实这种解释看上去就是一种不一定符合逻辑的关联。

在地面上的人看蚊子在走直线，虽然在和桌子一起转的人看来是走曲线。因此蚊子是否走弯线，与观察者自己是否运动有关。澡盆涡不是这样，你在外太空看澡盆涡在转，你在地球上跟着地球转，看那个澡盆涡还是在转。因此澡盆涡的旋转是绝对的，与观察者是否运动无关。

澡盆涡除了旋转，旋转中心的水位更低了，吸进去的空气柱还有噪声。恐怕你无法找到一个参照系，使你看起来噪声没了。因此澡盆涡的诱导因素似乎不能用科氏力来解释（虽然里面的一滴水的路径可以表示为与科氏力有关）。

澡盆涡为何会高速旋转（图 2.25）

除了地球自转，容器几何不对称（即不是回旋体）、残余的带有某种旋转的流动和其他外力等，也可能诱发澡盆涡。

日常看到的澡盆涡，如果纯粹来源于地球自转，则可能不足以支撑那么高的转速。首先，澡盆涡每秒旋转的圈数，比地球自转每秒旋转的圈数，快成千上万倍。地球自转，每 24 小时转一圈，而我们能看到的澡盆涡，每秒至少一圈的量级，一天 24 小时接近十万圈。除此之外，拔掉塞子后，并不是立即形成澡盆涡，可能得等上较长的时间。在一些实验中，得等上十多分钟才出现澡盆涡。因此，地球自转、残余旋涡以及几何不对称等可能只是诱发因素，也许高速自转还有其他原因。

举例而言，家用或者实验用于产生澡盆涡的容器，半径也就半米量级，即使放在正北极，与地球一同自转带来的最外圈的旋转线速度也就每秒 70 微米左右。流到半径为 0.7 厘米左右的泄水口，旋转线速度按物理学原理也就扩大 100 倍左右，变成每秒 700 微米，即每

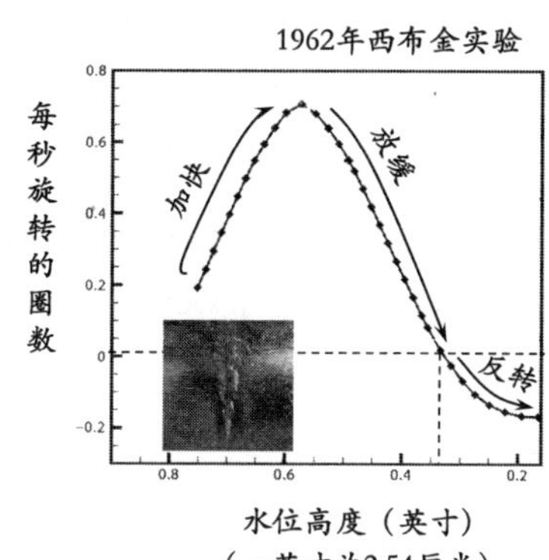

图 2.25 澡盆涡转速先加快再放缓，最后反转

秒不到 1 毫米，相当于每分钟转 1 圈左右，即每秒 1/60 圈。这么慢，都可能看不出来有旋转。

实际观测的旋转速度达到每秒 1 圈左右，因此，把地球自转的影响当作唯一的因素，不足以解释澡盆涡转速那么快。

因此，看似简单的问题却依然困扰着科学家，人们尚未完全弄明白旋转的本质原因。

旋转也是一种惯性。有了旋转，如果没有外力作用，旋转就不会停止。同理，让水转起来，也必须有外力作用。澡盆涡那么高的转速，尤其在涡心高速旋转，既然不完全来自于地球自转等诱导因素，有可能存在一些难以直观理解的，甚至有争议的内在机制。

1962 年，西布金（Sibulkin）测量了一澡盆涡的旋转速度随水位高度下降的变化，发现澡盆涡刚开始转得很慢，每秒转 1/5 圈，接着加速转速，最快可以达到每秒近 1 圈，随后转速开始下降，在水位下降到一定程度后，还出现反转现象。这说明，旋转速度与水位高度有关，不会完全来自于外力。水流旋转与容器底部的摩擦会搓出旋涡（虽然看上去不像旋转的旋涡），当水位降到一定程度后，这种搓出的旋涡区就占据主导，且被吞入泄水管时，引起的整体旋转与澡盆涡原有旋转方向相反。

容器下部的水贴着底部流入泄水孔时，要拐 90 度的弯，这可能会引起拐弯涡。如果是这样，这个旋涡就像一个环，套在下水口的入口位置。这样会部分地堵塞流水，不符合速度最快的演化原理。如果有旋转，即产生澡盆涡，那么就可以把这种拐弯涡转没，保证泄水速度最大化。也许这种用演化的角度来看待澡盆涡的出现更好理解。

5. 溪流、河道与海洋中的旋涡

澡盆涡是旋涡的一种。河边水下的小洞，抽水机入水口，水坝水管的入口，划水的船桨桨尖，都可能引起澡盆涡那样的旋涡。千里之堤溃于蚁穴，蚂蚁洞穴打通河堤后，浸水冲刷使洞越来越大，泄水过程如果出现旋转的澡盆涡，会加速将洞穴变大，导致溃堤。

曲水流觞（图 2.26）

溪流弯曲的地方，在水道拐弯急的地方也会出现拐弯涡。曲水流觞就是在弯曲的人造小溪流中，产生拐弯驻涡，即临时驻留在那里不移走的旋涡。顺流而下的酒杯（觞），如果正好落在旋涡位置，就可能驻留在那里一些时间，跟着一起旋转。

公元 353 年的农历三月初三，王羲之等人在兰亭溪流边席地而坐，他们将酒杯放在溪水的上游。溪流水道弯弯曲曲，容易在拐弯处产生旋涡，酒杯容易停留在那里片刻。顺流而下的酒杯，停在谁的面前打转转，谁就即兴赋诗。

有 11 人即兴各作出两首诗，15 人各作出一首诗，剩下的 16 人则无法及时作出诗来。王羲之将这些诗收集起来并挥毫作序，写下了《兰亭集序》，其中关于曲水流觞的一段是这样的：

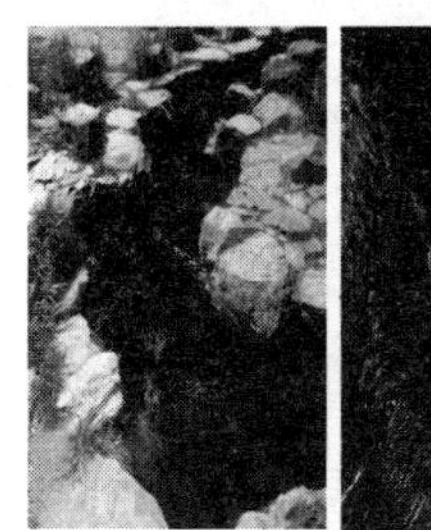

曲水流觞

利用涡流形态的娱乐场所

图 2.26 曲水流觞与涡流旅行

“永和九年，岁在癸丑，暮春之初，会于会稽山阴之兰亭，修禊事也。群贤毕至，少长咸集。此地有崇山峻岭，茂林修竹，又有清流激湍，映带左右，引以为流觞曲水，列坐其次。虽无丝竹管弦之盛，一觞一咏，亦足以畅叙幽情。是日也，天朗气清，惠风和畅，仰观宇宙之大，俯察品类之盛，所以游目骋怀，足以极视听之娱，信可乐也”。

中国目前兴起的曲水流觞艺术节，往往在有曲水流觞的溪流边以茶道和书画等形式陶冶情操。国外也有从水流得到启发的供儿童体验水流世界的涡流之旅。

旋涡的风采（图 2.27）

旋涡有的很小，水黾腿蹬出的旋涡，不会比水黾大，直径也就是 1 厘米左右。水上龙卷风诱发的水中旋涡，会比龙卷风的底部还大。海洋中的旋涡半径可达 100 千米以上。

人们在大西洋南部发现的海洋旋涡，其特性像宇宙中旋转的黑

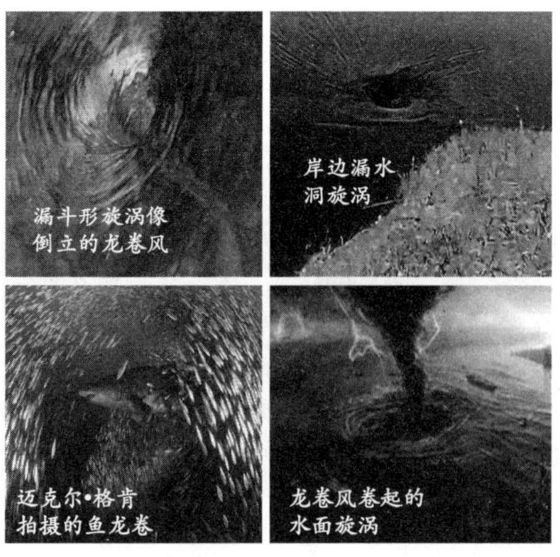

图 2.27　水面与水中旋涡形态

洞，因此称为海洋旋涡黑洞。这种海洋黑洞导致的流动，加速了海洋污染物的扩散。之所以称为海洋黑洞，是因为这种旋涡的结构满足宇宙中黑洞的数学规律。如果你的小船在被卷进这样的旋涡，会螺旋般推往旋涡的中心，转速越来越快，很难逃生，就像黑洞有一个视界，进入视界后，连光线都逃不出去。

2016 年 9 月 21 日，视觉中国报道了摄影师迈克尔·格肯（Michael Gerken）在美国北卡罗来纳州海域拍摄的鱼龙卷，可能是小鱼为躲避鲨鱼，往各个方向逃生时形成的图像。也许这只是一种视觉效果，看起来鱼群在围着鲨鱼旋转，好像鲨鱼滚水产生了旋涡一样。

旋涡是一种完美的圆形。只有这样，每一团水走的路径都一样，没有差异。大概只有这样，各部分的水团之间才能相安无事。等贵贱、均贫富。旋涡不可能无限小，因为与半径成反比的离心力不能无限大。转动不可能无限快，因为与旋转线速度平方成正比的离心力不能无限大。

2.3 轻抚水面生涟漪　强风破水摇巨浪

小物体轻轻触水，水面被压陷了，这还了得。幸亏有表面张力和重力在，它们使出女娲补天的本事，紧急修补。它们着急啊，使出的力量多那么一点点，就像荡秋千一样，把水位荡起来了。表面张力力量小啊，拖着短波浪使劲跑，重力力量大啊，挤着长波跑。不长不短的波呢？尤其那道 1.73 厘米的，就两不管了，就可怜地留在原地不怎么动啊。一圈一圈美丽动人的涟漪，就这样被表面张力和重力荡起来了，如同墨西哥人浪和蹲波队列。微风吹拂，到处都想泛起涟漪，都想是美丽的圆圈涟漪啊，但是叠加在一起，人哪能看得出来，只知道是猫爪印。糟糕，大风来了。表面张力波和重力波舞姿再好，也架不住狂风怒吼啊。但水不会屈服的，哪怕粉身碎骨，也要与大风搏斗。怒涛滚滚，巨浪滔天，那是水与风在厮杀。当然，水面规则波动时，不要想象得太复杂。我们在振动的世界中不是说了，往高度方向的一线水滴的集体运动，也像人的腿一样，近似地看也是左右的倒单摆运动和上下的弹簧运动的叠加。运动世界越简单越容易发生嘛，倒单摆与弹簧叠加运动再简单不过了。更复杂的连人都没法理解、连人腿都做不了的或者太累的运动，水才懒得做呢。一线水这样运动，就会拉扯和推挤边上的一线水滴做同样的运动，于是水面形态就是我们看到的波浪，往一个方向传播。

1. 蹲波队列　墨西哥人浪　幼儿园娃娃浪

旅游旺季，人潮涌动。这种描述显得很水感，在高处看，颇像微风吹拂下的水面小波浪，但一点也不整齐，也没有诗句“桑柘阴浓麦浪深”那种动感。如果有一种姿态协同，则可以形成动感十足的人浪，形态与我们看到的近岸海浪非常类似。

蹲波队列　墨西哥人浪（图 2.28）

蹲波队列是一队人按照一定节奏原地运动产生的动感舞浪。蹲波队列可以用于检验或者激发团队的协同精神。看了蹲波队列，就能更形象地理解一些水面波浪了。

经过训练的士兵可以玩极其优美的蹲波队列。几十名士兵左右排成一排，面向正前方。排最左边的开始下蹲，当其中一个人看到左边的队友下蹲时，在 0.25 秒左右的反应时间内做出反应，也开始下蹲并站立。每人下蹲起立的姿势和速度尽量一样，且周期性重复。这样，每人的头顶连的曲线，看上去就像向左移动的波浪。虽然每一位士兵在原地蹲起，并没有向左移动，就像麦浪移动时，麦子留在原地一样。新的波浪不断从排头的士兵发出，向左传播。如果配以军乐，让军乐的节奏跟上波浪的节奏，那么场面可以十分壮观。

图 2.28　士兵演练蹲波队列

电视上我们看到过墨西哥人浪（Mexican Wave），也称为人浪，或波浪舞，是观众席上的观众以排为单位依照顺序起立再坐下，获得可带动观众席气氛的波浪效果。这种由领头者激起的波浪舞，一般在欢呼进球时出现。

幼儿园娃娃浪

在幼儿园，可以将小孩站成一竖排，身体都朝着排最前面的小伙伴。每人都用双手搭在前面的小伙伴的肩膀上。排第一的小哥哥或小妹妹用一定的节奏慢慢蹲下慢慢起来，并不断重复。后面的在前面的带动下，一个接一个地重复同样的蹲起。协调得好，看起来像波浪运动。采用报数和蹲起相结合的方式，就能出现完美的协调。

也可以将小孩排成一个圆圈，由某位领舞。通过协调蹲起（或者摇摆身体）的节奏，使舞浪能在圆圈中和谐不间断地传播。如果人数较多，可以排成几个圆圈，甚至可以排出玫瑰花一样的队形。

如果追求动感，那么每人都唱同一首歌，但每人唱歌的起始时间和节奏，与自己的蹲起或摆动协调。经过适当练习和配合，场面极具表演感。这样可以让小孩锻炼出团队协作精神。

人浪的速度　身体的一点在画圆圆

无论是蹲波队列、墨西哥人浪还是娃娃浪，队员和观众并没有移动自己的位置，只是队形在向一个方向移动。就像我们看到风吹草地，花草波浪形地倒下又起来，波形在传播而花草还留在原地一样。很容易设计出波浪的移动速度。

波峰与波谷之间的水面形状如同一条舞动的蛇，非常像正在弹奏的琴弦。这种波纹形状就是数学上的正弦曲线。队波中有最高点和最低点，高的称为浪峰，也称为波峰。低的称为浪底，也称为波谷。相邻两个浪峰之间的距离称为波长。

将相邻两人之间的身体中心轴之间的距离（比如说 0.5 米）除以每人的响应时间即相邻两人之间重复同样动作的时间差（比如说 0.25 秒），就得到一个速度（比如说每秒 2 米）。这个速度就是波形的传播速度，也称为波速，即蹲波队浪从一侧向另一侧的传播速度。

每个人一蹲一起所花的时间（的平均值）也叫周期（比如说 1 秒），这个周期乘以波速（比如说每秒 2 米）得到的长度就是波长（比如说 2 米），即相邻两个波峰之间的直线距离，也是相邻两个波谷之间的直线距离。

如果相邻两个人之间的距离拉得足够远，且响应时间足够短，那么就可以得到极高速度的波浪传播。

蹲波队列的每个人在上下起伏，人并没有往波浪传播方向移动。如果玩蹲波队列的士兵，一边蹲起，一边左右摇摆身体，那么眼睛、鼻子、肚脐眼之类的就绕各自的原点在画圆圈。

小物体入水引起的涟漪，其中的水也是在这样画圆圈，而不是随波纹一起传播开。

2.　不揭短的涟漪用美丽衬托客人

小虫子在水面跳来跳去，小雨滴落在水面，甚至小石块打水漂，都能激发一圈圈的涟漪。《诗经·魏风·伐檀》这样说：“坎坎伐檀兮，置之河之干兮，河水清且涟漪”。这可能是涟漪一词的来源。涟漪形态优美，有许多高贵的品质。

涟漪的形成（图 2.29、图 2.30）

有报道称，水黾在水上行走时激起了一对对旋涡。但我们在小池塘看到的是留下一串串圆形的涟漪。也许旋涡小得我们肉眼看不见。

设想在无风时，或者风速小于每秒 23 厘米的情况下，你放眼湖面，水面平静如镜。如果一片落叶或一滴雨水或一条小虫落在水面，或者你在打水漂时往水面扔一块小石片，你会看到原有平静的水面起了波纹，并且围绕落水点的波纹一圈一圈向外围传播。平静的水面受到扰动，产生的这种一圈一圈的波纹，称为涟漪。

与蹲波队列的人浪一样，涟漪中的波纹中的水面一高一低的，

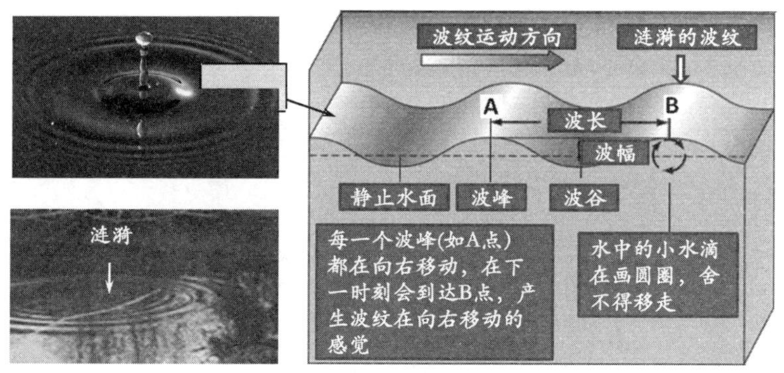

图 2.29　涟漪圆圈型波纹的产生与扩展

这种高低搭配的形态在移动。最高点也叫波峰，最低点叫波谷。相邻两个波峰或波谷之间的距离叫波长，即一段体现完整形状的水波的长度。可以简单地说，波长就是一个可见的圆圈波纹的宽度。每一个圆圈移动的速度叫波速，即波纹形态传播的速度。

高点多出的水来自于低点少掉的水。小物体落水时刻，沉下去一部分，当然把它周围的水挤高了些。小物体移走或沉下去后给水面留下空隙。空隙边上那些高出的水，试图来填平。这种填平的过程，会招致惯性力、表面张力和重力的共同起作用，互相拉来挤去，像荡秋千一样让水位振荡起来。

落水点高低水位的变化，通过表面张力拉扯周围的水位变化，也通过重力荡秋千一样的作用引起周围水位的变化，形成向外传播的波纹。

水波中的水滴，类似于蹲波队列蹲起时左右摆动的身体上眼睛、鼻子、肚脐眼之类的点，也在画圆圈或椭圆。水较深的情况下画圆，水很浅时画椭圆。

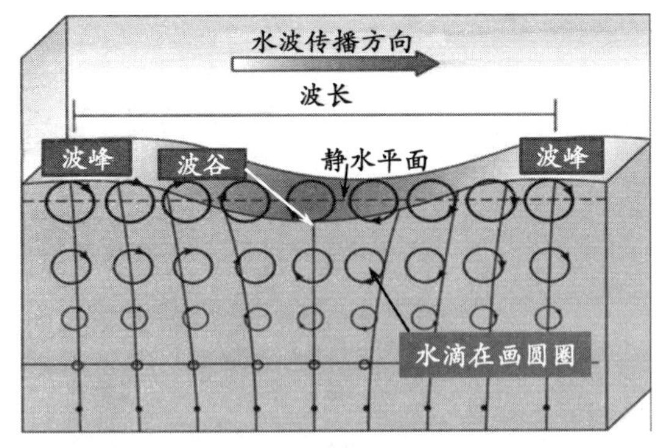

来源：艾德·萨尔蒙《海洋科学》讲稿

图 2.30　水滴在原地画圆圈，不离开原点

涟漪波纹爱圆形

小物体落水，不管小物体是什么形状，波纹居然都近似为圆圈，而不是小物体形状的放大。涟漪就是这样，不管触水的小物体长成怎么样，都会用美丽的圆圈形涟漪来告诉别人小物体的来访，让别人觉得小物体的形状也很美丽。不揭短，不说坏话，把小物体美化，这就是涟漪。

原来，小物体的造访，只是激发了水位震荡。涟漪采用什么形态，完全是水位波动自身的规律起作用。给汽车设计师奖励、激励和待遇，设计师就设计出自己熟悉的作品如未来汽车，而不是设计出奖状和人民币一样形状的汽车。

如果小物体推开水位形成的初始水位形态不是圆形，而是看上去凹凹凸凸的，那么凸出的就会被表面张力拉住，跑得慢，凹进的就会被表面张力拉扯，跑得快，直到出现圆圈形状。重力的影响也类似，虽然理解起来没有那么直截了当。

3.　不插队不打架的涟漪波纹

小涟漪尽是优点。除了不揭短，还不插队。我们可以跑到附近的湖面、池塘或小水沟去扔小东西生成涟漪，目测涟漪波纹的波长，以及涟漪移动速度大概是多大。我们会发现，涟漪波纹的波长有一些奇特现象，要么越在外面的波纹波长越大，要么反过来，越在内圈的波长越大。

内圈与外圈的波长（图 2.31）

你可以试试不同大小的物体激发的涟漪。比如说用直径半厘米左右的小水滴去滴水面，激发涟漪，或者用巴掌大的石块打水漂激发涟漪。检查是否出现这样的情况：小水滴滴出的涟漪，越往外的波纹，波长一般越小。而大的水漂石片激发的涟漪，越往外的波纹，波长一般越大。

物体触水，激发的涟漪可能出现不同波长的波纹。各种波长的大小与落水物体的尺寸当然会有关系。物体越小，涟漪各波纹的波长越小。物体越大，涟漪中各波长越大。这与直觉是一致的。

不同波长的波纹，受到的表面张力和重力影响的程度显然不一样。于是，不同波长的波受到的力的大小不一样，移动速度当然会与波长有关。

什么波会留在内圈？肯定是波速最小的留在内圈。如果仔细去测量，会发现留在内圈的波纹的波长，大致不到 2 厘米（实际上是 1.73 厘米左右，具体大小与温度有点关系）。这说明，这个波长的波传播速度最慢，且可以测得（科学家用理论也可以推导出），这个最慢的波的波速大致等于每秒 23 厘米。往后我们会理解，为何有一个速度最慢的波。

波长比 1.73 厘米小的波纹，以及比 1.73 厘米长的波纹，都比这个波长的波快，于是都跑到外圈了。波长小于 1.73 厘米时，波长越小的波纹传播速度越快。反过来，如果波长都比 1.73 厘米大，那么波长越大的波纹，传播速度越快。无论如何，留在内圈的，传播速度最慢。

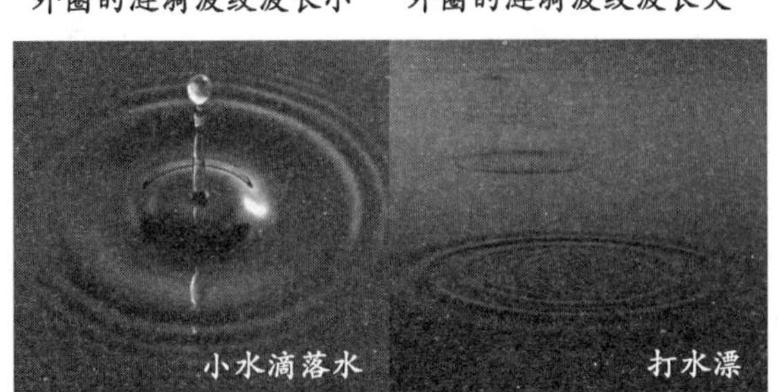

图 2.31　不同大小物体落水激发的涟漪

对于比 1.73 厘米小得多的小水滴产生的涟漪，波长一般都比 1.73 厘米小，这样的波，波长越短的跑得越快，于是越外圈的波长越小。对于比 1.73 厘米大得多的水漂激起的涟漪，会有一些波长比 1.73 厘米大，因此越大的波长的波，越跑到最外圈。

涟漪的叠加（图 2.32）

当然，对于同一次产生的涟漪，依据物体形状、大小以及落水方向和力度不同，也有可能产生波长既有比 1.73 厘米长的也有比 1.73 厘米短的多个波纹，这些波都会比 1.73 厘米的波跑得快。也有可能入水物体在那里震荡几下，激发几组不同的涟漪。每一组涟漪都有几串波纹。不同组的波纹相隔一定的距离。一个组也可以称为一个群。在每个群中，波长随半径单调增加或减小。

涟漪还有一个优点，就是不打架。两个相邻涟漪的波纹交汇时，各走各的，相互之间不拦路，不干扰。温柔善良的涟漪，当然不会相互动粗。

那么，为何有一个波长，对应的波速最小？这就是重力和表面张力的力量对不同波长有差异的结果。

小水滴落水后震荡，激发几组涟漪，每组包含几道波纹

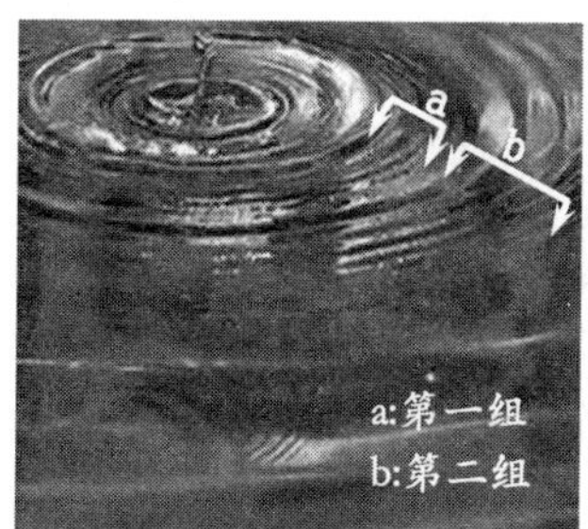

两个相邻涟漪的干涉

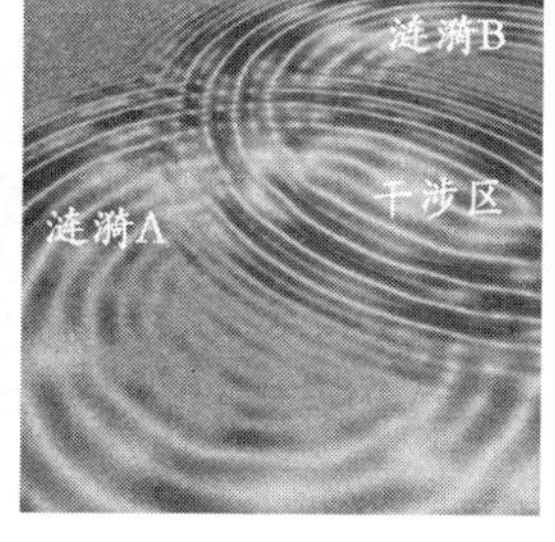

图 2.32　一点持续产生涟漪以及两个涟漪的干涉

4. 波速也会论短长 表面张力与重力的分工

表面张力力量小，当然喜欢驱动波长小的波，重力力量大，只看得起波长长的波。一个爱小，一个恋大，那种不大不小的波长，当然就被晾在一边啦。那道 1.73 厘米的波长也不生气，你们恋大恋小，我就恋家吧。再说，每秒 23 厘米的速度，也够在周围转转了。水面有波动时，重力将高水位的水滴往下拉，表面张力则总是从与水面平行的方向拉水面。表面张力力量小一些，正好够拉扯波长小的波。重力力量大一些，不好意思挑小波长的波，因此主要推动大波长的波。也可以说，对于小波长，表面张力唱主角。对于大波长，重力唱主角。于是，波长很小和很大时，表面张力和重力分别胜任作为驱动它们的角色。

表面张力波的波速（图 2.33）

波纹使水的表面弯曲了。一段波长的波的两端被表面张力拉扯，波就振动了。一页弯曲的纸张，我们从两侧拉扯，纸会被拉平。同理，表面张力也会把波谷拉高波峰拉低。这种拉扯也使波中水滴获得了速度，被拉平后，这种速度就成了惯性，驱动波纹向另外一个方向震荡。

一段波包含了一定的水量，里面的水都得震荡起来，这种震荡就是表面张力在来回使劲的结果，如同在荡秋千。

波长越大，水量就越多，表面张力只在两端拉扯，当然就费劲。就像你从端点拖动一个物体，只有那么大的劲，当然物体越长，拖动越困难。于是，由表面张力决定的水波，波长越大，传播速度越慢。也就是说，表面张力单独起作用时，引起的涟漪波纹，传播速度随波长增加而单调下降。

表面张力拉动一个波长的波走一个波长的距离，做的功等于表

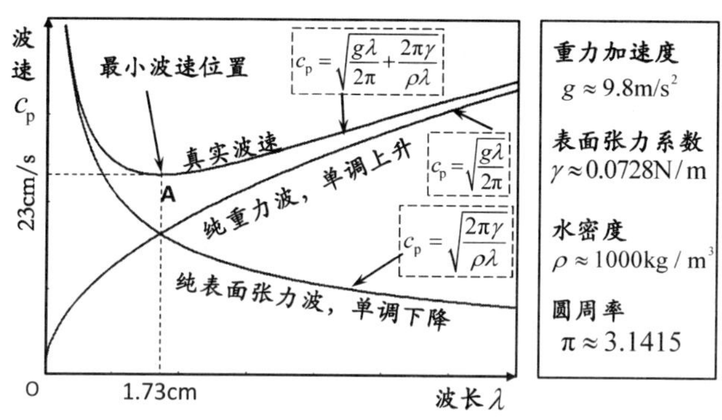

图 2.33　波长为 1.73 厘米时波速为最小（每秒 23 厘米）

面张力乘以这个距离，做功使这段波获得动能。如果波形给定（波幅比波长是固定值），这段波包含的水的质量当然正比于波长的平方。由于动能是质量乘以速度平方（的一半），因此这样获得的速度就与波长的根号成反比。表面张力波是一种振荡型的做功与动能变化，但道理和刚才的分析是一致的，从而波速也与波长的根号成反比。

重力波的波速

水面有波动时，重力将高水位的水滴往下拉，拉出惯性来，于是拉平后凭惯性进一步往下震荡。这一震，就震得比周围水位还低了（和荡秋千道理一样）。周围显得更高一点的水位压出的高水压，迫使低位的水又往上震荡。于是就来回震荡起来。由于是从落水点激发的震荡，因此多余的力量就驱使波浪向外传播。

重力不像表面张力，不是在一段波的两端拉，而是往下压往上举。一段波包含的水量显然与波长成正比。由于重力正比于水量，因此波长越大，用于改变形状（从而导致波纹传播）的重力就越大，作用就越强，波速就越大。于是，重力决定的波速随波长增大单调上升，即波长越大，波速越快。当然，这样的解释还显得很抽象。

为了进一步理解，可以试图与单摆的振动比较一下，假设你更理解单摆的话。单摆的摆线越长，摆动周期越大（也可以说摆动频率越低），周期与摆线长度的根号成正比。水波中的重力波的震荡周期（即波峰波谷一下一上完成一次震荡需要的时间周期）也是如此，必然与波长（与单摆摆动幅度从而摆线长度类似）的根号成正比。你用波长除以这个周期就得到波速。波长除以波长的根号，就剩下根号波长了。于是，重力波的波速，与波长根号成正比。

也可以用另外一种方式理解。我们知道在一定高度的物体有重力势能。让它掉落，获得的速度就与重力势能的减少有关，获得的动能（与速度平方成正比）正比于下落的高度，因此获得的速度是这个高度的根号。水波中水滴的上下震荡也是如此，水滴上下震荡的速度就正比于偏离原始水平面的高度的根号。水波形态向外运动的速度（波速），必然与这个上下震荡的速度的大小（某个绝对值的平均）成正比，而对于形态一样的波，振幅必然与波长成正比。于是，不难理解，重力波的波速与波长的根号成正比。

表面张力和重力的综合作用　极值（图 2.33）

实际上，表面张力和重力同时在起作用。那么是纯表面张力波的波速和纯重力波的波速直接算术相加得到波速吗？不是，它们也要使用勾股定理。勾股定理说，直角三角形的弦的平方，等于勾的平方加股的平方。于是，弦长等于勾的平方加股的平方得到的值开根号。波速也是如此，涟漪水波的速度是纯表面波波速的平方与纯重力波波速的平方相加后再开根号得到的速度。波速之所以符合这种平方叠加规律，因为其遵循能量守恒原理，即能量可以直接线性叠加得到总能量。表面张力和重力使水波中的水滴有了能量，两者相加就是总能量。而能量正比于速度的平方，因此能量叠加就是速度的平方叠加。

现在是表面张力和重力同时起作用，分别给出的波速与波长之间满足相反的规律，一起发生作用时，就看哪个作用大。波长特别小时，表面张力波起主导作用，波长特别大时，重力波起主导作用。一个团队的事情，小事情如卫生、烧茶端水、收发信件等，是级别较低的人做得好，大事情如产品设计、融资和重大决策等则是级别较高的起作用。对于中不溜的事情，低级别的和高级别的作用都不大。因此，中不溜的事情往往没人管，效率低。

同理，当波长不大不小时，表面张力玩不了大的波长，重力又瞧不起小一些的波长。最终结果是，好像都不怎么管，使波速较慢。不明真相的，会用一个和尚挑水吃、两个和尚抬水吃、三个和尚没水吃来解释为何表面张力和重力都应该起作用的波长，波速反而小了。

既然不大不小的波长的波会更慢，那么必然有一波长的波，其波速最小。这就是前面提到的在波长近似为 1.73 厘米时，波速最小（约 23 厘米 / 秒）的原因。

总结而言，波速随波长变化的曲线，对于表面张力波和重力波，分别单调下降和单调上升，两种共同作用时有最小波速，数学上叫存在极值。这种极值现象，在水波以外的其他方面也较普遍。在遇到类似的由影响趋势相反的两种因素起作用的现象时，就可以思考是否存在极值。

有时是在某中间位置取极小值，几种因素在中间区域都鞭长莫及的结果，一个和尚挑水吃，一加一小于二，甚至小于一，就是这个道理。有时是取极大值，好像一加一大于二，三个臭皮匠顶个诸葛亮。还有一种取极值的机制，如同环境污染的演化、流行病住院病人的演化以及汉字数目随笔画数目的变化，都在某时刻或某位置取极大值。这是因为，增长因素使数目少时快速增长，但衰减因素则在数目多时变得异常强劲，使数目无法突破某一极值。这就是少的时候没人管，多了后招致嫉妒的结果。

5. 各种风速下的风浪

小物体落水，或者微风吹拂，水面会很温柔，尤其生成美丽的涟漪。可是，如果风太大，水面就招架不住。你可以说，是大风掀起了大浪。也可以说，水面升起大浪来与大风搏斗，削弱大风的力量，使大风无力在更远的地方撒野。当然，你也可以认为风与水在一起狂欢。狂风怒吼时，水中巨浪滔天、惊涛拍岸。

风吹大海，水面会被风吹起涟漪或水浪。或波光粼粼，或惊涛拍岸。如果超过 8 级大风，那么连船都不敢出航了。

打破水面的平静　零级风的风速

如果风速在每秒 23 厘米以下（零级风，也有的把每秒 30 厘米以下的风称为零级风），那么水面会平静如镜，没有任何浪花，如同我们水缸中的水面一样。

由于水面表面张力的抵抗，低于每秒 23 厘米的风，无法将水面吹出波纹。我们可能会诧异，每秒 23 厘米是怎么来的。

原来，已经知道，涟漪的波纹最小传播速度是每秒 23 厘米。因此，如果风以每秒 23 厘米以下吹水面，即使在局部产生波纹，那么这种波纹也会以每秒 23 厘米以上的速度向四周散开。风刚刚引起一点点水面扰动，就传播走了，这是风跑不过涟漪的结果。

微风中的涟漪叠加成猫爪印（图 2.34）

如果风速高于每秒 23 厘米，那么就可以缠住那些速度更慢的波纹，不断吹拂，将其放大。于是，如果风速在每秒 23 厘米以上，水面的平静就破坏了，破坏程度与风速有关。

风速在每秒 0.3~1.5 米之间时，称为一级风。此时，在水面会产生波光粼粼的涟漪，没有明显波峰，浪高在 0.2 米以下。

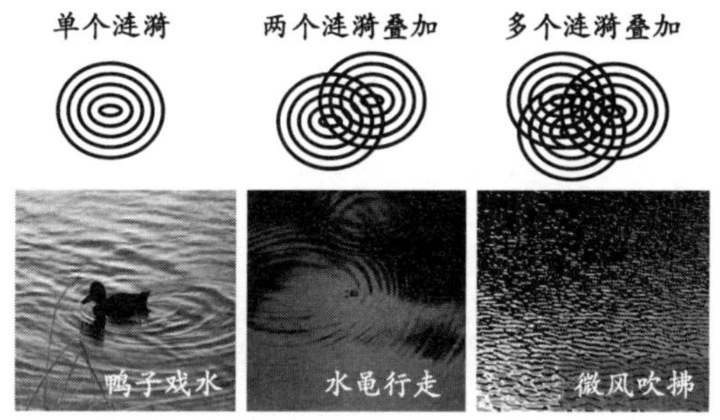

图 2.34 多个涟漪叠加可形成猫爪印式的波纹

学术界所指的涟漪（ripple）是小物体落水或者微风吹拂水面产生的波纹。如果你家有宠物猫，那么可以看看猫爪，至少可以看看猫爪印。你会发现，猫爪印与微风吹拂水面产生的涟漪波纹很相似。因此，英文中把微风导致的涟漪也称为猫爪（cat's paw）。小物体落水产生的涟漪是圆圈型波纹。两个相邻的涟漪波纹叠加时，就会出现波纹交织的小格格，如同渔网一样。

微风吹拂时，风中的大气脉动可以想象成是无数小物体落水，它们分别激发圆圈型涟漪。这些一个挨着一个的涟漪圈圈，叠加后就成了猫爪印似的涟漪了。

风速的增加（图 2.35、图 2.36）

风速超过一级后，水面波浪肯定比涟漪更强。浪高随风速增加而增加，是因为风给水注入了能量，风速越大，浪当然越高。

风速在每秒 1.6~3.3 米的二级风能在海面吹起浪高在 0.2~0.5 米之间的鱼鳞状波纹，这种波纹不会碎裂。

到了风速为每秒 3.4~5.5 米的三级风，海面会产生浪高在 0.5~1 米之间的带有白盖的鳞波，波峰开始碎裂。

风速在每秒 5.5~7.9 米的四级风，在海面引起短波波浪，波峰碎裂，频繁出现白盖，浪高在 1.0~2.0 米之间，有的超过人的身高。

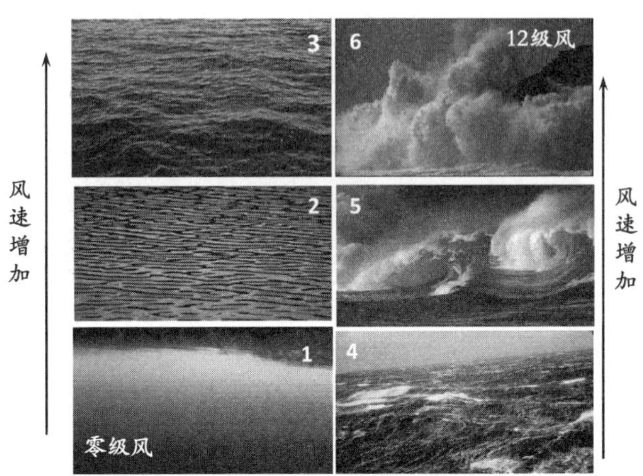

图 2.35　不同风速下的水面波浪

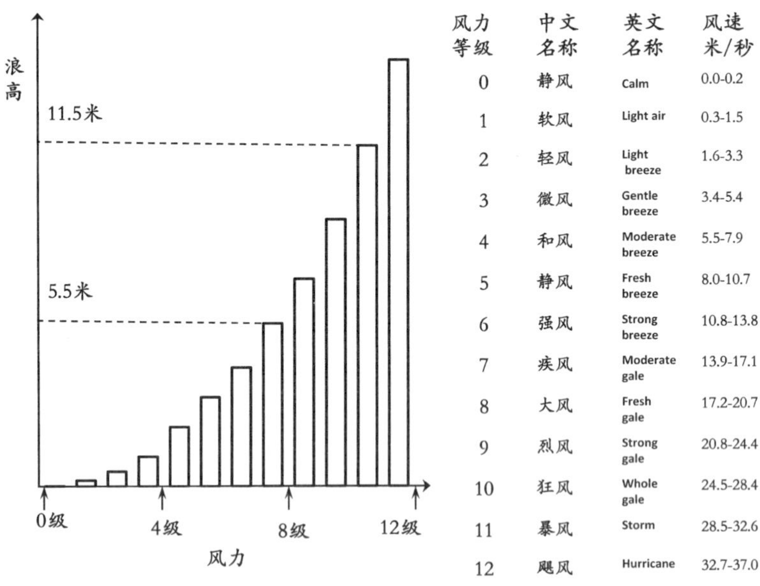

风力等级	中文名称	英文名称	风速 米/秒
0	静风	Calm	0.0-0.2
1	软风	Light air	0.3-1.5
2	轻风	Light breeze	1.6-3.3
3	微风	Gentle breeze	3.4-5.4
4	和风	Moderate breeze	5.5-7.9
5	静风	Fresh breeze	8.0-10.7
6	强风	Strong breeze	10.8-13.8
7	疾风	Moderate gale	13.9-17.1
8	大风	Fresh gale	17.2-20.7
9	烈风	Strong gale	20.8-24.4
10	狂风	Whole gale	24.5-28.4
11	暴风	Storm	28.5-32.6
12	飓风	Hurricane	32.7-37.0

图 2.36　浪高与风力等级（不同来源取值范围略有差异）

风速在每秒 8~10.7 米的五级风，让海面产生中尺度的波浪，上面铺满白盖，并且有少量水雾飞溅，浪高在 2.0~3.0 米。六级风的风速在每秒 10.8~13.8 米，超过了飞人博尔特的速度。海面产生长条形波浪，出现白色泡沫状波峰，一些水雾携带空气，浪高在 3.0~4.0 米之间。七级风的风速在每秒 13.9~17.1 米，海面产生沙丘一样的波浪，一些泡沫组成随风飘舞的条带，出现中等数量的水雾，浪高达到 4~5.5 米，超过了一层楼的高度。

大风的破坏力　惊涛骇浪（图 2.35、图 2.36）

八级风就是大风了，风速在每秒 17.2~20.7 米，每小时超过 60 千米。海面有 5.5~7.5 米高的风浪，浪花和成型的泡沫带会顺着风向，出现大量水雾，港口的船只一般不会出海。

九级风的风速高达每秒 20.8~24.4 米。海面有 7~10 米的高水浪，波峰有时卷曲，高密度的泡沫顺着风向，大量水雾会降低能见度。

十级风的风速到了惊人的每秒 24.5~28.4 米。海面有 9~12.5 米高的水浪，波峰倒挂，大块的泡沫使水面变成白色，波浪翻滚，惊涛拍岸，大量水雾降低能见度。

十一级风的风速在每秒 28.5~32.6 米，相当于每小时 100 千米左右，几乎到了高速公路每小时 110~120 千米的限速。海面水浪 11.5~16 米，激起大块泡沫覆盖水面，巨量水雾降低能见度。

我们听到十二级台风就非常惊恐，风速达每秒 32.7 米以上。海面巨浪滔天，浪高超过 14 米，比四层楼还高。水面全是白色的泡沫水雾，空气充满漂移的水雾，极低的能见度。

浪高的增长　水雾的形成

风速增加，浪高也增加。单看数字显得很平淡，但如果放在图上看，就不一样。让风速翻倍，会发现浪高不是翻一倍，而是更多倍。这种翻倍数目不一样，在数学上叫非线性。比如说，8 级风相比于 4 级风，风速增加了 1.8 倍，而浪高增加了 3.3 倍。

为何不是同样的翻倍数目？原来，风浪的形成肯定与大风注入的能量有关。这里当然是动能起作用。动能正比于风速的平方。因此，风力翻倍，动能翻两番，于是浪高翻的倍速就比风速翻的倍数多。当然，浪高并不是恰好是翻两番，因为激发浪涛时，一部分能量也转变成水的速度了，并不完全用于抬高水浪。当然，还有一部分能量被摩擦和碰撞损失掉了。

两个小泥团一撞，会被撞碎。巨浪高速撞击，也会撞击出细碎的水花来。大风中的小尺度乱流，也会挤出一些小尺度液团，尺度小了后，表面张力一包裹，就剥离出小液滴了。小液滴多了后，看上去就是白雾。

如果大风吹出了一块块片状液体，那么就像风中的旌旗，会舞动，甚至卷起成葱油饼似的形状。毛泽东的诗句中，就有红旗漫卷西风。连红旗都能被风卷起来，何况柔顺得多的片状液体。

这里描述的水浪似乎不怎么有形，但浪涛并不全是乱的，否则谁还敢玩冲浪运动。比如，在海岸边我们能看到一些长条状的波浪，一浪一浪地过来拍打海岸。哪怕当地没风，偶尔也能看到。它们从何而来？

2.4 奇妙无比的水面世界

涟漪因为小、形态简单而美丽。水面世界不仅仅只有涟漪，还有形态万变的风浪、水位高低振荡的湖震、波长堪比地球半径的潮汐、钱塘江呼啸而过的大潮、在海洋中隐秘不可探测但传到海岸后威力无穷的海啸、从船边碎浪长出的形态简洁的船头波和船尾波。无风不起浪，无风三尺浪的秘密就会在这里出现！水面的一些形态和规律，也和大气中飞行发生的一些现象很类似。例如，船边有 V 字形波浪，候鸟排 V 字形队列。

1. 无风不起（风）浪 无风三尺浪（涌）

无风不起浪，即本地产生的风浪来自于本地的风。无风三尺浪，即其他地方的风浪变成了涌浪，传到这里来了。风平浪静，是指风小时，水面就平静如镜。微风吹起，水面波光粼粼，产生了涟漪，但涟漪波纹的传播好像与风向没有关系。风再大一点，风浪起来了，风越大，风浪越高，风指向哪，浪打到哪，直至惊涛拍岸，风停则浪止。可见，由风激发的水面波浪的大小甚至形态，与风的速度和强度有关。在大海边上，有时突然从远处冒出长条形波浪，越到岸边浪越高，速度越慢，甚至非得横着撞击海岸。原来，浪速与水的深浅也有关系。

涟漪，风与水的缠绵（图 2.37）

如果风速小于每秒 0.23 米，水面会平静如镜，除非有昆虫在水面爬行、有小鱼在水面戏水、有船舶游弋。如果风速稍微高一点，那么由于风中的空气与水面的摩擦作用，水面会产生涟漪，在太阳照射下波光粼粼。但这种微风产生的涟漪，朝各个方向传播，而不是单一地朝风的方向传播。这与水黾滑跳激发的涟漪相似，只是不再是波纹圈圈形式，而是一个一个的小水丘在交替出现。涟漪波纹的传播朝各个方向，与风向无关。如同幼儿，还不知道听话。涟漪是在风的作用下即时产生的，风停止后，很快就没了，表面张力把它们消耗掉了。

看来，涟漪是风与水谱写的《我侬词》（元代管道昇）：你侬我侬，忒煞情多，情多处，热如火。把一块泥，捏一个你，塑一个我，将咱两个一起打破，用水调和，再捏一个你，塑一个我，我泥中有你，你泥中有我。与你生同一个衾，死同一个椁。

当然，你可以说，微风在水面各处激起圆圈涟漪，不同位置的圆圈波纹叠加在一起，就成了猫爪印了。

涟漪像猫脚印

风浪条纹不规则

涌浪条纹规则

图 2.37　涟漪、风浪和涌浪

无风不起浪　风浪（图 2.37）

如果风速进一步增大，且朝一个方向吹数小时，那么就会产生清晰可见的风浪（wind waves），波长在几十厘米到一百多米之间。这种风浪沿着风的方向，风越强，风浪越高。风往哪里吹，哪里产生风浪。风停止后，风浪就停止了。如同青少年，知道听话了。无风不起浪，指的就是这种现象。风改方向，风浪也改方向。

风浪的强度、波长和波速均与风的强度、风吹的时间以及吹的距离有关。如果是规则的长条形波浪，则波长往往是浪高的七倍以上，浪高如果高于波长的 1/7，那么高出的部分就可能碎掉溅出白花。

无风三尺浪　涌浪（图 2.37）

风浪来自于大风不断给海水注入能量。风在哪里，哪里就有风浪。无论吹多久浪都是那么高，且风浪不是那么规则，奇形怪状的。

难道不断吹风注入的能量，除了维持浪高，多余的全损失掉了？不管什么形状的小物体落水，虽然被搅和的初始形态也一定与小物体形状有关，但最终激荡出美丽有形的涟漪向外扩散。同理，大风持续吹拂，虽然产生形状不规则的大浪，但深水被持续激荡，也会产生形状规则的有一定波速的水波，向远处传播。这就是涌浪，属于长条形波浪。

风很强且长时间吹水面，比如说吹 10 多个小时，那么在风浪中就会产生涌浪（swell）。涌浪是强风持续给风浪注入能量后出现的清晰可见的具有长条形波纹的水波，按深水波的自身规律演化和维持形态。就是说，涌浪虽然来自于风浪，但有了足够的能量和自己的特征，有特定的波长和波速，与风没什么关系了。成年人学成后，有了自己的主意和能力，会按自己意志行事了，往往早离开了学校。

风停了，涌浪还在。风转向，涌浪不转。涌浪的形态比风浪更单一，只保留了风浪中更有形、更定向的水波。涌浪可以传播到很远的甚至没有风的地方。无风三尺浪指的就是从别处传来的涌浪。

涌浪的波长与引起涌浪的气象有关系，一般很难超过 150 米。我们在海岸看到的大部分波浪，其实来源于远海的涌浪。

水深与波浪（图 2.38）

涟漪的波长与波幅，与水深相比，太小了。因此，只在水面戏水的涟漪，感觉不到水底的存在。

如果浪的波长很大，或者相比于波长，水很浅，那么重力引起的压力波就能把水面波动信息传送到水底，水底反射压力波，反过来会影响水面波动。

水的深度如果超过波长的一半，那么这种水底效应就很弱，这样的水波称为深水波，表面张力和重力均起作用。

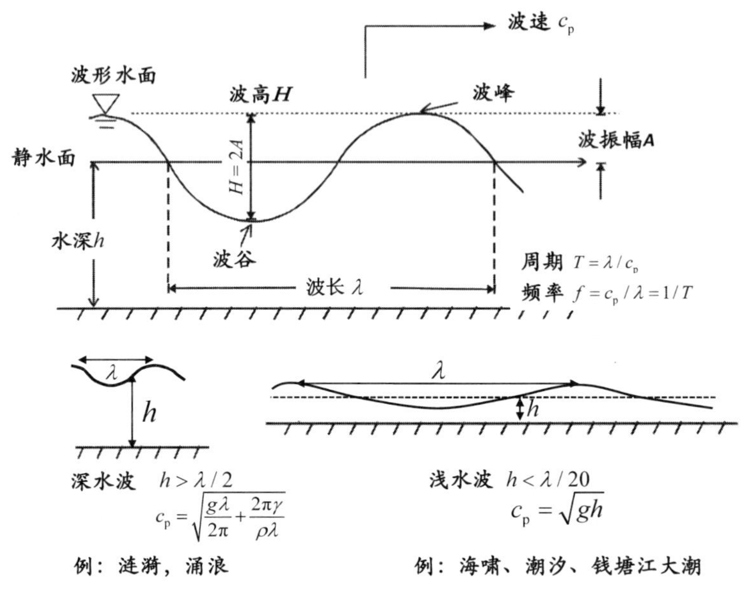

图 2.38　深水波与浅水波

如果水深只有波长的 1/20 或以下，就是浅水波，重力会决定水波的形态，完全不让表面张力起作用。水浅时，高度方向能形成的水压与长度方向的水量相比显得少多了，因此不容易驱动水波运动，因此水越浅，波速越小。由于这种波的传播是来源于与水深成比例的重力势能的释放与聚集，因此动能正比于重力加速度和水深的乘积，速度是其乘积开根号。波速也与这个速度有关，于是波速是重力加速度和水深的乘积的根号。

介于两者之间的水深，表面张力和重力会同时起作用，那时就很复杂了。

涌浪靠近岸边时（图 2.39）

涌浪从远海接近海岸时，由于水深越来越浅，会慢慢变成浅水波。水越来越浅，速度也越来越低，因为水越浅，浅水波的波速于

越靠近岸边的波速越小，因此本来与海岸线不平行的远处水波，近岸时也近似与海岸平行，且水浪越来越高，超过波长1/7从而破碎成白雾。

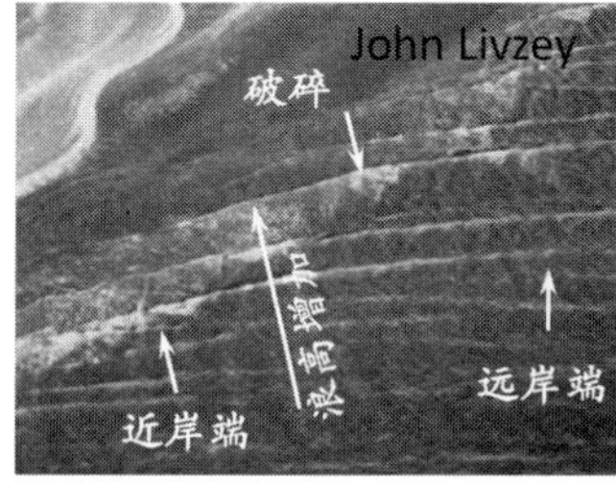

图 2.39　波浪近岸时与岸边近似平行

是越小。

那么能量到哪里去了？涌浪包含的能量还与水深有关。到了浅水的岸边，水深浅了，波速慢了，因此，多余的能量就会推高水浪。于是，越靠近岸边，浪显得越来越高，因此有时感觉在岸边突然冒出涌浪，因为在深海区涌浪可能隐藏在水下。

我们在海边观察近水波浪，会发现不管远处的波浪是否与海岸线平行，到了岸边，一般会近似与海岸线平行。原来，即使首先不平行，先接近海岸的一端，由于提早遇到浅水从而波速减慢，远的一端则以更高的速度接近，最终就近似与海岸线平行了。

近岸波的浪高与波长相比，很快超过七分之一个波长，导致破碎。因此，近岸波很容易出现碎花。

2.　游泳池的震荡　湖震　反射与叠加

将盛有半杯茶的杯子摇动几下放在桌面上，杯中的茶就在晃动。浴缸和鱼缸中的水也可能晃动起来。晃动时，一侧的水位升高，另一侧的水位降低，如此交替反复。这种晃动当然也是一种振动类型。游泳池的水也可能晃动起来，主要在放水过程容易引起晃动。

在半封闭或者全封闭的港湾或湖中，强风和大气压力的迅速改变，会将水从一侧推向另一侧，使另一侧的水位更高。风停止后，水从水位高的一侧向水位低的一侧运动。于是，水位就来回震荡，可持续数小时甚至几天。这种现象称为湖震。湖震是一种驻波，即波纹看上去在原地震荡。

水从一侧推向另一侧，在岸边会反射回去，改变水波的传播方向。在游泳池、蓄水池、港湾、内湖、海港、海洋等水的中央如果有水波形成，那么水波向岸边传播，碰到岸会反射，这种被反射的水波可称为入射水波，反射回来的称为反射水波。反射水波朝入射水波相反方向走，就像乒乓球从墙面反射回来一样。反射水波与持续而来的入射水波会叠加在一起，形成叠加后的形态。

设想一道水波的波峰以波速向右移动，一道具有同样波长和波幅的水波即反射后的水波向左移动，速度一样、方向相反。如果在某点，右行水波的波峰正好与左行水波的波谷重合，那么该点的水表面就没有高度和深度了。如果右行水波的波峰正好与左行水波的波峰重合，那么该点的水位就叠加成两倍的波峰高度。可以证明，相同波长和相同速度但方向相反的两道水波叠加后，会形成一道驻波。这种驻波的波纹形状在上下震荡，看不出波形水平移动了。

由于湖震（图 2.40）可以看成是两个方向的浅水波的叠加，每一道浅水波波速是重力加速度与水深的乘积的根号，因此来回一次震荡的周期就是两倍的水池长度除以这个浅水波波速。这个关系称为梅里安（Merian）公式。

假设游泳池的长度为 50 米，水深为 2 米。那么按梅里安公式，湖震的震荡周期是 22 秒左右。如果是在长度为 5 千米、平均水深 5 米的湖中产生湖震，那么震荡周期就是 23 分钟左右。

伊利湖（Lake Erie）是北美五大湖的第四大湖。其北面是加拿大，其他面为美国，西南至东北长 388 千米，最宽处 92 千米，平

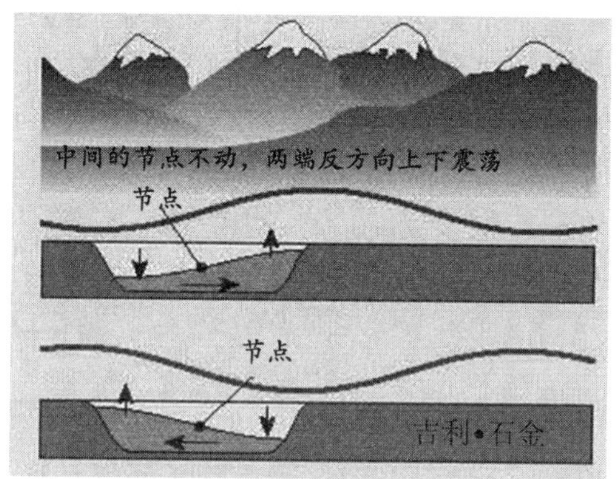

图 2.40　日内瓦湖的湖震是具有半个波长的驻波

均深度 18 米，最深 64 米。如果用 Merian 公式计算长度方向形成的湖震震荡周期，那么周期是 16 小时左右。如果按宽度方向，周期是 4 小时左右。据说这里是最容易在强风作用下形成湖震的地方。湖震浪高可达数米。一些大型湖的湖震周期在 4 小时到 7 小时之间，非常接近海洋中潮汐的周期，因此人们往往把湖震误当成潮汐。

3. 海洋潮汐　钱塘江大潮　海啸

月球很遥远，我们算我们的重量时，恐怕不会计算月球引力的贡献。但是月球引力因月球运动而随时间变化，会对海水局部受到的引力造成变化，这足以引发了海洋潮汐，海洋潮汐传到内河，形成大潮。最著名的就是钱塘江大潮。除此之外，地震、冰山滑落等还可能引起海啸。

海洋潮汐

地球是球形，因此海洋的水面也呈球形，由地球引力来维持水面球形状态。另一方面，地球在自转，海洋中的水也会受到地球自转带来的离心力的作用。赤道上转速快，因此所受的离心力更大。

除此之外，太阳和月亮对海水也有引力。由于月亮和太阳在不同时刻相对位置不一样，因此海洋中每一处水所受的太阳和月亮的引力也随时间变化。正是这种变化，会引起水位高度有变化。这种由地球自转离心力、太阳和月球引力引起的水位变化，会产生重力波，导致海岸附近海水涨落，称为海洋潮汐。

由于地球差不多转半圈，太阳和月亮引起的引力变化才完成一次交替，因此海洋潮汐的波长最长可接近地球周长的一半。海洋潮汐的波长是海洋水波波长中最长的，往往比海水深度大许多倍，从而海洋潮汐是浅水波。因此，有潮汐时，我们看不到风浪那样的波纹，因为波长太长了，只能看到海水涨落。

有两个因素决定潮汐海水涨落的周期。首先，月亮和太阳的相对位置每昼夜更替一次，因此一天可以发生两次左右的涨落。另一方面，农历初一后的几天，中午太阳和月亮几乎同时处在当地天空上方（夏天甚至二者接近处在正上方），给海水的引力大，容易涨潮，到了夜晚则相反，这样昼夜引力差就较大，容易形成较强的潮汐。农历十五后的几天，地球则处在太阳和月亮的中间某位置上，到了中午和午夜，太阳和月亮对海水的引力作用方向相反，就彼此抵消一部分。但这些力的作用较为复杂，与地球、月亮和太阳在不同时刻的相对位置有关。

因此，一昼夜有两次左右的涨落，这是因为一昼夜内，太阳与月亮交替出现在我们能看到的天空与看不到的背面，与潮汐涨落当然同步。另一方面，农历初一后或十五后的几天，太阳、月亮与地球更容易在一条直线上，引起引力变化的强度大，因此这段时间潮汐强度更严重。

对潮汐这种规律的理解有助于规划出海航行。退潮时海岸面积就更大了，涨潮时海岸附近水就深了。据说，施琅收复台湾，战舰就是等到涨潮时得以靠岸。

钱塘江大潮（图 2.41）

农历八月十五后几天的钱塘江大潮，是一个极其特殊的现象。大潮的浪头并不呈波纹形状，而是一种水位高低差（数学上称为间断，物理上可以称为冲击波），潮头下游是高水位，上游是低水位。海洋潮汐看涨时，在杭州湾产生的高水位，通过重力波等方式传入较浅的钱塘江。由于钱塘江水位更浅，因此还是属于浅水波。

钱塘江在杭州湾出口是喇叭口形状。大海涨潮后，海水沿喇叭口向内江倒灌增高水位，形成冲击波（潮头），即钱塘江大潮。

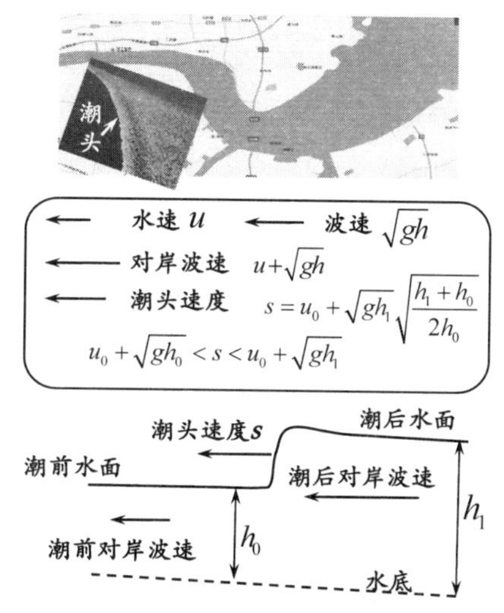

图 2.41 钱塘江大潮是水位差形成的冲击波

水位越高时，浅水波波速越大。叠加水流的对岸波速更大。高水位潮汐传入水较浅且呈喇叭收缩的杭州湾时，这种水位差更明显。于是，下游的高水位由于对岸波速更高，会追赶上前面的，最后挤在一起，形成潮头。

潮前潮后的水位有明显的高度差，从而两侧的对岸波速不一样。由于下游的对岸波速高于潮前的对岸波速，结果潮头的对岸速度取两者之间的折中值。即大潮浪头的移动速度在潮前潮后的两个对岸波速之间。

除了物理原因，钱塘江大潮的形成还有外因。大潮期间，月亮或太阳离地球表面直线距离近，海洋潮汐较强。当然还有其他原因。东南风也会导致重力波的产生，加强海洋潮汐。钱塘江出海口呈喇叭形，海洋潮汐的高水位被重力波等传到钱塘江后，由于越往内江水道越窄，因此潮汐水位与浪头增高。大潮在特定的江岸反射出的潮汐与主潮汐可形成交叉潮。农历八月十八，是钱塘江观潮的最佳时刻。钱塘江大潮浪高可达数米，移动速度达每小时二十多千米。

海啸（图 2.42）

提到海啸，我们会想起印尼苏门答腊岛海啸事件。海床断裂、海底火山喷发、山崩、冰川脱落成冰山等在海洋诱发的重力波，可形成海啸。海啸对应的水波波长可达 200 千米。对于平均水深在 3~4 千米之间的印度洋和太平洋，显然属于浅水波。以水深 4 千米为例，按浅水波，波速的平方等于重力加速度与水深的乘积，于是可以算出海啸的波速可达到每秒 200 米左右，即每小时 700 多千米，比最快的船都快，高速鱼雷也比这慢一半以上。

海啸如果在深海区形成，那么向海岸传播时，越靠近海岸，水越浅，传播速度越小，因此后面波能追上前面的，形成水位差（即浪头）。在海洋中央刚形成的地方，浪高或水波波峰高度不到 1 米，很难及时发现。但向海岸传播过程中，由于海啸前的水越来越浅，因此水位差（浪高）不断增加，超过数米甚至数十米。这种海啸带

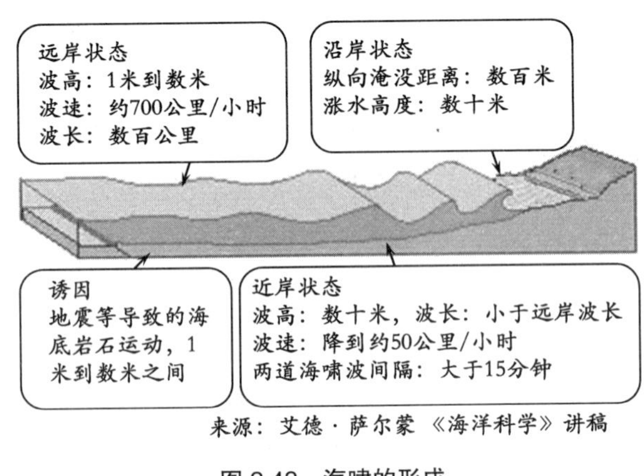

图 2.42　海啸的形成

来的水位差，会漫过海滩，淹没沿岸，带来巨大的破坏。

海啸在海洋中央的时候，是无害的，因为浪不高。只有到了海岸才会带来破坏。如果在岸边遇到什么海啸，那就别想到在海啸上做什么冲浪运动，只能逃走，因为破坏力太大了。为了逃离这种极具破坏力的水波，需要有预警机制，即海啸还没到达，就知道要来了，而且来得多快。

如果是深海地震诱导的海啸，那么由于地震波传播速度达每秒几千米，即比海啸快许多倍，因此会先探测到地震，据此可对海啸进行预警，及时疏散沿岸人群，减少人员伤亡。

4. 物体与水波竞速　O形波与V字形波

小物体、小昆虫和小鱼戏水，会产生涟漪，涟漪圆环形波纹的半径越来越大。小物体、小昆虫和小鱼也可能同时在朝水面的一个方向移动。如果移动速度比涟漪波速慢，那么就被套在先前激发的涟漪内。如果速度比涟漪波速快，那么就会冲出先前激发的涟漪。现在就来看看各种情况下，不同时刻发出的涟漪所排列的形态。它们能分别排出O形波与V字形波。

戏水的鸭子（图 2.43）

设想一只水鸭在水面极其缓慢地移动。水鸭激起的涟漪，一圈圈波纹总是在水鸭外面，即形成套环形态。

如果水鸭稍微游快点，那么从水鸭右侧有一道向右后方直线延伸的水浪，从水鸭左侧也有一道向左后方直线延伸的水

图 2.43　水鸭激发的水波

浪。两道水浪的前锋连线，形成以水鸭头部附近某点为顶点的V字形。

行走中水黾的涟漪（图 2.44）

水黾最快滑行速度为每秒 1.5 米，即百倍于身体长度的距离。水黾激发的涟漪圈圈传播的速度比每秒 23 厘米快不了多少。假定水黾以每秒 1.5 米的速度走直线，且不断激发新的涟漪圈圈。

水黾速度比每个涟漪圈扩张的速度快多了。于是，前期时刻产生的涟漪圈圈，都落在水黾后方，圈圈无法跑到水黾前方。各时刻发出的涟漪圈圈，正好夹在一个V字形的中间。水黾跑得越快，V字形的顶角就越小。水黾只对这个V字形内的水有扰动，V字形外的水没有受影响。

这种扰动范围被局限在V字形围成的区域，与超声速飞行引起的声波的影响区域完全类似。超声速飞行中这种V字形波是声波前锋的边界，称为马赫波，V字形的半顶角称为马赫角。如果在小池塘看水黾行走，就会看到涟漪圈圈的这种排列方式。

打水漂时，水漂在各时刻弹跳入水激发的涟漪，也像水黾的涟漪一样，前锋连线也是V字形。

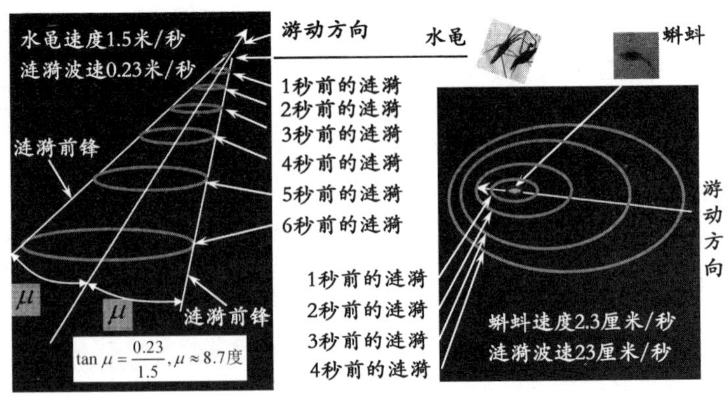

图 2.44　较快的水黾与极慢的蝌蚪引起的涟漪圈圈排列方式

蝌蚪的涟漪（图 2.44）

蝌蚪比水黾慢多了。假定一只小蝌蚪以每秒 2.3 厘米的速度游直线，每隔一秒冒出水面，产生涟漪。由于蝌蚪游动的速度比涟漪外圈至少是每秒 23 厘米的扩张速度慢，因此早期时刻的涟漪圈圈总是包含晚些时候的涟漪圈圈，蝌蚪总是在所有圈圈的里面。这就是套环形态。

亚声速飞机激发的声波，也是这种套环形态。

奇怪的水鸭 V 字形波（图 2.43）

游动速度高于波速，就会把圆环形波浪限制在 V 字形围成的区域内，这种情况称为超波速运动，如同飞机超声速飞行。如果低于波速，按理波纹形成套环形态，这种情况称为亚波速运动，如同飞机的亚声速飞行。

水鸭形成的 V 字形波并没有像水黾或水漂那样夹带一个个圆环形波纹，而是沿着 V 字形的边缘，出现两排长度较小的短波浪。每排小波浪，好像是 V 字队形的候鸟在迁徙一样。它们是如何形成的，为何乖乖地在那里排队？

原来，对于水黾和蝌蚪这样的小生物，激发的涟漪，对水面只是一种小扰动，波纹形态完全由不同时刻的涟漪简单排列在那里，相互之间没有干扰，就像在纸上画圈似的，也不会引起其他水位的变化。可是，厚实的鸭子就不一样了。鸭子游动较快时，会把前面的水位推高，推出碎浪。这如同大风吹出的杂乱的风浪。

风浪中长出有形的涌浪，分离出来，往一个方向传播。类似的，鸭子激起的波浪，也长出小涌浪，它们有自己的速度，形成了一节节小波浪。奇怪的是，不管鸭子速度如何，V 字形波的半顶角都是一个给定的值。过去认为，这个值与游船激发的 V 字形波的半顶角是一样的，因为鸭子也像一条船。具体情况，我们还是在介绍船波时再讨论。

5. 破浪而行　船与游泳形成的波浪

船在乘风破浪航行时，显然会把前面的水位推高。这种被推高的船头波会下蛋似的，吐出一道道较短的小波浪。小波浪们从船的两侧，排成 V 字形，如同候鸟迁徙一样。游泳运动员由于速度较快，也会在头部推高水位。挡住了前方的空气怎么呼吸啊，别担心，侧脸就是低水位，那里可以吸气。100 多年前，开尔文发现，船边形成的 V 字形波的半顶角都是 19.47 度，不管船的速度如何。因此人们把这种波称为开尔文波。可是，开尔文波难道与超声速飞行中声波的前锋面组成的波（称为马赫波）没有关系？如果有，后者的半顶角可是与飞行速度有关的。

开尔文波　排队的小波浪（图 2.45、图 2.46）

与水黾和蝌蚪不一样的是，船沉入水中的深度较大，因此船体撞击挡路的水，会推高水压。一方面迫使部分水从侧边流过，另一方面迫使水位提高。这种抬高的水位与前方的水位差，就是船浪，也称为船头波、冲击波和艏波。

除了船头波，还有船边白浪。白浪一边翻腾一边破碎。然而，

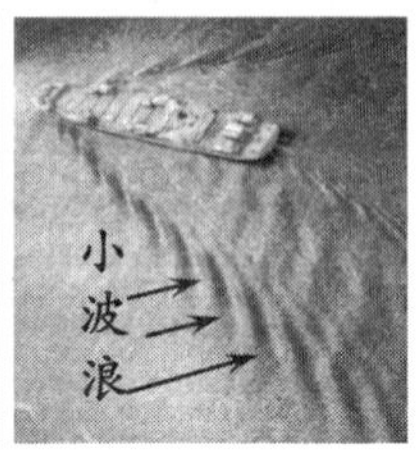

图 2.45　V 字形波浪与候鸟 V 字形迁徙

乱中有形，船边碎浪会从两侧吐出一条条小波浪，规矩地排成V字形。

一百多年前，开尔文就发现，这个V字形波的半顶角是19.47度，与船的速度无关。

当然，也不单是船才会产生船头波。游泳选手游泳时，在头部也会产生冲击波。波浪的波峰离开头部有一点点距离，但你不能对着这个波峰呼吸，否则一浪袭来，就会呛水。波峰的下游尤其在头部的侧面有一个低水位的波谷，这可以帮助游泳选手呼吸空气。如果没有这种波谷，就很容易将水吸入呼吸道。当然，将头调转到侧面，波谷陷下去的空间更大，这样更有利于呼吸，而且不会直接撞到水。

船边碎浪看上去没有什么形状，但会在两侧产生一段段圆弧形小波浪。一个挨着一个，像排队一样。两侧的队列正好构成一个V字形。小波浪们的这种排队方式，如同候鸟迁徙一样。候鸟之所以

图2.46 船头波、船尾波与游泳波

排成 V 字形队列迁徙，是因为可以省力。

从船头边碎浪分离出有形的小波浪，道理如同风浪中分离出规则的涌浪。其实，碎浪中包含了各种各样的波长的波，有的跑得快，有的跑得慢。那些跑到最边上的小波浪们，是那些能从碎浪中吸收能量的波。

至于为何小波浪沿着半顶角正好为 19.47 度 V 字形边缘排列，找不到一种很直观的方式来理解。开尔文就那么伟大，用理论证明了这个结果。

用波长除以周期，得到了一个波速，这个波速称为相速度，就是波形（专业上称为相位）的移动速度，是形态的移动速度。

小波浪却不是来源于相速度的传播。可以用给救护车让道的例子来理解，虽然不是特别严谨。在弯弯曲曲的山道上，汽车一辆接着一辆行驶。从高空看汽车沿着山道走波浪曲线。设想一辆救护车从前方过来。每一辆车见到救护车靠近，都会往路边方向移动一点距离让道。于是，从高空看，车辆连成的曲线在救护车行驶的位置，有一个小的弯曲。这个小弯弯形态的移动速度，完全由救护车的位置决定。这个由救护车决定的车流形态的移动速度，称为群速度。上面提到的小波浪们，就是以类似的群速度移动的结果。

开尔文角被马赫角取代　从水面走向空中（图 2.47、图 2.48）

巧合的是，开尔文角与超声速飞机的飞行马赫数恰好为 3 时，形成的马赫波的马赫角一样大。这个并不表明船的航行马赫数就是 3，机制完全不一样。

可是，这一结果在 2013 年有了新的发现。法国科学家拉波德与莫瓦斯得出了这样的结论：对于一艘给定长度的船（或长方形物体），如果船速小于船引起的重力波的波速，那么 V 字形波的半顶角就是开尔文角，不管船速如何都是这个角。如果船速高于该波速，

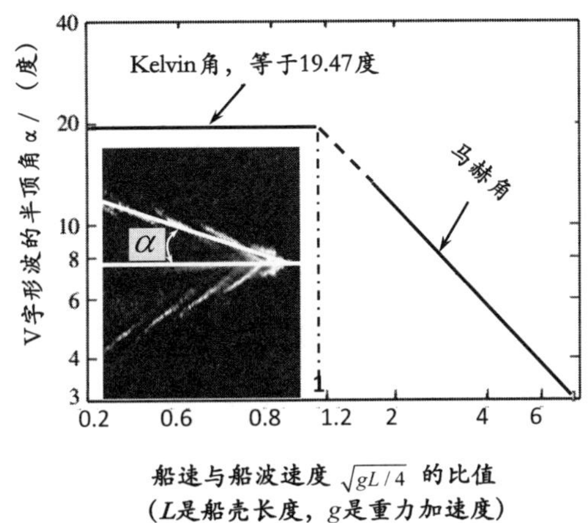

图 2.47　V 字形波的半顶角：开尔文角与马赫角

那么 V 字形波的半顶角就是马赫角，即与船速成反比。于是，开尔文角（19.47 度）就是半顶角的最大值。

船速高于重力波的波速时，如同超声速飞机的飞行速度高于声波的速度。因此，这一发现将船波与超声速飞行的马赫波统一起来。船边的小波浪排成 V 字形，与候鸟迁徙排成的 V 字形队列也相似。这些相似性，有的来源于道理相通甚至相同，有的就是一种巧合。

水中世界还有许多，比如说各种各样的水下生物的运动。在这里不能过多留恋水下世界，因为空中的秘密同样精彩。

那就让我们像蝠鲼（也称为魔鬼鱼）一样，从水下跳到空中吧。我们纳闷的是，蝠鲼虽然具有完美的流线型，不亚于协和飞机那样的优美外形，给它取的名字却这个也不好听，那个也吓人。

跃到空中滑行

在水下像飞机一样航行

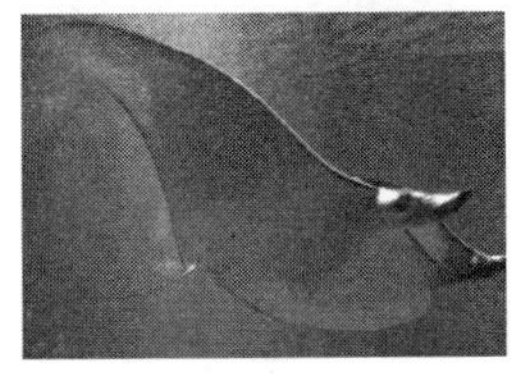

图 2.48　像蝙蝠侠一样的蝠鲼

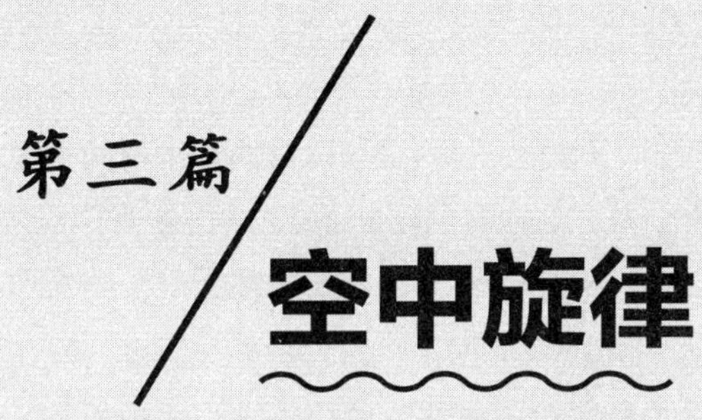

第三篇 空中旋律

空气是看不见的气体，空气的分子在随机躁动，这些躁动给我们带来温度，也带来气压，也能让其中的氧气与化合物结合燃烧释放能量。物体与生物在空气中运动，空气会和谐地膨胀与压缩，让翅膀拥有升力，让落体遇到阻力，让声音得以传播，让发动机拥有推力。气压随时间的快速变化带来声音，和谐地变化带来音乐。声波的传播像田径接力棒运动。气压在物体上随位置的变化带来升力，使飞机能在空中远航、鸟能在空中飞翔、昆虫能在空中悬停、旋转的叶片能产生推力。

海洋蒸发的热蒸汽与空气携手，在地球自转的协助下，产生台风那样的自然奇观。风雨雷电与云彩，让天空美不胜收；风吹雨打，让生物茁壮成长。大风让田野出现麦浪，让大海波浪滔滔。火旋风举着长长的火焰，会把火种传得很远。空气能与自由的小物体共舞。随手释放一个名片，空气使它会翻滚着下落。枫叶种子螺旋般地掉落时，会搅动起旋涡。

空气很轻，速度让飞机能飞起来。空气不重，浮力让气球能飘在空中。空气挡住了宇宙射线，通过把自己牺牲成臭氧减弱有害的紫外线。它义无反顾地烧尽大部分坠落的危险太空碎片。

3.1 绚丽多彩与刚柔并济的地球大气

抬头看天空，除了云彩和星星以及偶尔出现的流星与幽闪，似乎什么都没有。其实，地球周围充满了空气，我们称之为地球大气。大气有时也安静，地球引力不让它们飘往太空，阳光照射让它们拥有温度与气压，海洋蒸发让它们拥有水分。温度、气压和水分既让大气有生气，也让大气有情绪：风雨雷电，冷暖无常，这种情绪状态与变化也称为气象。万有引力、阳光的照射、地球的自转、海洋的蒸发，让大气充满变化。气压的变化，可引起让地面建筑物摇晃的大风。大气密度的差异，让不同速度或类型的飞行器分享不同的高度。温度的分层效应，让大气可以上下对流，也可以让污染物被锅盖一样的逆温层罩住。分子高速热运动的接力棒效应居然让声波每秒能跑数百米，惊雷不仅响彻云霄，而且比声音跑得快。声音如果每秒只能传播几毫米，听你一句话得等十分钟。轻轻的空气比水还容易旋转，尘卷、火旋风、龙卷风、台风，大气并不柔情似水，但至少有点暴力美。

1. 大气的力量

大气中的空气分子很轻，但一起发威时力量不可小觑。它掀起的台风连树枝都可以折断。当然，大气的运动也可以让天空彩云朵朵，让红旗飘飘。大气与水相比，虽然那么稀薄，但足以让昆虫、飞鸟和人造飞机能在空中飞翔。你实在觉得空气在给你提供升力的同时也会施加阻力，那就跃到大气层之上，像卫星那样，用轨道离心力平衡地球引力。不过，请注意，那里空气太稀薄，因此不要把头伸出去。

风的力量（图 3.1、图 3.2）

大气中有风雨雷电，这里我们只看风的力量。风来自于不同地区的气压差。这些气压差可能源于温差或者地球自转等因素。温差来源较多，大气随高度变化有温差，赤道与北极之间有温差，海洋与陆地之间有温差，地貌的高度差异也带来温差。

气压差以声波传播，但一处的风传播到另外一处的速度可能小于声波的速度。不同强度的气压差导致不同的风速。地面由于摩擦，风速低于高空风速。离地 10 千米左右，平均风速有一个极大值，接着风速随高度下降，到了 20 千米左右，又有一个极小值，极小值的平均风速可能只有每秒几米的量级。70 千米左右又出现一个极大值，90 千米左右出现一个极小值。大气的风速随时间也有变化，实际上有大气湍流脉动，即围绕平均值，风速大小杂乱无章地变化，变化幅度与平均风速相比，在离地 10 千米高度以下，可以达到 10% 的量级。

陆地上有炊烟、树木花草、建筑物，还有动物。零级风时，炊烟在浮力作用下，像立柱一样向上升起。

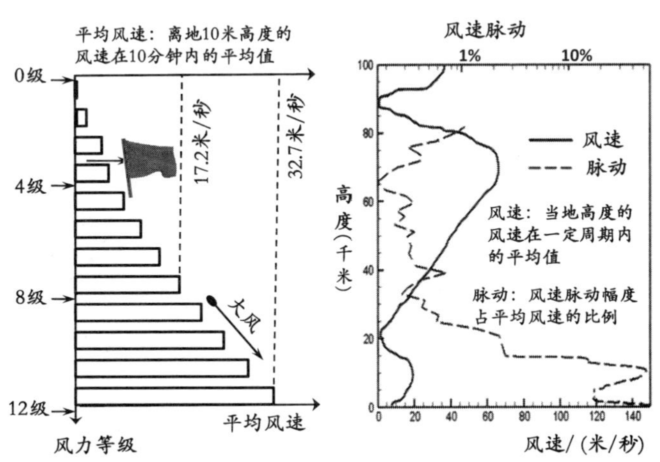

图 3.1　风力等级变化与风力随高度变化

不同速度的风，会让这些不同大小的物体受的风阻不一样，从而运动状态不一样。从它们的运动状态，也可以判断风力的大小。风可以把尘土吹起，把秋叶吹落，让蒲公英的种子远距离播撒，让建筑物摇晃。设想我们的人体迎风面积为 1 平方米，风阻系数是 1，那么八级大风就可以产生 20 千克左右的风阻。如果不站稳，就很容易被吹倒。

风阻来自于气流作用在物体上的摩擦力和气压差。风阻对物体运动的作用与风力大小密不可分。

一级风时，炊烟随风向摇摆，即烟的摇摆方向能指示风向，树叶和风向标却静止不动。二级风时，外露的皮肤会有风拂面的感觉，树叶能发出轻微的响声，旗子开始飘动，陆地上的风向标会随风移动，能指示风向。三级风时，树叶和很细的树枝摇动不息，且旗帜会展开。

到了四级风，灰尘和软纸张随风飘起，小树枝在摇动。五级风时，小树枝会移动，带叶小树会摇摆。六级风情况下，大树枝在摇动，电线呼呼有声，撑伞非常困难，地面上的塑料箱会被吹倒。到了七级风，整棵树会摇动，迎风步行很费劲。

在八级大风中，一些小树枝折断，迎风步行感到阻力很大，汽车在路上被吹偏，行人步履维艰。九级风能将一些树枝从大树断开，

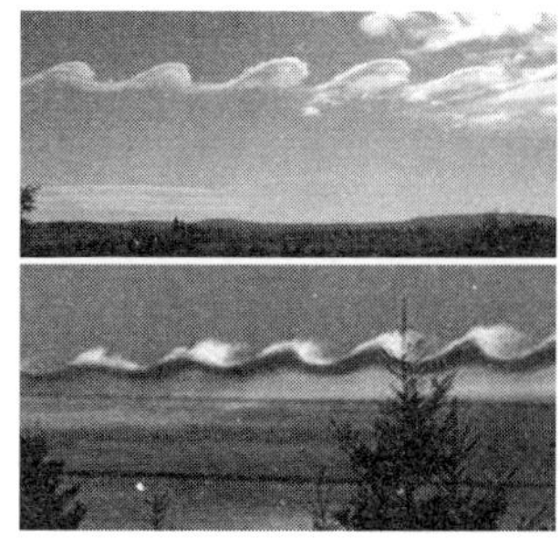

图 3.2　风中的波浪云与红旗飘飘

整棵小树被从地拔起，建筑物上的临时广告牌和栏栅被吹走。十级风能让树木被吹断或连根拔起，建筑物可能损坏。陆地上大量的植物和建筑物会遭十一级风损坏。

到了十二级台风，陆地上大量植物和建筑物遭损坏，碎片和未加保护的物体被掷起抛向空中。

有时可能出现一股不同风速的风从高空平行地吹过。我们从失稳的多姿多彩中已经知道，如果大气中有两股风速不一样的风平行流动，那么就相当于速度更快的风在吹另外一股风的空气，失稳导致出现开尔文波浪云。这种不稳定使旋涡卷起，加速了两股风的掺混，更快地缩小了两股风在交界面附近的差距。也可以说，因为缩小差距是演化的必然趋势，因此必然出现大气波浪。

大气波浪的旋涡通过离心力等因素消耗涡心的气压，使潮湿空气凝结成美丽的波浪形云朵。

旌旗在风中，两面都会受到风的吹拂，也会产生波浪，旌旗舞动就是两面都用风吹的结果。这种波浪的形成，和大风之下水波的产生原因很类似。

地球大气与飞行（图 3.3、图 3.4）

我们在地面，只需要关心温度和风随季节的变化。但对于飞行专家，就需要关心大气参数随高度的变化。这些大气参数决定了什么样的飞行器怎样飞行，能飞多高、飞多快、飞多久。

正是地球引力，将地球周围的空气分子捆在大气层中。地球大气中的大气分子，靠分子热运动产生内压，抵抗地球引力。正因为如此，越靠近地面，大气压力越高。地面空气的密度是每立方米 1.225 千克，气压为 101325 帕（每平方米 1 千克的力就是 9.8 帕，这个 9.8 就是靠近地面的重力加速度）。到了 20 千米的高度，空气的密度只有每立方米 0.088 千克，气压为 5474.9 帕。到了 32 千米

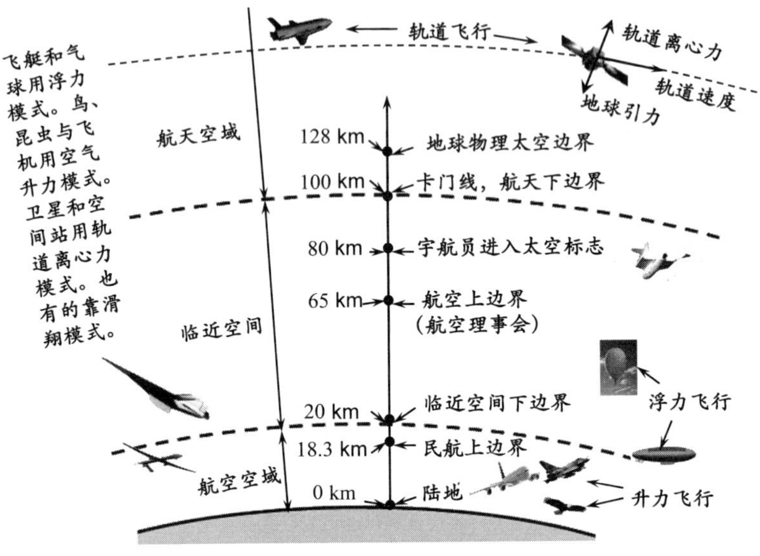

图 3.3　飞行空间与飞行模式

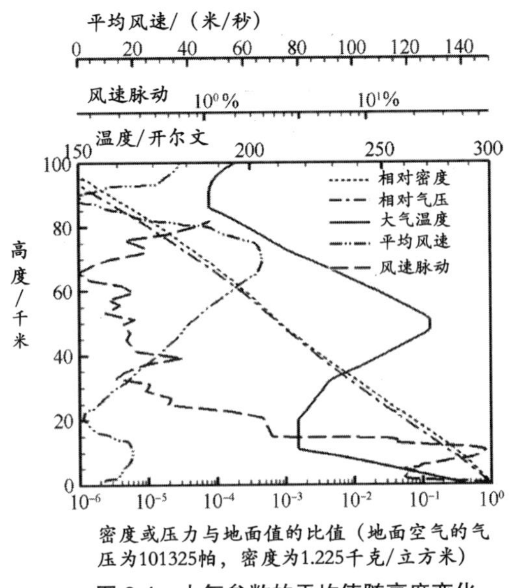

图 3.4　大气参数的平均值随高度变化

的高度，空气密度为每立方米 0.0132 千克，气压为 868.02 帕。

因此，大气密度与气压随高度下降。离地越近，气压越大，这样才能支撑起上方的空气。或者说，正是这种高低气压差，平衡了两个高度之间的空气的重量。气球之类的物体放在大气中，气压差就提供了浮力，因此气球与飞艇之类的，是靠浮力飘浮。浮力恰好等于排开的空气的重量，因此携带比空气轻的氦气或氢气的气球，能浮在空中。

依靠机翼产生升力的飞机，其升力大小既正比于机翼面积，也正比于飞行速度的平方和大气密度。如果飞很高，大气密度的下降会降低升力。此时，要么增大飞机机翼面积，要么增大飞行速度。

基于以上原因，不难理解什么高度适合什么样的飞行。

大多数昆虫由于翅膀太小，只能在离地数十米以下飞行，以免被风刮走，并且能在较稠密的地面附近空气中能产生足够的升力。大多数鸟也只能在离地数百米以下的高度飞行。据说翅膀足够大的老鹰可以飞到 10 千米左右的高度。

直升机一般不会超过六千米的高度，因为是靠旋翼产生升力，转得太慢升力不够，转得太快容易损坏并且翼尖容易超过声速（超过声速后容易产生不利于升力且会增大阻抗的冲击波）。

一些军用飞机可以飞到 10 千米以上。民航客机一般在 10 千米左右以及以下的高度飞行。10 千米左右高度的大气湍流较为强烈。飞机遇到强烈的湍流，就会颠簸，这个高度的平均风速出现一个峰值。但大部分民航机都在这个高度飞行。因此，我们在飞机电视屏上会看到对空速度和对地速度。对空速度是飞机相对于静止空气的速度，对空速度是多大与飞机的飞行能力有关，因此是设计速度。对地速度是飞机速度减去或加上了当地的风速。虽然如此，飞机的飞行速度在好几百米每秒，且飞得越高速度越快，因此风速与飞行器速度相比非常小。

20 千米左右高度的平均风速有一个极小值，因此 20 千米左右有个低速风带。人们希望研制出高高空飞艇，驻留在 20 千米左右的高度。在那个高度，因为风速低，不容易被吹到别的地方去。如果维持在那里不动，只需要小小的动力就可以做到。可是，那里空气密度太低，需要巨大尺寸、长度 100 米量级的飞艇才能拥有足够的浮力。这么巨大的东西，发射、回收和控制都很难。一旦上去，就不要指望马上下来，而长久驻留不能靠烧油，只能靠太阳能电池接收太阳能，将其转换为电能，电能驱动螺旋桨提供推进。

离地 18.3 千米是国际民用航空组织规定的民航上边界。据说，未经许可，飞到别的国家 18.3 千米高度以下的空域，称为侵犯了领空。国际航空理事会规定的航空上边界是 65 千米。如果能飞到 80 千米，就算接近了太空。因此，离地 80 千米被作为宇航员进入太空的标志高度。虽然不同行业的规定有一些差异，但目前一般把 20 千米以下的空域称为传统航空空域。

在 20 千米左右高度的空气密度已经很低，只有地面的十四分之一左右，因此为了获得足够的升力，无人机的翅膀要做得很大。在 30 千米左右的高度，空气密度只有地面的百分之几，因此这里适合高超声速飞行，通过马赫数 5 以上的超高速，获得足够升力。如果到了 100 千米的高度，密度是地面的百万分之一的量级，这么稀薄的情况下，只有飞行速度达到每秒 7.9 千米以上，才能产生足够的升力。而这个速度就是做轨道飞行的最低速度。

所谓轨道飞行，就是卫星那样的航天器，绕地球做圆周运动。由于走弧线，就产生了离心力，可以平衡地球引力。如果用轨道速度飞行，那么离心力就可以正好平衡地球引力。既然离心力可以平衡地球引力，那么就不需要机翼，不需要升力了。因此，100 千米以上的高度，适合轨道飞行。因此，把 100 千米以上的空域称为航天空域，或者 100 千米称为航天的下边界。由于这是卡门计算得到的结论，因此也把 100 千米的高度线称为卡门线（应该称为卡门球面）。航天空域适合航天器做轨道飞行。

要飞到 20~100 千米之间的任意高度，像无人机那样靠增大机翼面积，高超声速飞机靠增大飞行速度。由于密度和气压低，普通发动机很难直接从大气中提取能达到燃烧气压与密度条件的氧气，很难产生足够的推力，除非研制基于新的原理的发动机。由于这个高度的特殊性，因此人们把 20~100 千米这个高度范围定义为临近空间。这个空间适合发展长航时无人机和高高空飞艇这些可以利用太阳能的飞行器，也适合发展高超声速飞机。

2.　神奇的自洁功能　环境污染

地球大气两头受虐，太阳光线的紫外线从顶层侵入，人造污染物从地表升起。大气中的氧分子横刀立马，通过将自己的一部分牺牲成臭氧，吞下了大部分凶悍的紫外线，并让海拔 50 千米以下的一层内，上热下冷从而气流平稳。这一层以下的大气继续吸收阳光的其他部分，将无害的一部分留给地球表面。地表知恩必报，把一部分转变成热量，馈赠给近地大气，加热了地表大气。这如同锅底烧水，会让地表附近的大气沸腾。也同时，沸腾带来的大气上下对流，让风雨雷电有了舞台，也能将人造污染物被吸往更高的空间得以稀释。可是，当早晚没有阳光时，或当高山送来暖风时，地表附近本来上冷下热的温差就可能被逆转，于是沸腾停止了，或者盖上锅盖了，污染物此时会借机在低空施虐。库兹尼茨环境污染曲线告诉我们，我们彻底战胜污染，也得有足够的经济实力。

温度分层与大气沸腾（图 3.5）

与大气压力和密度随高度上升单调下降的规律不同，大气平均温度随高度的变化不那么单一。原来，大气吸收阳光，在不同的高度发生不同的吸收过程，决定了温度分层分布。

太阳中有紫外线，波长越短对人体越有害。万物就是那么奇特：越有害的紫外线，因为波长越短，频率越高，所以能量越高（光子的能量与频率成正比，比例系数称为普朗克常数），与大气中的氧分子碰撞时就越容易自毁。这让我们在地球上能免受紫外线的危害。

离地 50 千米以下的氧气已经足够多，遇到紫外线，它们甘愿粉身碎骨，一部分义无反顾地分裂成氧原子，再与氧分子结合成可进一步吞并残余紫外线的臭氧（三个氧原子组成的分子是臭氧）。吸收了紫外线的臭氧会还原成氧分子和氧原子，同时把吸收的紫外线的能量变成热能，加热平流层，让平流层下冷上热从而气流平稳。这样形成的抵御紫外线的臭氧，在 20 千米和 30 千米之间浓度达到最大值，因此那里也称为臭氧层。氧气这种变有害为无害的能力，让我们感叹大自然为何具备这种巧夺天工的神奇力量。被摧残的氧分子身躯断裂，一半依旧依附在其他氧分子身上，继续战斗，像神盾一样挡住了来犯的紫外线，让地球人类免受其害，却还落个臭氧的污名。你不能仅仅因为不习惯它的味道，就在前面加个臭字。哪怕最不尊敬，也可以称其为三原子氧吧。它们可是为了保护你而变

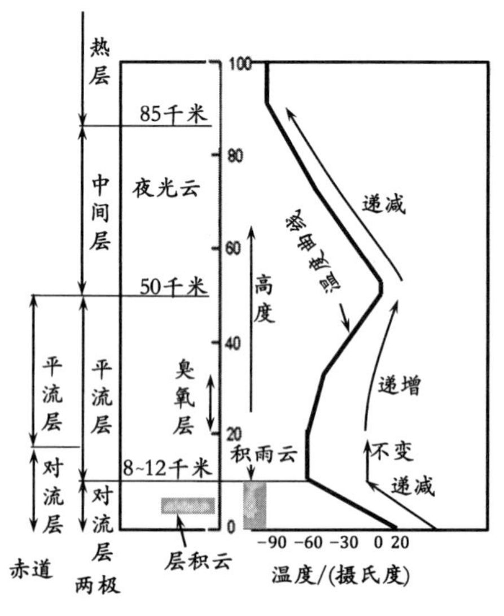

图 3.5　大气分层与温度随高度变化

成了那样。

太阳光到达大气层，约 29% 被反射回太空（云、大气分子和地球表面的冰与雪等参与反射），约 23% 左右被大气吸收（水汽、尘埃、臭氧和大气分子等能吸收阳光），48% 穿过大气到达地球表面，被地球表面吸收，从而加热地球表面。物质吸收阳光能量后，其中的分子热运动就变得更活跃了，于是就有了温度的提高。温度提高到一定程度后，又会将一部分能量辐射出去。这种辐射满足这样一个规律：物质温度每增加一倍，其辐射出去的能量就增加到 16 倍。正因为这种辐射，吸收太阳光的地球与大气的温度才不会无限制地提高。

因此，被加热的大气和地球表面均向外辐射能量。大气能辐射掉吸收的阳光的 59%，而地球表面只能辐射掉 12%（大气是全立体空间位置的辐射，地球则只从表面辐射，当然辐射掉的少）。因此，地球表面温度比大气温度高，从而会加热靠近地面的大气。这种地表加热效应，使越靠近地面，（平均）温度越高。

于是，在靠近地表的一层大气内，上冷下热（可以称为顺温分布，虽然人们并不这么称呼）。我们用火从锅底加热烧水，一定时间后，水就沸腾了。沸腾的水中，有上下对流，快速将锅底高温散发到水表。空气很轻，比水更容易沸腾。因此，在顺温的作用下，也会沸腾。这就引起上下对流，像沸腾的水一样。

在大气沸腾的作用下，靠近地面的一层是对流层，即空气有上下对流。你可以将一根很轻的小毛毛扔到空中，偶尔能看到毛毛直蹿到高空，就是因为有大气垂直对流。

对流层在地球南北极能到达 8 千米的高度，在地球赤道则达到 18 千米的高度（因为赤道附近阳光照射更强，这种温差导致的沸腾效应就更强），平均而言，对流层从地表延伸到 11 千米左右的高度。

对流层主要是顺温分布，即越往上温度越低，而平流层是逆温分布，越往上温度越高。它们之间有一个过渡层，称为恒温层，温度不随高度变化。

大气污染的扩散（图 3.6、图 3.7）

大气分子有热运动。热运动速度指向各个方向，可以达到每秒数百米。烟气中的粒子也很小，比如说微米量级，会遭遇空气分子的碰撞，也会参与热运动，于是也跟着乱蹿。这就是扩散效应。

图 3.6　大气扩散将污染物分布到更广的空间

这种扩散使烟柱越来越宽。如果是静风天气，那么烟柱上升的同时，其宽度越来越大。如果有风，那么烟柱会斜着上升。

大气中的湍流脉动的扩散能力比分子热运动更有效，可将扩散速度加快近许多倍，据说最高可加快近百万倍。

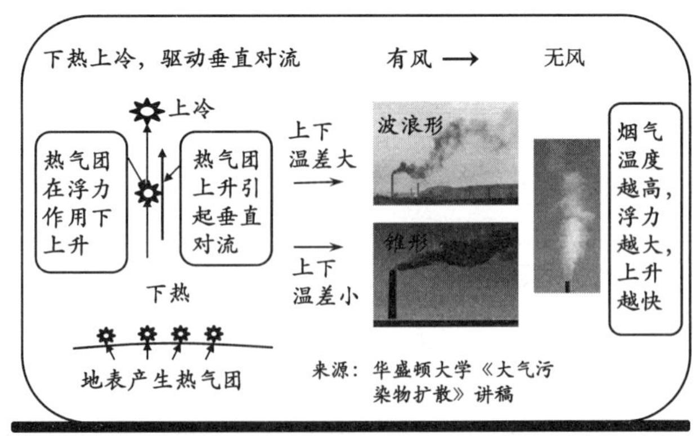

图 3.7　上冷下热时污染物的扩散

顺温（即上冷下热）引起的大气垂直对流也会携带烟气一起上升，使污染物向高空和远方加速输运和扩散。这就是对流层具有对低空污染物自洁作用的原因。

当然，烟气出口温度如果较高，那么其自身还有浮力，浮力大小与自身温度和环境温度差有关。出口温差越大，进入大气后浮力越大，上升越快。上升的高度满足布里格斯（Briggs）模型，该模型指出，上升高度正比于温差的三分之一次方。

因此，提高烟气出口温度，有利于污染物向高空扩散。

逆温层效应与污染加剧（图 3.8）

对流层内上冷下热，温度随高度上升而单调下降，但这只是平均而言。早晚没有阳光照射情况下，辐射会使地表和大气的温度有所下降。地表比大气辐射能量快，因此早晚降温更快，这可能使地表温度比附近大气温度更低，从而使在某高度范围出现上热下冷的状态。这种现象称为逆温现象，即本来上冷下热的温度分布逆转成了上热下冷。

烧水时，如果在上面的锅盖位置加热（比如说用电加热），那么锅盖下的水绝对不会沸腾起来。逆温层也是这样，由于上热下冷，

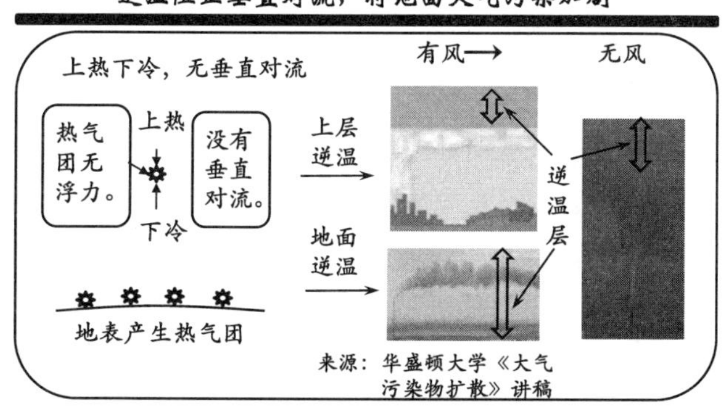

图 3.8　逆温条件下的污染

因此逆温层内不会有沸腾，也就不会有上下对流。

有逆温层时，由于没有垂直对流，单纯的分子扩散就不容易将污染物扩散开。夜间形成的逆温层，靠近地面，从而地面污染物不容易扩散。因此，尤其要避免夜间排放。

如果周围地势高，或者有高山，那么从高处过来的暖气流，或者从高处下压过来的气流，会在头顶某高度范围制造一个薄薄的逆温层。这种悬在头顶的逆温层，如同锅盖一样，下方沸腾的空气无法蹿到上面去。污染物也无法穿越该逆温层，故容易造成局地污染加重。

因此，应该避免或减少在低洼地带或山坡下排放污染物。

库兹涅茨环境污染演化规律（图 3.9）

库兹涅茨环境污染演化规律指出，社会由贫穷变为初步富有的过程中，会制造越来越多的污染，导致环境污染程度加剧。

富裕到一定程度后，才开始意识到或者有条件清理环境。

按购买力平价计算，人均收入在 1.7 万 ~1.8 万美元时，应该出现转折点，之后环境会逐步改善。

当然，制造了多少污染与环境可观测到的污染是有差别的，与气象条件有关。某地在正常天气时，污染物可扩散到数千米高，显得污染不重；而出现逆温天气时，只能扩散到数百米高，聚集在地表容易形成雾霾天，显得污染很严重。

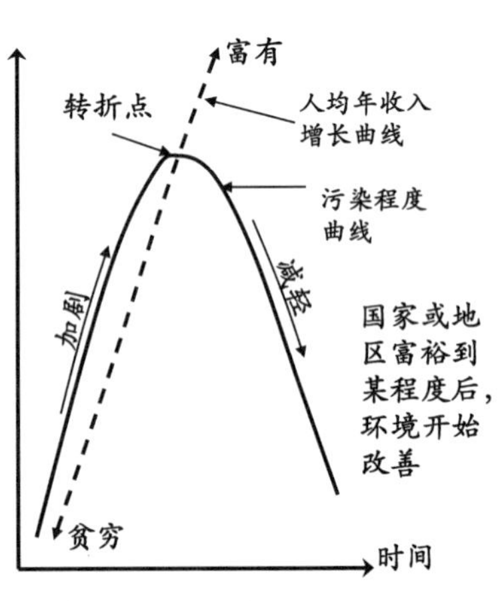

图 3.9　环境污染与富裕程度

假设1000千米以下是雾霾，污染指数是500（即500微克每立方米）。地表每平方米上，1000立方米的范围，这种污染物的总的质量只是0.5克（1000立方米乘以500微克/立方米）。于是，地面每平方米只需要0.5克的尘土（大概半粒花生米的质量），变成极其细小的粉末扩散到1000千米高度以下范围内，就可以造成污染指数爆表。可见，保持裸露的地面一尘不染多么重要。

美国经济学教授泰勒·考恩认为，由于中国人均年收入按可比价格已经达到了1.4万美元，因此距离改善环境不远了。另外，像北京这样的发达地区，2016年比2015年的环境有所改善。

将经济结构朝着低能源消耗和高节能的方向发展，提高办事效率减少不必要的出行与活动，优化地理与施工环境，这是从战略层面解决源头问题。减少排放过程中的污染物，这是从技术层面解决问题。避免夜间排放，提高烟气温度，避免在低洼低坡地带建厂排烟，这是从管理层面解决问题。如果依然有污染物飘到了天空，是否被逆温层困住，是否被形成雾霾，就只能听天由命了。

3. 分子的运动 个体的行为与集体的表现

空气的每个分子有自己的个体行为，就像每个人一样。每时每刻，每个分子古怪地在做杂乱无章的运动且相互撞击。这似乎是内斗，但这种内斗的集体表现让大气拥有适合的温度与气压。它们在一点的随时间变化会转变成波浪（压力波），被相邻分子用接力棒方式快速传递从而引起周围的空气共舞，就像墨西哥人浪似的或者水中涌浪似的。正因为如此，声音得以传播。气压在空间不同区域的差异，又会迅速转换为气流，这就是大气中的风，可以把一处的气象条件吹到别的地方。风起云涌，原来是亿万分子做无头运动和相互撞击的结果。

大气中的冷热与气压

空气中的分子吸收太阳光或者地面反射的光能后，随机地向各个方向在做极高速度的运动（热运动）。如果没有这些热运动，那么空气的温度将是零下 273.15 度。那样的话，我们就没法生存。

大气温度为 20 度时，地面大气的分子热运动平均速度大致是每秒 460 米。这是吸收了太阳能的结果，这么大的速度也是对这么高温度的反应。当然，我们说温度才 20 度，比开水沸腾的温度低多了。其实，这个 20 度，是与水结冰的温度相比得来的，称为摄氏度。

实际上，反映热运动速度的温度，要与热力学温度零度相比。所谓热力学温度零度，是分子再也没有热运动的温度。是零下 273.15 度。如果与热力学温度零度相比，那么 20 摄氏度就是 293.15 度，这个加了 273.15 的温度，单位是开尔文。293.15 开尔文够高的了，所以其数值蛮接近每秒 460 米的分子热运动速度。

每个分子热运动的方向看似是随机的，不是朝一个固定方向走，平均而言只需移动 68 纳米（即 0.068 微米，头发丝直径接近 100 微米，即在比头发丝直径小一千多倍的距离内），就会与其他分子发生碰撞。在1秒内，每个分子会被其他分子撞击超过10亿次。1 秒内空气分子撞击我们人体的次数，就多得数不清了。当然，这么高的速度，不会把你的皮肤撞出坑来，因为分子太小了。

分子热运动导致空气分子之间相互撞击或者撞击物体而产生的气压，在地面附近是 101325 帕，大致是每平方米 1 万千克。成年人皮肤总面积大致是 1.5~2 平方米。如果是 2 平方米，那么大气压给身体的全部压力是 20 吨。这么大的压力，人居然没被压扁。这是因为，我们的肌肉骨骼、体内水分和血液能提供相应的内压，能与大气压力达成平衡，因此不会被压扁。

空气的气压也可以改变。首先，不同高度的空气气压不一样。比如说，海拔 30 千米的气压不到地面气压的 1/100。也可以通过外力将一罐空气压缩成不同大气压。汽车发动机的进气与排气阀关闭后，靠活塞运动可以把汽缸内的空气压缩 10 倍左右从而气压大致增高 10 倍左右。飞机在飞行时，正是通过拥有特殊形状和姿态的机翼与空气发生作用，改变上下表面的气压，使下表面气压大，上表面气压小，产生飞起来的升力。

气压变化的传播与烽火台（图 3.10）

古代战场如果狼烟四起，那是烽火台在传送敌情。我们说话时，物体发出声音时，空气分子最听话。这些分子凭借自身热运动，像田径赛场传接力棒似的，把反映声音的气压变化，以接近烽火台传递敌情的速度传递到远方。那么多混杂的声音我们都能听见，那得有多少空气分子传递声音信息。这里我们先不去理解我们如何能听到能反映不同意思和效果的声音，而是只看看气压变化怎么被送到别的地方，以及以什么样的速度。

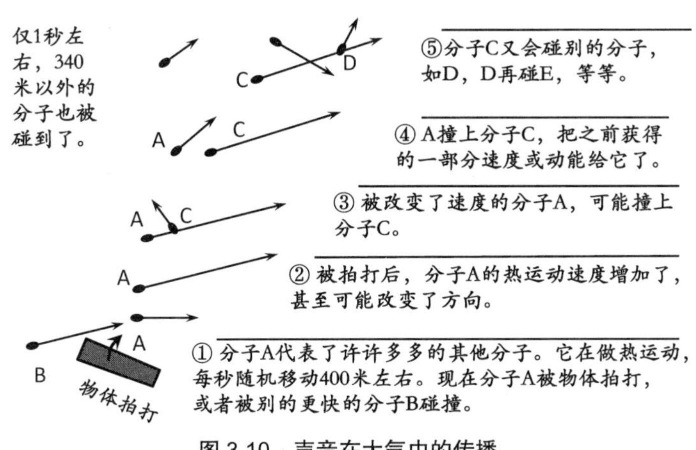

图 3.10 声音在大气中的传播

我们在这里喊话，一秒内，多远距离的人可以听到？约为 340 米。就是说，地面空气中声波的传播速度是每秒 340 米左右，即一小时 1224 千米左右。我们在这里喊话，340 米开外的人在 1 秒后听到。从北京喊话，长沙那边在一小时后就能听到（如果声音没有衰减到听不见的话）。

即使是 12 级台风，每秒也就移动 30 多米，一小时不到 140 千米，因此声音传播的速度不可能是气流传送决定的。原来，声音是气压的微小脉动，这种微小脉动能以压力波形式传播，就像水面涟漪是种水位脉动。涟漪水位差传播是靠表面张力拉扯和重力驱赶引起的。但大气中的声音不是这样。

声音是空气中气压忽大忽小的变化，作用在耳膜上引起的。如果没有忽大忽小的变化，而只是缓缓增加，那么听不到声音，只有压迫感。我们听到的音乐，实际上是感受乐器的弦和鼓膜的振动给大气空气扰动引起了气压的忽大忽小的变化。

声波中气压一高一低的变化对应的时间间隔，称为周期。一秒内变化多少次，叫频率。实际上，我们听到的声音包含了各种大小不一的频率的气压脉动。我们的耳朵选择性地听那些可听到的频率对应的声压变化。声波频率越高，声调就越高，否则就越低沉。

古人用烽火台传送关于敌情的信号。我们都熟悉日行千里马的词句，快马一天也不过跑千里左右。两个烽火台相距 30 里至 50 里左右，太远了升起的狼烟就不容易看到了。如果一处点起了狼烟，另一处看到并在一分钟即 60 秒内也点起狼烟，敌情传播的速度就是烽火台之间的距离除以这个时间，每秒 250 米至 416 米左右（平均为每秒 333 米），相当于每小时在 900 千米至 1500 千米之间。而马的奔跑速度不会超过每小时 100 千米。

声音的传播与烽火台传播有点类似，是由分子热运动导致的分子之间碰撞引起的。正是这种碰撞，将一处的气压变化（即声音）

以近似等于分子热运动的速度传播开来。分子热运动起到了传递压力微小变化的接力棒的作用。

由于地面空气的分子热运动的平均速度大致是每秒 460 米左右，因此声波的传播速度也接近这个速度。由于碰撞过程需要时间，让气压变化也需要时间，于是延迟了一点点分子之间速度的交换时间。因此实际上，地面空气中声音传播速度大致是每秒 340 米。

这与烽火台用狼烟传递敌情的速度的中间值每秒 333 米非常接近。这也许是个巧合。

数数大气中的空气分子

这么多地方说到过空气，大多数地方用了笼统的语言，比如分子很多啊，很小啊。现在是时候看看到底有多多，有多小了。

空气分子的平均直径大致为 0.4 纳米左右（1 米的十亿分之一的长度就是 1 纳米），在 24 立方米的一间房屋内，大致有 600 亿亿亿个分子。在地面附近，一立方米的空气大概有 1.225 千克。其中，按体积比例，有 21% 左右的氧气分子和 78% 左右的氮气分子，还有不到 1% 的其他气体分子。正是因为空气中有氧气分子，我们才能呼吸，空气吸入血液，补充大脑所需要的氧气。

空气分子的平均直径是氧气分子与氮气分子的平均直径。实际上这些分子并不是一个严格意义上的球，只是在相互碰撞时，产生的效应等效于一个个球而已。空气这样的分子小得很难去记它的质量，有一个记分子数目的标准单位，摩尔。1 摩尔的气体包含的分子数，是 6.02214857×10^{23}，这个数称为阿伏伽德罗常数。1 摩尔的空气是 29 克左右，这个质量除以阿伏伽德罗常数，就是空气分子的平均质量，可以想象有多小。地面空气 1 立方米大致有 2.544×10^{25} 个分子，因此 1 立方米有 42.2 摩尔的空气，再乘以每摩尔 29 克，就有 1225 克。因此，地面空气的密度大致是每立方米

1.225 千克。

这么多分子，我们在空气中，根本无法去把空气当作分子来看待。更没法当作原子来看待。万有引力、电磁力、强相互作用力和弱相互作用力虽然是自然界中四种最基本的力，但我们无法用这四种基本力来描述我们所关心的空气行为。好在电磁力的宏观表现就是气压与摩擦力。我们常提到的气压和摩擦力，实际上就是一种电磁力。物体受到的空气升力和阻力，是表面上气压与摩擦力作用的总和。我们感受到的重力，就是万有引力。大多数情况下，我们只与这些总的力打交道。我们恐怕很难感觉到身体的每个分子原子的质量。

煤气炉在烧火时，空气分子与煤气分子通过热运动碰撞引起了所谓的化学反应。烧火会产生二氧化碳。二氧化碳是由两个氧原子和一个碳原子通过化学键（共享电子）结合在一起的分子。由于化学键的结合力，因此拆开一个二氧化碳分子需要添加能量。反过来，如果将一个碳原子与两个氧原子结合成二氧化碳分子，就会释放能量，这个过程就是化学反应。化学反应需要分子或原子之间高速碰撞，才能使它们有足够的机会拆开或搭建化学键。这种碰撞越频繁，速度越大，就越容易完成化学反应。

一个分子不是碰撞一次就能完成化学反应的，有时可能得碰撞数万次甚至数十万次才能有一次机会结合成化学键或拆开化学键，完成化学反应。高空的空气太稀薄，分子之间碰撞频率小，发动机的油料很难与空气发生化学反应。因此，需要增压（一方面增加了密度，另一方面增加了碰撞速度）来保证有足够高频率的碰撞，使化学反应能完成。

4. 疏密有致 胀压有序 雷霆万钧

售票窗口一打开，稀稀拉拉的人群迅速会聚在窗口，挤压在一起。表演一结束，稠密的广场人群迅速撤离。空气受到扰动后，也有这种情形，疏密的变化或者气压的变化导致了压缩与膨胀。如同水波是一种水位高低的变化，声波是一种气压高低的变化。后面的跑得慢，队伍就会拉开，后面的跑得快，队伍就越来越挤。如果后面的使劲往前冲刺，那就撞在一起被推着走。雷电就是这样，因此雷电的响声比声音跑得快。

疏密与胀压　压缩与膨胀（图 3.11）

气压的变化可以理解为压缩与膨胀过程。在一个固定位置，气压升高可以理解为压缩（压密了碰撞就多，气压就大），降低可以理解为膨胀（拉疏了膨胀就少，气压就小）。不断变化有升有降，可以理解为既有压缩也有膨胀。但在空间上看，则不同位置的气压升降是否代表压缩和膨胀，还与传播方向有关。对此，可以看行走的队形来理解。

有若干位同学，在狭窄的山道上行走。假设山道太窄，使相互之间无法超越。每人身高不一，假设越高的同学走得越快。现在排成一队行走。有三种排法。

排法一，产生膨胀队列：让最高的排在队伍前面，往后身高依次减小。这样，越靠前的走得越快，队伍拉得越来越开。于是，队

图 3.11　队伍的膨胀与压缩

列的长度在膨胀。

排法二，产生压缩队列：让最矮的排在队伍前面，往后身高依次增加。这样，越靠前的走得越慢，越靠后的走得越快。假设各自按自己的速度行走，那么队伍会越来越短，大家挤在一起。于是，队列的长度在压缩。如果每人不顾前面是否有人，继续以原有速度走，那么最终就会挤在一起。挤在一起后，迫使大家调整速度，以一个速度走。

排法三，产生局部膨胀与压缩：不按任何高低顺序排列，在队列各个位置，有高有矮。在这种情况下，假设每人还是按自己的速度行走，那么满足排法一的地方，产生局部膨胀，而满足排法二的地方，产生局部压缩。这种情况往往出现在真实的单车道车流中。每辆车会试图按自己的速度行驶。于是会在不同位置分别产生膨胀和压缩。有的地方几辆车前后挨得很近，有的地方稀稀拉拉，就是这个原因。当然，出现这种局部压缩后，人们会试图调整速度或超车。但还是会出现不同程度的局部压缩与膨胀。

物体在气流中飞行或穿梭，也会引起一些地方的空气压缩，一些地方的空气膨胀。道理是一样的。有压缩的地方气压增加了，形成了正压。有膨胀的地方气压降低了，形成了负压。于是我们可以用另外一种语言来理解机翼产生升力的现象。从前方到达机翼下方的空气出现了压缩，如同队伍压缩一样。从前方到达机翼上方的空气出现了膨胀。上下表面的气压差就导致了升力。机翼就要做出这样的形状和姿态，使在下方尽可能得到压缩，上方尽可能得到膨胀。

冲击波（图 3.12）

物体在空气中运动时，用压力波驱赶前方的空气。压力波传到前方，带来气压差，驱动空气产生气流，就像人被推一下有速度一样。由于压力波每秒几百米，因此前方的空气一般来得及避让。

如果物体的速度超过音速，即超过压力波的传播速度，那么前方空气就得不到物体发出的压力波的提前驱赶。超声速物体到达时，空气来不及避让，被迫在头部附近堆积，形成高温、高压、高密度区。这个区的外部边界也称为冲击波（或激波）。气流从前方穿进冲击波，气压、气温和密度陡然增加。

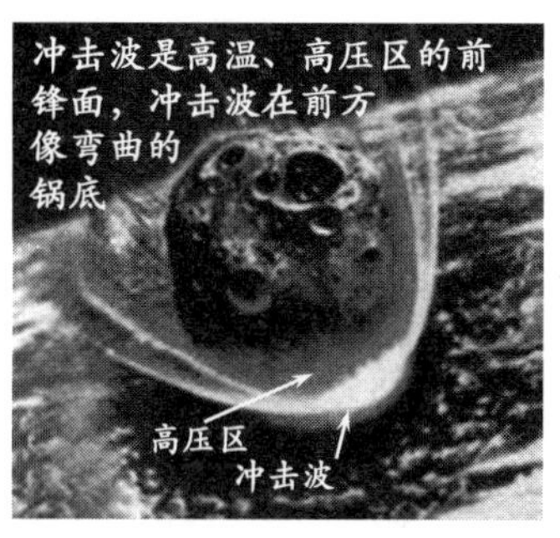

图 3.12　流星下落形成的冲击波

头部产生的冲击波会向侧边延伸到离头部较远的地方。飞机产生的这种冲击波会扫到地面，尤其在做低空飞行时。原子弹爆炸也会产生冲击波，不过波后的高温、高压来自于爆炸。这种冲击波如果近距离撞击物体，会因气压和温度突然增高，带来巨大破坏。

雷电声音的速度

说雷电的速度有点模棱两可。电光的速度是每秒 30 万千米左右，雷电一发生，我们就看到闪电了，几乎没有时间差，因此没什么好说的。值得说的是雷电的声音的传播速度。当然我们会纳闷，不是说了声音的传播速度是每秒 340 米左右吗？不是，所谓每秒 340 米的速度，是指声音不太大，气压变化不太强的情况。雷电可是惊雷，响彻云霄，这种巨响怎么也够得上大声音了，引起的气压变化应该很强了，强得可以将空气挤出速度，大得可以让气温暴涨。这样，雷区里外的分子热运动速度以及气流速度就不一样了，到底以哪一边的声音速度传播雷声？得罪哪一边都不行，就像钱塘江大潮的移动速度似的。互不得罪就只能取两边速度的某个中间值。还得注意，此时声波还骑在有速度的气流上，两边声波的速度还得叠加上气流速度，就像飞机的对地速度是空速叠加风速一样。

在对流层积雨云中，水滴、冰晶等相互撞击、摩擦会产生电荷，就像我们人体穿某种衣服时，有时会带电一样。在积雨云顶部往往带正电，下部带负电。这种电位差超过一定程度就会放电，击穿空气，出现闪电，可以让雷电中心的温度接近两万度。这么高的温度，比太阳表面六千度左右的温度还高几倍，难怪发出耀眼的白光。这么高的温度，当然会让气压出现巨大的变化，同时激发强烈气流。巨响的传播，就会受闪电区域内外的气温差和气流速度差影响，会比在安静的空气中转播微小气压变化即普通声音来得更复杂点。

但即使在安静空气中，对小声音的传播的认识一开始就犯错误。1687 年，牛顿这样的大科学家认为，空气在传播声音时不会改变声音经过区域的气温。假定气温不变化，他得到的结果是，地面空气的声音速度约为每秒 280 米。这比声音的实际速度小了 18% 左右。事实上，声音传播过程中，气压的微小变化也导致气温的微小变化，牛顿的这个错误直到 1816 年才由拉普拉斯更正。

气压、气温和气体的密度都跟着发生变化，但总有一种秉性不会变吧。气压变多少，密度不能瞎变。两者的变化量居然遵守某种比例，使在声音传播区，空气的气压与气体的密度的 1.4 次方的比值，总是保持不变。这个比值就是空气的一种秉性，是一种有序无序程度的衡量，物理学上称之为熵。熵就是衡量有序无序程度的量。摩擦和热量的传递会让熵增加，即导致越来越无序。

可是，声音传播过程极快，气压只有微小变化的声音，在这种极快过程中，摩擦和热量传递来不及起作用，因此这个比值是不变的（即熵不变）。拉普拉斯正是通过假定这个比值不变（物理学上称为熵不变，也称为过程可逆，即声音过后空气恢复到原有状态），才得到了正确的音速。

响雷也是一种声音，但与一般的声音有区别。一般声音传播过程中，空气的气压变化是极其微小的，但响雷引起的气压变化很大。厄恩肖（Earnshaw）在 1851 年，发现雷电引起的响声，比普通声速快，即雷电以超声速传播。

不难想象他是如何测量雷电响声的传播速度的。我们都熟悉有雷电时，先看到闪电，数秒后才听到响声。原来，闪电出现那一刻，就发出了响声，闪电的光速每秒 30 万千米，因此传到眼前需要的时间可以忽略不计。闪电出现的位置与人有一定的距离，将这个距离除以闪电后听到声音所需要的时间，就得到了雷电响声的传播速度。

由于声音的传播速度是分子热运动引起的，因此空气温度越高分子热运动速度就越大，从而声音速度就越大。所谓每秒 340 米的声速，实际上为温度是 15 摄氏度时的声音速度。当温度是 27 摄氏度时，声音的速度是每秒 347 米左右。

雷电将空气击出极高的温度（近两万度）和气压，压力波向外传播时，高温区温度高，压力波传播得更快。温度按开尔文为单位每翻两番（四倍），声音传播速度就翻一番。因此，雷电高温区的声音比静止大气中的声音传播更快。

高温区的压力波传播更快，套在外面的静止大气的压力波传播更慢，结果像长江后浪推前浪一样，高温区的压力波与静止大气的压力波挤在一起，形成类似于钱塘江大潮的潮头或者原子弹的冲击波一样，以两侧声音速度的某个中间值传播。

这个中间值比静止空气中的声速显然大，因此雷电的响声相比于静止空气，是以超声速传播。实际上闪电高温区还有膨胀带来的气流，因此声音的速度还得叠加上气流速度，就像飞机对地速度是空速叠加风速一样。这使雷电响声传播速度更快。

当然，传播足够远后，气温已经降下来了，因此传播速度会越来越接近静止大气中的声速。

5. 火旋风 空气中的旋涡 昆虫与鸟的旋涡

小旋涡几乎无处不在，只是混在一起看不出来。气流方向交叉或者平行气流的速度差都等效于一种旋转。旋涡也会弱肉强食，大的吞小的。相互吞并就会形成更大的旋涡。旋转让人觉得美丽，如波浪云中的旋涡和卷起树叶的小尘卷，也包括小蜜蜂和蝴蝶的旋涡。也会令人恐惧，如火旋风、台风、龙卷风和沙尘暴旋涡。大气旋涡可以带来雨水，植物成长它们功不可没；偶尔也带来灾难，例如火旋风与龙卷风。火旋风拉着长长的火焰，被举高的火种更容易飘到远方，加剧火灾的蔓延。旋转不仅让周线上有风速，也让涡心降压，降低气压后，使涡心浮力更大，产生沿涡心的上升气流，将周边的空气卷入。周边空气如果拥有不均匀的小旋涡，被带入涡心后就加强旋转速度。

火旋风 蓝旋风（图 3.13）

火旋风并不常见，偶尔在森林火灾、城市建筑物火灾和居家火灾中看到。旋转的火焰在离心力的作用下，降低火焰中心轴中的气压和密度，使得火焰中心有较大的浮力，火焰就比没有旋转的火焰升得高。这会把火种带到很高的高空，加剧火灾的蔓延。

虽然火旋风只是随机地偶尔才出现，人们还是好奇火旋风是怎么产生的，即火焰为何会旋转起来。对于一个特定的被观察到的火旋风，可能来自于当地的气流本身在旋转。密集森林、山丘和建筑物的背风面，气流在那里折转，容易出现拐弯涡。当这种旋涡中心与火焰重合时，火旋风就形成了。在有旋涡的着火区，大气旋转更容易把周围的氧气从底部带进火焰，使本来缺氧的燃烧更强烈了。

火旋风也可以由火焰自发形成。大面积燃烧可能导致一堵堵火

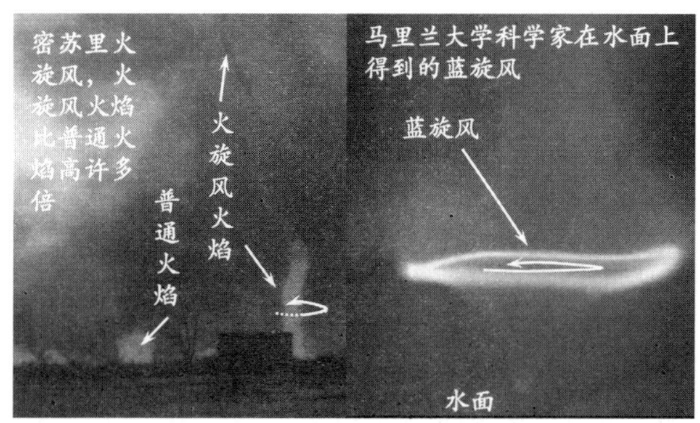

图 3.13　火旋风与蓝旋风

墙出现，火墙来自于那些尚未烧干净的火源。火焰区由于浮力，气流会上升，这需要水平气流来补偿这种上升后留下的空隙。火墙会阻挡这种水平气流，但火墙之间的缝隙有利于水平气流通过。如果缝隙方向使气流方向交叉，就会引起旋转。

炽热的火焰，包括火旋风，一般是红色的，这是因为烧得不是很充分。我们的煤气炉点火后，如果火焰是红色的，表明燃烧不充分，质量不好。正常情况应该是蓝色火焰。

马里兰大学的肖、格尔纳和奥兰通过在水面上生成火焰，发现了蓝旋风现象，即旋转的火焰是蓝色的。这种蓝旋风把燃料燃烧干净了，没有污染物排放，因此呈蓝色。

在地面燃烧时，火焰中气流上升需要带动地面附近的气流流向火焰。由于地面的摩擦，这种向中心的流动受到阻碍。于是，火焰中心的氧气得不到有效补充，缺氧燃烧就成了红色的火旋风。

但如果是水面，那么流向火焰中心的气流在水面滑动就比地面顺畅多了。这使火焰能高速旋转，新鲜空气补充及时，从而使燃烧更干净，火焰就成了蓝色的。

这一重要发现对清洁燃烧以及海面溢出的油污清除有帮助。

大气旋涡各有姿色（图 3.14）

我们常见的大气中的旋涡，有尘卷、火旋风、龙卷风以及台风。

我们可能在草地、沙漠和高楼边见过尘卷。尤其在高楼边上，大风吹来，地面树叶和尘土突然卷起，围着一根竖轴打转转。有时持续数秒，有的间或地持续更长时间。民间有的称之为鬼旋风，埃及称之为幽灵风。在世界各地称呼较多。比如说在美国南部称为舞旋风。尘卷，顾名思义，就是把尘土卷起旋转的旋涡。

从高楼、树木以及山丘的侧面过来的风，转到背风面时，拐弯过程容易导致拐弯涡，这种旋涡可能引起我们见到的尘卷。但标准的解释是地面局部临时产生的热气团在浮力作用下上升时形成的。上升过程把周边的空气卷吸进来。周围空气或多或少带有一些杂乱的小旋涡。如果小旋涡分布不均匀，汇聚到上升气流中间后，这些小旋涡就合并成可卷起尘土的大旋涡，即尘卷。大旋涡形成后，这种卷吸周边小旋涡的能力就更强，使尘卷可能持续一些时间，并可能在风中往一个方向移动（被风吹动，或者由于一侧的卷吸力大于另一侧）。

火旋风由于自地面火焰产生，因此主要是地面因素主导旋转，带动旋转后，越高的地方这种因素越弱。因此火旋风底部粗，高处

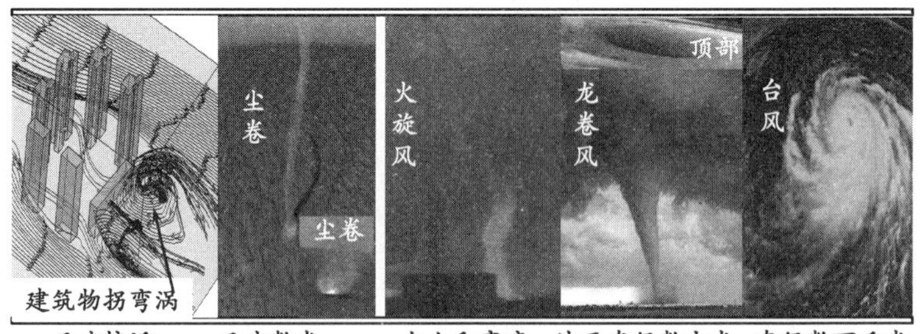

图 3.14　各种旋转气流

较细。

龙卷风则顶端更粗，底部较细，因为这样的龙卷风主要来源于高空超级雷暴区本身的中尺度气旋，带着下方的大气旋转。

令人畏惧的台风（图 3.15）

我们所指的台风，在西太平洋地区，如中国沿海一带称为台风，在东太平洋地区如美国称为飓风。

台风虽然是旋转的，但由于尺寸巨大且其拥有特有的结构，地面上的人是看不到旋转的。只有在卫星或高空飞机上才能看到旋转现象。

海洋温度增高后，蒸发的水蒸气升入高空，与空气混合形成潮湿气体。更靠近赤道的海面受地球自转影响，由西向东的速度更高。更靠近北极时，地球自转效应更弱。因此，热蒸汽上升后，其带动的指向东方的气流速度沿着纬度方向有差异，越靠近赤道越大。这种速度差有搓出旋涡的能力，与波浪云滚出旋涡道理是类似的。这

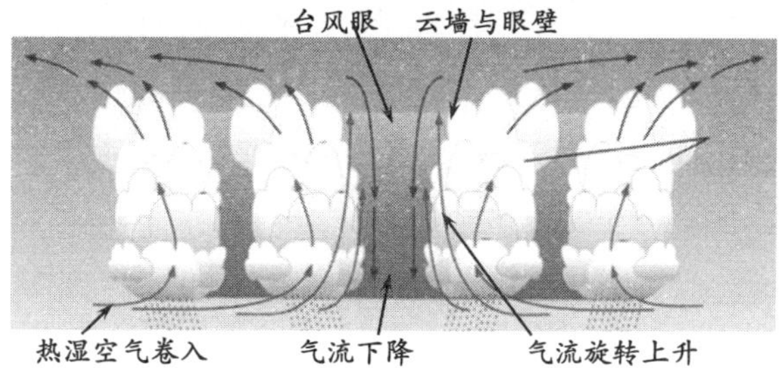

图 3.15　台风模型与台风眼

种速度差被沿经度方向的风吹到某区域集中后，就得到加强，很容易旋转起来，形成台风。由于是靠近赤道一侧速度比靠近两极的速度大，因此，这种速度差搓出的旋涡，从卫星上看，在北半球生成的显然是逆时针旋转，在南半球是顺时针旋转。

由大面积海洋蒸发引起的台风气旋，直径可达数百千米。旋转造成旋转中心出现低气压，有可能形成直径数十千米量级的台风眼。台风眼中心可能风平浪静，但台风眼的边缘（台风眼壁）风速极高，可达每小时一百千米的量级。远离台风眼壁的气流旋转速度则会降下来。

台风眼壁的转速可达每小时一圈的量级。据说，台风眼壁外围可形成环形云墙，云墙围成的区域里面相对安静，云墙附近风速极高。按此台风模型，台风中心附近最高风速，应是指台风眼壁处的风速。某处台风的成因、尺度、风速、台风眼壁的大小、形状，是否有云墙等，还要看具体情况。

虽然我们一听到台风就害怕，但台风带来雨水，是地球生态的重要组成部分。

昆虫、鸟与飞机激起的空中旋涡（图 3.16）

那些在空中飞行的物体，也会激发出旋涡。小的昆虫的旋涡在空中封闭成一个个涡环。鸟翅膀拍动较慢时，旋涡如同机翼的翼尖涡，是一种气流交叉产生的翻转旋涡。拍动较快时，就和昆虫的差不多，也会形成闭环。科学家证明了一个定理，说旋涡要么被拖到无穷远，要么止于陆地或水面，要么形成闭环，不可能在某点断掉。这就是所谓的旋转代表的强度（涡强）守恒原理的一种体现。不能就质量可以守恒，能量可以守恒，惯性可以不变嘛，旋转的涡也得守恒。

蝴蝶的翅膀采用打开合拢方式。打开时，空气试图填满留下的

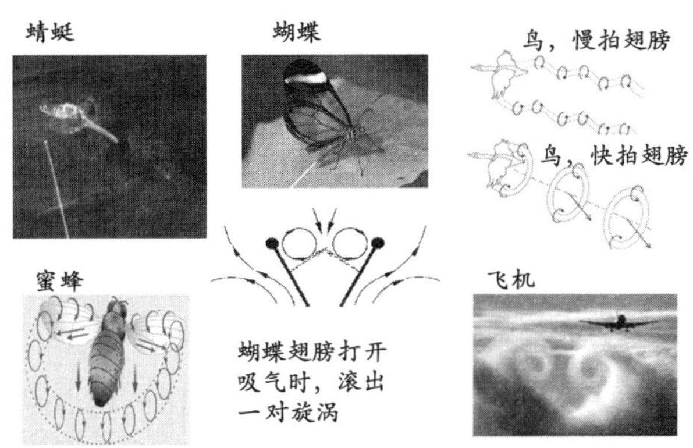

图 3.16　生物空气动力学家发表的昆虫和鸟的旋涡

空隙，但从翅膀外侧进来时需要拐很大的弯，于是急急地滚出一对拐弯涡，每侧翅膀里各有一个。合拢时又会把这对涡吐出去。

蝴蝶不仅本身美丽，旋涡也美丽，而且很安静。不信，就试试能不能听到蝴蝶飞行时的声音，可比蚊子安静多了。

3.2 听懂世界

大自然的美丽靠我们的双眼去欣赏，因为我们眼睛有视觉功能。除了视觉外，我们还拥有听觉、嗅觉、味觉和触觉，其中听觉接受的是空气中传播的声音。我们从声音中也能听懂一些现象。有的是噪声，甚至像爆炸一样的噪声。有的听不见，但会压迫耳朵。有的是美妙的音乐。原来，耳朵接受声音信号后是通过耳膜受迫振动和共振来感觉到声音。于是，不仅是声音的强度，还有声波的频率以及产生声音的节奏和叠加方式，决定了声音是烦人还是悦耳。于是，不仅从视觉可以看出什么，还能从声音听出什么。由于声音的频率与振动物体的长度有关，因此不难理解高大的男人声音低沉，娇小的女人声音尖细。

1. 听不见与听得见的声音　蝴蝶与大象

我们熟悉大智若愚和大象无形这样的哲学语言，其实也有大音希声这样的真实现象。我们还可能听说过陶斯之声的故事：一些人声称听到了一种怪怪的声音，其他人却听不到。这可能吗？我们到底是怎么“听到”声音的？听到声音其实就是空气中气压的变化引起耳膜共振被听觉神经感觉出来的。如果气压的变化与耳膜不同拍，那么任凭怎么呐喊，就是听不到。

听觉的秘密（图 3.17）

说话的声音、音乐、虫鸣鸟叫、运动物体发出的噪声等，引起了空气中气压随时间的脉动。气压一高一低的变化对应的时间间隔，称为周期。一秒内变化多少次，叫频率。声音中气压脉动一般包含了许多频率的气压脉动。可以看成数目众多的频率的气压变化叠加在一起。

我们的身体暴露在大气中，却感觉不到这种气压的微小变化。不知是否有怪人怪物，真的能感知这种气压变化，当作声音来理解。

但耳朵不一样，耳朵就是进化出来的，可以感知声音的器官。耳膜接收到声音信号，在声波气压变化的作用下，振动起来。这种振动被听骨放大，再刺激听觉神经，就能形成听觉。不难理解，耳膜也是一种振动机构，不是什么频率都能振动得出来，只有与声音频率合拍的那些振动才能被听到。高了低了都不会有反应。这就像荡秋千，你推得太快或者太慢，都不会让秋千荡起来。

事实上，由于耳膜的这种限制，我们的耳朵能听得见的声波的频率大致介于20赫兹到20000赫兹之间（这个范围也称为听觉频率）。也许耳朵因为受到过什么外力作用变形后，听觉频率范围会有些变化。或者某些人的耳膜尺寸不一样，听觉频率范围就不完全不一样。如同振动的弦，长了短了其发出的声音就不一样了，因为振动频率不一样。

一般人对20赫兹以下的声波（次声波）和20000赫兹以上的声波（超声波），是难以听到的。如果声音尤其是噪声包含了从小到大各种各样的频率，那么我们的耳朵只是听到了那些频率介于20赫兹到20000赫兹之间的部分。

如果气压用1秒的时间单调地增大了1000帕，这个频率就只有1赫兹，因此我们听不到相应的声音，只是有压耳的感觉。坐飞机在起飞着陆阶段，由于不同高度气压不同，就有这种压耳感觉。雷电的频率大概是50赫兹，所以听得到。人吹口哨是1000赫兹左右，因此也听得到。但狗吹口哨时，频率太高，人就听不到了。

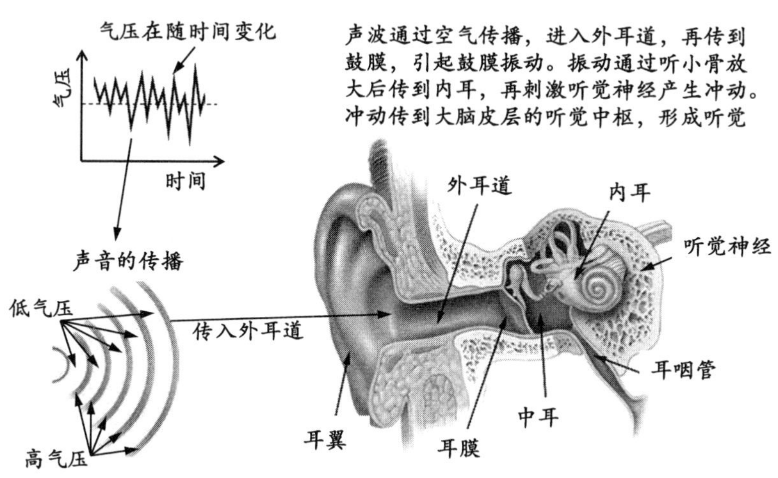

图3.17 听觉产生的原理

陶斯之声　蝴蝶与大象

虽然如此，少数人的耳朵可能能听到 20 赫兹以下某些频率范围的声压变化，也许这就是陶斯之声的秘密所在。

蝴蝶每秒振翅 5~10 次，即翅膀扇动的频率在 5 赫兹到 10 赫兹之间。人们往往以此解释蝴蝶翅膀扇动的声音为何听不见，却看得清翅膀扇动。

唐朝诗人杜甫的《蝴蝶》有“穿花蛱蝶深深见，点水蜻蜓款款飞”这样的诗句。可见蝴蝶在穿越花丛时，可以让你看得清清楚楚，包括扇动的翅膀。首先，人们把看得清翅膀归结于我们视觉的能力。某认知神经科学家说，经过训练的飞机驾驶员一秒内可以识别 255 帧图像（即他们能看到只出现 1/255 秒的飞机图像）。对于普通人，除极少数人在一秒内只能识别不到 24 帧外，绝大部分人能识别 24 帧，半数以上的人大概是 45 帧，大约四分之一的人每秒可识别超过 60 帧。因此，电影每秒走 24 帧不同图像，造成人物活动的感觉。蝴蝶扇动翅膀频率远低于 24 帧，因此在扇动过程中可以看得清翅膀。

人们往往把蝴蝶翅膀引起的声波频率等同于翅膀扇动频率（5 到 10 赫兹，未达到听觉频率下限），以此来解释为何听不到翅膀扇动的声音。然而，听不到蝴蝶声音的道理并不这么简单。

按照上面这种简单解释，那并没有拍动机翼的飞机，按理频率为 0，就不应该有声音。但实际上能听得到飞行时机翼发出的噪声。其实，这种噪声与机翼本身是否拍动无关，而是来自于空气流过机翼时产生的空气摩擦旋涡与湍流引起的气压高频变化。湍流脉动包含气压脉动，频率最高可达 10 万赫兹甚至以上，旋涡引起的气压变化频率可覆盖 1000 赫兹到 10 万赫兹。

如果是巨大的人造蝴蝶，用 5 到 10 赫兹的频率扇动巨大的翅膀，还是有声音的。真实的蝴蝶没声音，是因为翅膀很小，翅膀扇动幅度小，扇动引起的气流与气压变化并不产生机翼那样的高频变化。气压变化几乎与翅膀动作同步，引起的气压变化频率几乎就是翅膀扇动的频率。因此，蝴蝶扇动翅膀引起的声音的频率在 5 赫兹到 10 赫兹之间，是人耳听不见的。除此之外，蝴蝶扇动翅膀引起的气压变化量也很小。所谓的蝴蝶效应另有所指，正常情况下蝴蝶展翅掀起不了什么风浪。

翅膀扇动最慢的昆虫是一种黄凤蝶，翅膀扇动频率仅有 5 赫兹（每分钟 300 次），而大多数蝴蝶的翅膀每分钟扇动 460~636 次，即每秒低于 11 次。据说大象能发出并听到 1 赫兹的声波。也许大象能听得懂蝴蝶。由于人的生理限制，还不知道有多少美妙的声音我们听不到。

但不是所有昆虫都像蝴蝶那样。蚊子的翅膀频率就可以高达 100 赫兹以上。世界上翅膀扑动最快的是一种俗称小黑蚊的蠓，它每秒可拍动翅膀 1046 次，即每分钟翅膀扇动次数高达近 62800 次。蚊子扇动翅膀的声音当然能听到，因为频率在听觉范围内。但是，它们的声音好听吗？

2. 烦人的噪声　高速物体的音爆

噪声的频率怪异混杂，引起耳膜乱抖，听起来当然不舒服。这如同一只小动物被人拽住乱抖很不舒服一样。气压变化的有序或混乱程度决定了包含什么频率，气压变化的幅度决定了声音的强度，即声音有多响和多大。太响，也会引起不舒服。高速列车进入隧道后，出口可能出现爆炸声，从高空掠过的超声速飞机也会引起突然的爆炸声，这就是响声太大的音爆。气压变化的幅度虽然与大气压相比不算大，但与我们听觉能感知的最低气压相比却很大，如果来得突然，就会是一声巨响。

声音的强度　对数的作用（图 3.18）

我们听觉能听到的最低气压变化是 0.00002 帕，即每平方米 2 毫克左右。但我们说话引起的声音，在 1 米距离，比这大 1000 倍左右。距繁忙的道路 5 米处，车水马龙的声音比这大 1 万倍左右。听起来让人不舒服的声音比这大 100 万倍左右，压得耳朵疼的声音比这大 600 万倍左右。因此，以帕来标记声音的强度，数值大小跨度太大，很不方便记忆。

于是采用对数记忆法。以 10 为基准的对数为例，10 的对数是 1，100 的对数是 2，1000 的对数是 3，10 万的对数是 5，100 万的对数是 6，如此类推。即如果一个数的 1 后面有几个 0，那么对数就是这些 0 的个数。

因此，如果说话的声音气压变化量是听觉下限的 1000 倍，用了对数后就只是 3 倍。难听的声音是听觉下限的 100 万倍，用了对数就是 6 倍。这样记忆起来就方便多了。但这样未免显得太小了，于是人们使用了分贝来表示声音强度。分贝就是气压变化幅度相对于听觉下限（0.00002 帕）的比值取对数后，再乘以 20 得到的数。例如，比听觉下限强度大 1000 倍的声音（对数是 3），就是 3 乘以 20，等于 60 分贝。这就是我们说话的声音的强度，用分贝表示就是 60 分贝。一般要求噪声不要超过 80 分贝（听觉下限的 10000 倍）。

声音引起的气压变化会随距离衰减，因为气压变化也是能量，以球面形式传播，即使只为了保证能量守恒（还不考虑摩擦衰减），也要衰减。在自由空间，距离每增加一倍，声音强度降低 6 分贝，即气压变化与离开声源的距离成反比。

因此，说一个声音源发出的声音强度有多大，一定要说在什么距离是多大。不说距离，毫无意义。比如，我们说话的声音，1 米距离听到的大致是 60 分贝，1 千米以外的人肯定听不到了。说我

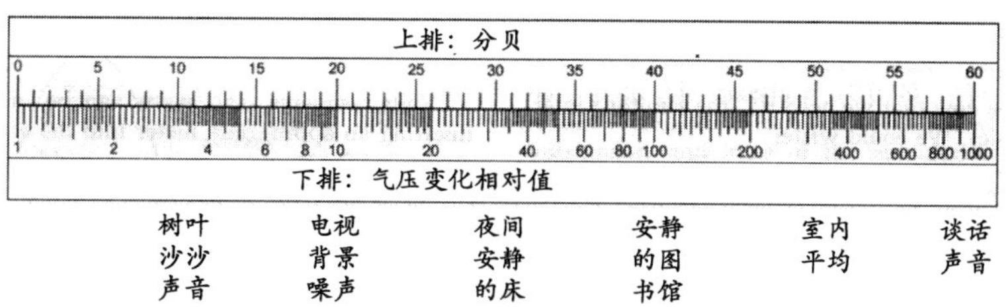

以下数据不同来源有出入

繁忙的道路5米距：80分贝	柴油卡车10米距：90分贝	室内平均值：50分贝
链锯1米距：110分贝	开始不舒服：120分贝	迪斯科1米距：100分贝
说话1米距：60分贝	喷气飞机50米距：140分贝	开始耳朵疼：130分贝

图 3.18　不同噪声源的强度

们呼吸的声音大概是 25 分贝左右，那是指 1 米的距离听到的声音大小。我们常说雷声有 100 分贝，单这样说就很不准确，因为没有指明到底离闪电有多远来测这个强度。北京听到一个雷是 100 分贝，巴黎就听不到这个雷了。

声音强度大并不一定就听得到，还与气压变化的频率有关。前面已经提到，气压变化的频率在 20 赫兹以下，或 2 万赫兹以上，人就听不到了，这是指的强度不太大的声音。其实，如果声音强度很大，那么低于 20 赫兹的声音也可能听得到。超出 20~20000 赫兹这个听觉频率范围，如果气压变化很大而听不到时，耳朵会有压痛感。

声音强度太大，会损害听觉，但也与暴露在声音中的时间有关。82 分贝的环境下，暴露 16 小时就会损害听觉。85 分贝（气压变化 0.36 帕）时降低到 8 小时，94 分贝（气压变化 1 帕）时降低到 1 小时。100 分贝（气压变化 2 帕）时为 15 分钟。110 分贝（气压变化 6 帕左右）时为 1 分钟左右。115 分贝（气压变化 11 帕左右）时为 30 秒。

隧道出口的爆炸声（图 3.19）

高速列车时速可以达到 300 千米（即地面声速 1224 千米的 0.24 倍）甚至以上。由于速度小于音速，因此列车飞驰时，引起的声波会提前到达前方。列车不但将头部的空气推着走，而且前方的一部分空气会绕到车身边上。由于列车头撞击，车头最前端的气压会比大气压稍微高一点。由于受到猛烈撞击的空气从侧面快速避让，车头与第一节车厢的连接部位的气压可能稍微低于大气压（比如说拐弯时离心力降低了气压）。其他车厢边上的气压则接近大气压，因此我们乘坐高速列车在开放空间飞驰时，耳朵不会有明显气压变化带来的不适。

如果高速列车进入隧道，情况就不一样了。这相当于列车要在隧道中顶着空气往前推。这与汽车发动机活塞问题十分类似。把隧道看成汽缸，把火车头看成活塞，这相当于活塞在汽缸中冲进。活塞向汽缸顶盖方向运动时，会产生压力波将汽缸内空气压缩。

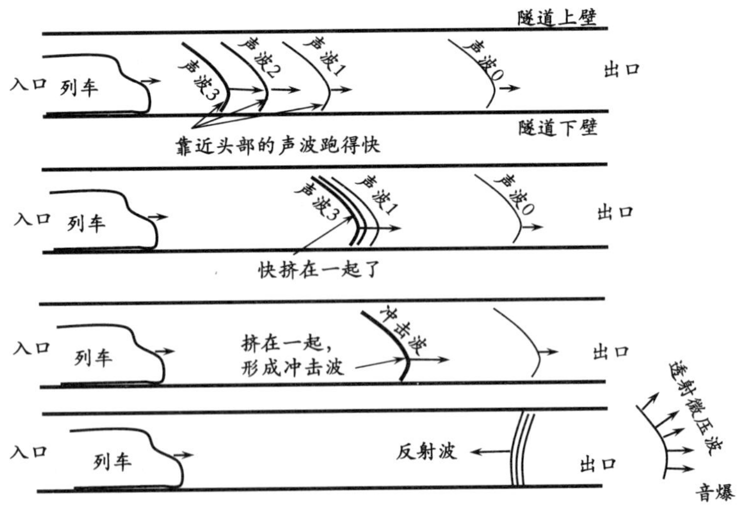

图 3.19　列车进入隧道产生的冲击波与出口微压波

越靠近车头的空气受到火车的挤压作用越强，因此压力波就越强，温度越高，向车头前方传播速度越大。因此，车头附近的压力波会试图追赶上车头“远”前方的压力波，最后堆积成一个压力变化很强的冲击波，也称为激波。

冲击波的运动速度比其前方的声波还快，尤其会比火车提前到达隧道出口。冲击波遇到出口，与外界大气相遇，大气迅速调节自己的气压，迎接冲击波的到来。

大气的气压比冲击波的气压低，因此接触时会相互交换一下气压。冲击波下游的气压减少了一点后，对应的气压变化也代表了一种压力波，于是向管道内传播。由于向里传播时是降压过程，因此是膨胀波。冲到外面的冲击波气压减弱了一些，在出口外的大气中传播，“头衔”降了一级，称为微压波了，谁要你没有在隧道中那么强了呢?

虽然如此，这种微压波比普通声音强多了。它在开放大气中进一步传播，周边居民能感受到这种冲击波带来的噪声。由于微压前方的气压为大气压，而微压波里的气压高一些，因此在这种微压波的作用下，耳朵在极短时间内会感受到很强的气压变化，即我们会听到爆炸的声音，即音爆。

列车上的感觉（图 3.20）

在车厢里的乘客也会感受到气压变化。相比于环境大气压，乘客感觉的气压变化量可以达到 1000 帕甚至更高，相当于每平方米 100 千克甚至更高。对于面积约 90 平方毫米的耳膜，感受到的压力变化是 9 克甚至更高。这么大的变化量是在一定时间内完成的，对应的频率并不高，因此耳朵听不到大的声音，只是感觉有压痛。

在过隧道时，车厢内气压变化的原因较为复杂但可理解。列车进入隧道时，车头产生的冲击波传到出口后，一部分会变成减弱的冲击波（称为微压波）传到大气中，一部分会反射成膨胀波向隧道内回传。膨胀波掠过一点时，使当地原有气压降低。膨胀波进一步在火车头反射成向前传播的膨胀波，余下的一部分经过隧道缝隙传到入口，在入口又反射成向隧道内传播的（很弱的）冲击波。

假设隧道长是 1 千米。时速 300 千米的列车用 12 秒穿越隧道。冲击波与反射膨胀波传播速度接近或稍微超过声速，即时速接近 1200 千米，穿越隧道只需要 3 秒左右。因此，列车过隧道时，会数次遇到冲击波或膨胀波。由于冲击波增压、膨胀波降压，因此车厢里一会儿气压增加，一会儿气压减小。

车头进入隧道引起冲击波，车尾进入隧道则引起膨胀波向隧道内传播，因为车头进入与车尾进入对隧道内空气的影响方式是相反的。

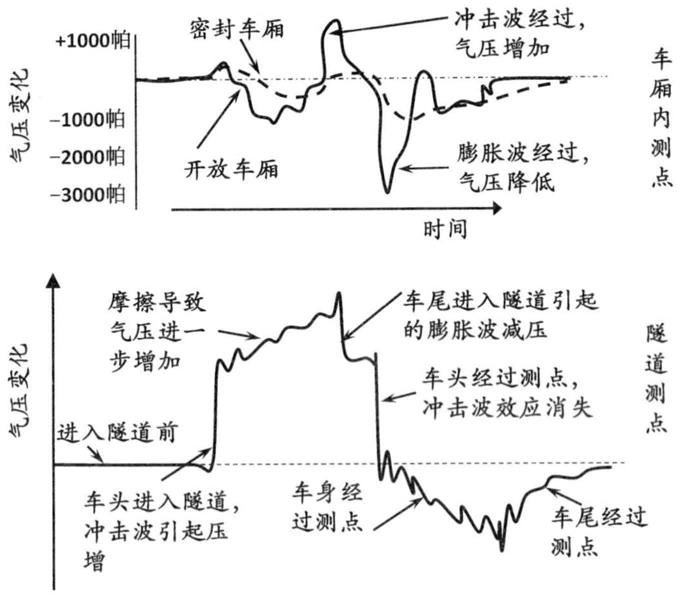

图 3.20　车厢内一点和隧道内一点的气压变化

飞机的音爆（图 3.21、图 3.22）

飞机在高空飞行时，乘客的耳朵会习惯高空飞行时舱内的气压。着落下降时，由于低空气压高些，于是就会有一个气压越来越高的过程。这使一部分乘客的耳朵有压迫感。飞机本身发出的声音，除了影响乘客，地面也会受影响，尤其超声速飞机带来的音爆。

超声速飞机头部有一道冲击波，会传到地面，使地面气压突然增加。飞机从机身中段某位置开始，横截面积收缩，出现与冲击波相反的效应，即引起膨胀波，使气压降低。这也会传到地面，使被冲击波抬高了的气压又下降。这种膨胀带来的降压往往比第一道冲击波的增压幅度更大，这需要再次产生一道冲击波来将气压提升到大气压。因此，超声速飞机从头顶飞过时，会听到两次音爆，前后相隔 0.2 秒左右。这种气压先增加，接着线性下降，再增加的现象，放在时间轴上，颇像 N 字形，因此也称为 N 型音爆。

在 24 千米高空以 3 马赫数飞行的黑鸟（SR-71）产生的音爆在地面引起的声音是 43 帕。航天飞机在 18 千米高空时，已经降至 1.5 马赫，地面声音是 60 帕。在 16 千米以 2 马赫飞行的协和超声

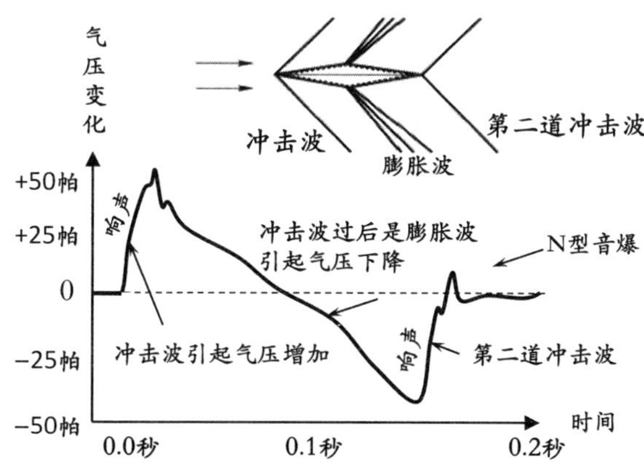

图 3.21 超音速飞机冲击波和膨胀波引起 N 型音爆

图 3.22　飞机产生的冲击波

速客机，地面听到的声音是 93 帕，超过了 80 分贝。由于超声速飞机音爆扰民，它难以作为民航客机推广。

一些马赫数小于 1 但接近 1 的飞机，在机身中段也可能产生冲击波，从头顶飞过时，也能听到一声音爆。这种飞机如果做超低空飞行，那么地面被冲击波引起的气压变化足以造成破坏。

电影《空中决战》中，幻影 2000 战斗机在袭击东非机场的时候，以接近音速掠地飞行，产生冲击波，将地面建筑物玻璃都震碎了。

说话、音乐、噪声等，声音的强度有可能相同，噪声烦人，但音乐好听，因为里面包含的频率和节奏不一样。现在让我们听听什么是好听的声音。

3. 动听的声音 音乐与频率

噪声烦人，音爆扰人，前者因为频率混杂，后者因为突发巨响。声音是否好听，与构成声音的频率的组合有关。水面产生的涟漪和涌浪，以及天空中的波浪云，按节奏出现在不同位置，从而形态优美、赏心悦目。同理，具有和谐频率的声波按时间叠加，可能产生动听悦耳的音乐。乐器依靠琴弦、气腔或鼓膜的和谐振动，激发可用于和谐叠加的声波频率，各段谐波通过时间长短控制和恰逢其时的叠加获得有动感的节奏，从而可以谱写出优美的旋律。一万小时成才定律用了包括柏林音乐厅在内的音乐家成才的历史作为了主要数据，这说明让乐器能弹出优美动听的音乐需要成千上万小时的练习。音乐是需要技术且超越技术的艺术，这里只能简要地涉及其中与频率相关的一点点知识。

琴弦的振动与声音（图 3.23、图 3.24）

我们能轻易地把一根尼龙绳抖动起来，产生像波浪一样的形态。尼龙绳有张力，你双手握住一小段，往两边扯，就会感到吃力，扯得越长越吃力。尼龙绳有重量，平均每一米有一个重量（称为线重），线重越小越容易抖动起来。越长，总的重量越大，也越难抖动。

小提琴、吉他和钢琴上的琴弦，两端固定，弹奏起来也会像抖动的尼龙绳一样舞动起来。如同尼龙绳的张力越大越容易振动而线重和长度越大越难振动一样，琴弦的振动频率也与这些因素有关，且在一定的条件下最基础的频率（即最小的频率，也称为一次谐波）满足梅森定理，该定理指出，最基础的频率（基频）与弦长成反比。除了最基础的频率外，还有可能产生频率倍增，在不改变弦长情况下形成高频谐波（称为二次谐波、三次谐波等，其频率分别是基频的两倍、三倍等）。

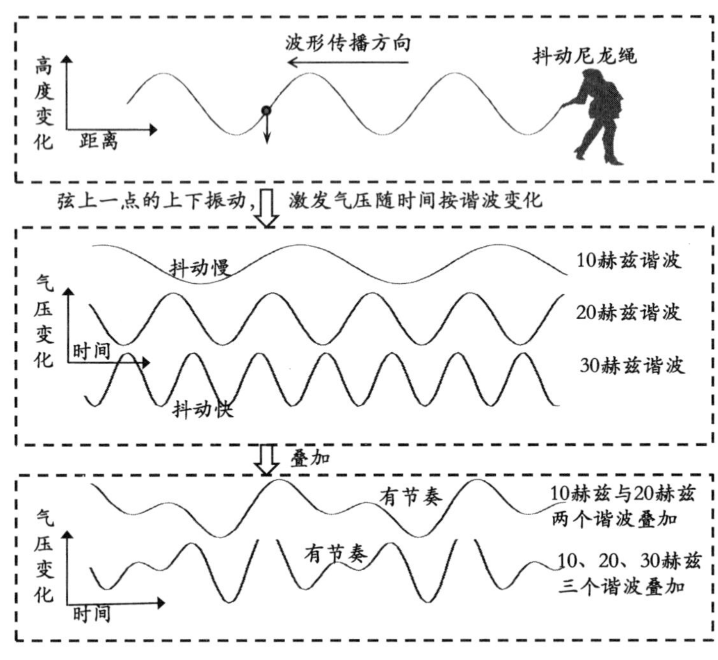

图 3.23　具有小倍数比例的谐波叠加出有节奏的气压变化

弦的振动引起气压的变化，这种气压随时间的变化与弦振动时的相对于空间的波浪形态很接近。于是，声音的频率就由弦振动的频率决定了。

琴弦的长度是固定的，按理一根弦在同一时间段只能产生一个基频。为了使一根弦在不同时间段产生更多的基频，可用手指等压迫琴弦的某位置，使这个位置无法振动。于是可振动的弦的长度降低了，基频就增高了。改变压迫的位置，可形成不同的可振动长度，产生不同的基频，从而引起具有不同基础频率的声音。

按某种规范设计的乐器，在手指调节范围内，能产生的频率会覆盖一个范围。比如说，一根弦自由振动产生 200 赫兹的频率。用手压迫弦的中点，可振动的长度就缩短了一半，频率就可增加 1 倍，为 400 赫兹；压在 1/4 的位置，就是 300 赫兹；等等。理想情况下，通过改变压迫的位置，使可振动的长度越来越短，频率会越来越高。但也不能无限缩短，因为那时梅森定理失效了。因此，乐器可使用的频率有一个范围，不同的乐器的频率范围不一样。同一种乐器因设计差异，频率范围也可能不一样（因此不同来源的频率数据往往有差异）。

有的乐器不止一根弦，例如小提琴有 4 根，钢琴有 88 根。钢琴的 88 根弦产生的频率不一样，通过选择不同按键来振动对应的弦，产生不同的频率。

小号之类的管乐，是靠空气在气腔中的振动来产生声音。声波在管道中来回反射，也在一排小口上反射。不同位置的小口反射的声波对应声波一个来回的长度不一样，声波的速度除以这个来回长度得到的频率就不一样。手指封闭不同的小口，就会改变频率，产生不同频率的声音。

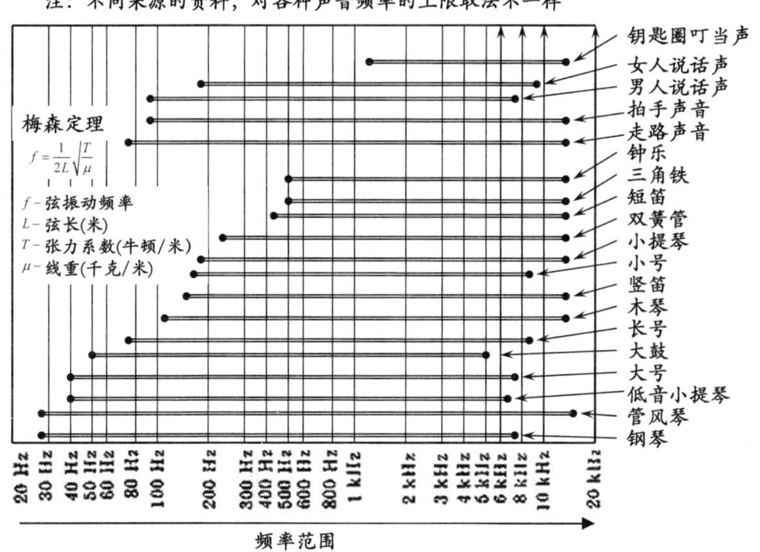

图 3.24　不同乐器或声音的频率范围

音阶与频率

无论是唱歌还是玩乐器，我们至少需要熟悉多（do）、来（re）、米（mi）、发（fa）、索（sol）、拉（la）、西（si）。其实，简单而言，多、来、米、发、索、拉、西（简谱分别用 1、2、3、4、5、6、7 表示）就是七个频率之间相差不大的谐波振动的声音。但这七个频率的选取不是随意的，而是经过长期经验积累以及心理声学对人耳听觉功能研究的结果。

比如说，C 大调的七个主音阶“多、来、米、发、索、拉、西”对应的频率分别为 261.63 赫兹（记为 C4）、293.6 赫兹（记为 D4）、329.66 赫兹（记为 E4）、349.23 赫兹（记为 F4）、392 赫兹（记为 G4）、440 赫兹（记为 A4）和 493.88 赫兹（记为 B4）。其中，440 赫兹也称为国际标准音。这里，C、D、E、F、G、A、B 七个字母是用来给这些频率的声音命名的（因此，C、D、E、F、G、A、B 也称为音名），这些字母接的数字 4 另有含义。如果接 5，那么频率就比接 4 的翻倍。如果接 3，就是缩小了 1 倍。也就是说，这些数字，被递进 1，频率就翻倍。

我们人耳有一个奇妙的功能。你把刚才这组 C 大调的频率翻倍，分别得到 523.25 赫兹（记为 C5）、587.33 赫兹（记为 D5）、659.26 赫兹（记为 E5）、698.46 赫兹（记为 F5）、783.99 赫兹（记为 G5）、880 赫兹（记为 A5）和 987.77 赫兹（记为 B5），听起来还是有“多、来、米、发、索、拉、西”的感觉，只是与前一组相比，听起来音调高了一些。这组频率，音名后面接了 5，表示与前面那组接 4 的相比，频率翻倍了。同理，将频率缩小一半，得到的一组频率就记为 C3、D3、E3、F3、G3、A3 和 B3。总之，通过类似翻倍或缩小一半，就可以得到不同的音的频率。比如说，C1 就是 32.7 赫兹，B9 就是 15804 赫兹。从 C1 到 B9，覆盖的频率范围足够大部分乐器的音乐所需要的频率范围了。

并不一定要从 C 开始，才能得到“多、来、米、发、索、拉、西”的感觉，从 D 开始也能得到，如按顺序弹奏 D4、E4、F4、G4、A5、B5、C5，也有“多、来、米、发、索、拉、西”的感觉。把 C 作为“多”，就是 C 大调，如果以 D 作为“多”开始，就是 D 大调。类似，有 F 大调，G 大调。

频率按上述方式取离散值，是基于音乐普及、标准化以及心理声学研究而逐渐形成的规范。不同国家的音乐甚至不同乐器也有一些其他规范。这里只讨论了单个频率的选取问题，好听的声音还与频率叠加有关。在讨论叠加之前，下面先介绍一下与频率比值相关的知识。

比如 C4-D4-E4-F4-G4-A4-B4 中 CDEFGAB 代表的频率，不是随意分割的，而是按照某种规则。上面列举的频率，是标准的八度分区对应的频率（即一组音阶，如 C4-D4-E4-F4-G4-A4-B4，称为有八度，或者说，下一组与这一组差了八度）。这个八度的“八”字的含义很容易引起混淆，对频率而言，并不是说等分了 8 等份。实际上，前面列举的频率，恰恰是先按等比关系分成 12 等份。比如说，把 C4（261.63 赫兹）到 C5（523.25 赫兹）之间的频率，按等比关系分成 12 等份。这 12 等份得到的频率，相邻两个的比值是 2 开 12 次方，即比值大致为 1.05946。比如，F4 是 349.23 赫兹，E4 是 329.63 赫兹，两者的比值是 1.05946。可是，D4 的频率是 293.66 赫兹，C4 的频率是 261.63 赫兹，两者的频率比不是 1.05946，而是两个 1.05946 相乘得到的 1.1224。实际上，从 C4 到 C5 中，D4 取 12 个等份中第 2 个频率，E4 取第 4 个频率，F4 取第 5 个频率，G4 取第 7 个频率，A4 取第 9 个频率，B4 取第 11 个频率。相比之下，F4 比 E4 的频率比值，是其他两个相邻的音阶的比值的一半。于是，称 E4 与 F4 之间差了半个音，而 C4 与 D4，D4 与 E4，F4 与 G4，

G4 与 A4 以及 A4 与 B4 之间差一个音。另外从 B4 到 C5，频率比是 1.05946，也是差半个音。这样做显得很麻烦，但有其道理，这里不再赘述。

一个音阶的频率翻倍后，听起来像同一个音（虽然高了些），是人耳认知功能的奇妙特点。这种八度等价功能，在恒河猴等哺乳动物中也存在。也许是耳朵鼓膜在声音压力变化作用下，除了按接收的频率产生振动外，还会激发高次谐波（即翻倍的频率），因此与接收到翻倍的频率时产生的听觉效果是一样的。

好听的声音　频率的叠加（图 3.23）

频率的大小决定了对应这个频率的声音的音高（音调），气压变化的强度即振幅决定了这个音的音量（响度）。频率越大，音调越高。一组“多、来、米、发、索、拉、西”，按顺序音调越来越高，就是因为频率越来越高。

单一的一个频率形成不了音乐。音乐是一段段不同频率的音通过衔接和叠加等方式得到的。弹奏琴弦时，通过手指的移动，使每个音（频率）有一个起止时间（即在时间上有一段长度）。换一下位置，又得到另外一段音。这样在时间上按某种顺序衔接不同频率（音），就能产生一种音乐的感觉。除此之外，为了更动听，同一时刻还可以叠加不同的频率。例如，演奏钢琴时，几个手指同时按不同的键，就有几个不同的频率的叠加。也可以在同一时刻叠加不同乐器的频率（音）。如何保证每一段音（单一频率）的质量（音质），如何按乐谱柔和地衔接不同频率的音或同时叠加不同频率的音以生成流畅的节奏感，是乐手需要千锤百炼的。

持续按钢琴的一个键或者将一根手指按在琴弦的固定位置不动，那么产生的就是单一频率的声音，声波的气压随时间的变化就是一个波浪形谐波。通过同时按多个键，使得多个频率的谐波叠加在一起，持续一段时间，形成的声波的振幅（声音的强度）就有节奏的起伏。不同时刻改变频率又产生音调的变化。

具有倍数关系的两个或多个频率叠加，或者频率之比可以约化成小整数比（如 3/5,2/3）的两个频率的叠加，产生的声音往往更动听。琴弦按梅森定理产生的谐音是基音，有的琴弦在基音的基础上，还会产生频率翻倍的音（称为泛音）。基音和泛音叠加在一起，就是具有小倍数关系的频率的叠加。

不好听的声音（图 3.25）

有几种声音不好听，至少对大多数人是这样。首先是单一的振动持续发出的声音，即只有一个频率的声音持续，就不怎么好听。至少，长时间重复单一频率，不好听。因此说话时，尽量避免把一个字的发音拖得很久（除非你振动一个字时本身就包含不同频率）。

举个单一频率的例子。烦人的蚊子虽然极小，但夜深人静困倦欲睡时，你能听到它的嗡嗡声。晚唐诗人皮日休这样描述："隐隐聚若雷，嚪肤不知足。皇天若不平，微物教食肉。贫士无绛纱，忍苦卧茅屋"。蚊子翅膀扑动频率高达 500 赫兹（每秒 500 次）以上，引起的声波的频率也在 500 赫兹以上。因此，我们看不清翅膀，却听得到翅膀发出的声音。蚊子周期性地振翅，只发出了单一频率的声音，所以听起来不舒服。

高频的噪声是各种各样的频率的声音毫无节奏地叠加在一起，或者一些频率非常高声音又非常强，听起来也不舒服。

两个频率较高且频率接近的谐波，叠加后，按谐波的数学形式，会出现一个新的低频声音，这个低频声音的频率等于两个频率之差的一半。叠加在高频上，会听到嗡嗡作响的拍打声，比较难听。因此，乐器的不同音阶的频率需要错开足够的值。

振动的频率以及声音频率的分散与叠加，构成了动听世界中的

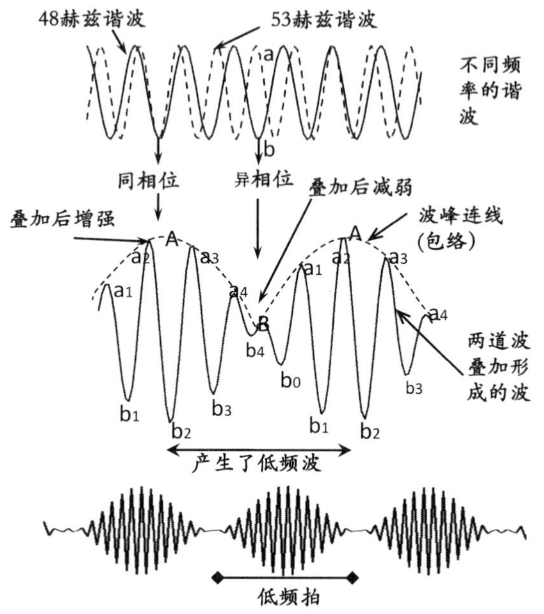

图 3.25　两个频率相近的谐波叠加

旋律。虽然如此，即使同一个人说的话，或者同一段音乐，有的人觉得好听，有的人就觉得不好听。因此，好听与否，是相对的。这可能来源于不同人的听觉系统之间的差异，对声音中的好听部分和不好听部分敏感程度不一样。除此之外，如果需要从声音中理解一些信息，那么说话就需要一定的技巧。

4.　声源的信息　口语与书面语言

文如其人，是指从文章中可以看出作者的一些个人信息，包括思想、知识水平和一些性格特点。同理，从言谈和声音中也可以了解一些信息，比如说，发出声音的声带应与身高成某种正比关系，而声音的频率与声带长度应该近似成反比，于是，从音调的高低可以判断身高。说话之中，声音的高低、吐字的快慢和语言的节奏，也如同音乐，掌握得好可能更容易打动听众。演说家声音的音量、音质和节奏给人以响亮、动听和和谐的感觉，高语速是其主要特征。以听清、听懂和消化为目标的教学语言则需要适当结合口语和书面语言。即使是书面语言，也需要许多技巧才能把信息传递清楚。

声音的信息 不同身高的人的音调高低

我们闭上眼睛，可以从声音中识别一些信息。例如，开着小汽车进入隧道后，我们发现噪声加大了。这是因为，汽车激发的声波，打在隧道壁上，会反射。反射回来的声波与原有声波叠加，就放大了噪声（也不排除出现叠加后相互减弱的情况）。

人类说话的声音靠肺、喉部的声带和发音器官共同作用产生。肺部提供足够的空气和气压来振动声带。声带振动空气，发出可听见的脉冲压力波，这就是原始声音。原始声音被口腔和鼻腔这样的共鸣腔放大与调和，再经过舌、颚、齿和唇的配合与微调，最后协调地发出各种音调，形成各种各样的声音。能听到的声音的形成当然比这还要复杂，其中涉及发声声波、不发声声波和爆音的共同作用。

声带发出的声音的频率大约在 20 赫兹到 500 赫兹之间。通过口腔其他部位的影响，人说话的声音的频率在 50 赫兹以上，音量主要集中在 300 赫兹到 3000 赫兹之间。人耳能听到的声音的频率在 20 赫兹到 2 万赫兹之间，并且对 300 赫兹至 1 万赫兹之间的声音最敏感，尤其在 300 赫兹到 3400 赫兹之间的声音最清晰和最容易被识别。我们的电话系统采用的频率就在 300 赫兹到 3400 赫兹之间。

既然声音的发出源于身体重要器官的协调动作且重要器官的运动能力必然与身体的一些特征有关，那么一个人的声音就有可能透露一些身体的隐私。据生活科学网报道，声音告诉你说话者的性取向、身高、年龄、假声和魅力程度等五件事。

比如，身体越高的人，声音可能越低沉。身材娇小的女性音调更高。原来，如同梅森定理所揭示的那样，人体的声音频率也与声带的长度有一定的反比关系，身体越高的人，声带应该越长，因此频率更低，声音更有可能低沉些。

中医凭望、闻、问、切可以看病，按中医理论，凭声音也可以近似对健康状态进行某种判断。中医将声音概括为呼、笑、歌、哭、呻等五声，认为肝与呼相关、心与笑相关、脾与歌相关、肺与哭相关、肾与呻相关。医术高明的医生也许能从人发出的声音，听出患者的哪一个脏器出现了问题。每一个器官的健康状态也许会对这几类声音的频率、振幅和节奏有影响，也许高明的中医能听出来。

语言的技巧（图 3.26）

这里指的技巧，不是巧取豪夺的技巧，不是引人上钩的技巧，不是哗众取宠的技巧，而是准确传递信息让人一目了然完全理解你的意思的技巧。

虽然我们能听到 20 赫兹到 2 万赫兹之间的声音，但如果吐字的频率太快，与相邻的字的声音连在一起或者重叠，就识别不出来了。说的目的不是单纯为了把话说完，而是为了让人听。语速太慢，听者不耐烦甚至听不懂；太快，则听不清、听不懂或记不住。因此，必然有最佳语速。可是，在不少场合，人们说话的目的似乎并不完全是让别人听懂。有一部畅销书，《为何男人不倾听，女人不能看懂地图》（Why Men Don’t Listen and Women Can’t Read Maps）就提到说与听之间的矛盾。

平均而言，一天之中女人说话更多。在 2004 年美国有线电视新闻网的访问节目上，艾伦皮斯曾指出：（英语国家的）女人一天能说 2 万个到 2.4 万个单词，男人是 7000 个到 1 万个。假如一天有

语言信息中尽量包含完整的时间、顺序和时态，准确的数目（甚至单复数）和单位，从属关系和限定条件

图 3.26 教学语速三种类型

10 个小时可以说话，1 万个单词意味着一小时 1000 个，平均每 3 秒左右一个单词。

事实上人们说话的时间比较集中。比如说，演说家以打动听众情绪为主，一份 15 分钟的演说稿一般是 3000 字，也就是平均每分钟 200 个字左右。

教学对语速的要求非常高，因为学生听课涉及听讲、听懂和（选择性）记忆这几个基本环节。听讲首先要求能听清，记忆则需要时间，因此语速不能太快，每分钟可能只能是 100 字左右。听懂要求意思表达准确，因此课堂语言不能完全口语化，要求结合书面语言和口头语言。但也不能单调地采用一成不变的节奏。例如，强调严谨时可偏重书面语言且需要慢速，每分钟 90 字左右。强调生动时，可以用口头语言，甚至可以适当快点，如每分钟 120 字左右。

说话太慢或者在两个句子之间停顿太久，容易导致听众失去耐心。太快或者两个句子之间没有适当停顿，要么听不清，要么听不懂，要么来不及记忆。因此，教师讲课时，只有依据其内容的分类，适当按要求调整语速，才可能达到最佳效果。

课堂传授知识、作演讲与学术报告考虑的是能否让别人听懂。命令与指示的传达往往不会采用书面语言，听到的意思往往跑偏。

美国心理学家达勒（T.L.Dahle）有一项企业管理自上而下过程中信息交流失真的实验结果：董事长信息传到副总经理，信息丢失率达 37%，传到企业中层管理者丢失率累计达 44%，传到一般管理层，累计丢失了 60%，传到基层科室与班组，累计丢失了 80%，即从董事长到基层班组，原有的意思还剩下 20%。

不同方言或不同语言之间翻译，则可能带来更多的误解。你不妨做一个循环实验，在自动翻译系统中首先输入一句（意思稍微复杂一点的）中文，让其自动翻译成英文，接着把翻译得到的英文再拷入，让其再次翻译成中文，如此继续。你会发现，在有些情况下，中文意思越来越远。

意思的偏离除了翻译不准确外，有时来源于中文可能不强调单复数和一些对数目、时态与对象的限定。

对于科技语言和其他需要确保意思准确的语言，需要尽可能地给出不可或缺的信息，这些信息尽可能涉及完整的时间、准确的顺序或时态、数目（甚至单复数）、量的单位、从属关系、限定条件等。例如，说到一个物体的噪声是多大时，要求指明是距离多远的噪声，说到多少分贝的噪声会有害身体时，要求指明暴露多少时间才有害，否则给出的信息毫无用处。通知中如果有时间信息，一般同时给出年、月、日、周几和钟点。假如你发一个 3 月 9 日开会的通知，如果同时给出是周几，那么事业和教育单位的人就能知道那天有没有时间。信息完整且准确，才能保证不会引起误解。

5. 风中的声音　移动物体的声音　追赶声音的感觉

声音会骑在风中传播，声速叠加风速，就是相对于地面的传播速度。难以想象，如果风速比声速大，那么我们听不到下风口的人说话。超声速飞机还真的比声音快，因此它已经飞到了你的头顶上，你还不知道它来了。驶来驶离的火车，其鸣笛的音调由高到低，原来不是它的喇叭在变化，而是你同一时间段能接受的声波的数目不一样了，或者频率不一样了。假设你说出了一句话，你又能追赶上你的声音，那么，你听到前后顺序被倒过来的一句话是什么感觉？一句话倒着念，没有问题，这句话倒着听，能听出什么吗？

风中的声音　移动物体声音的速度

如果有每秒 20 米的风在吹，那么站在说话者下风口的人，感觉声音以每秒 340+20=360 米的速度跑来，而上风口的人则感觉声音以每秒 340−20=320 米的速度跑来。如果风速是每秒 340 米甚至以上呢？当然我们不可能有这么大的风速，否则下风口不知道能听到什么，尤其上风口的人就听不到下游的声音了。

在没有风的情况下，如果你一边跑一边发出声音，那么声音在静止的地面空气中还是以每秒 340 米的速度传播。这和水漂激发的涟漪是类似的。不管水漂跑多快，每次落水激发的涟漪，在静止的湖面中，都会形成波纹圈圈以水波特有的速度向外扩张。

物体的移动改变声音的频率　多普勒效应（图 3.27）

一个物体以某频率发出声音。如果这个物体朝你移动过来，你听到的声音频率变大了，该物体远离你时，你听到的频率变小了。声波的频率如果越高，那么声音越尖细，或者声调越高。于是，驶近驶离的汽车，其发出的声音的音调先提高再降低。

原来，一辆朝你行驶过来的汽车，后一时刻发出的声波是在汽车更靠近你的时候发出的，相邻时刻声波到达你的耳朵需要的时间间隔相比于静止汽车的就变小了，这相当于声波的原有频率被增加

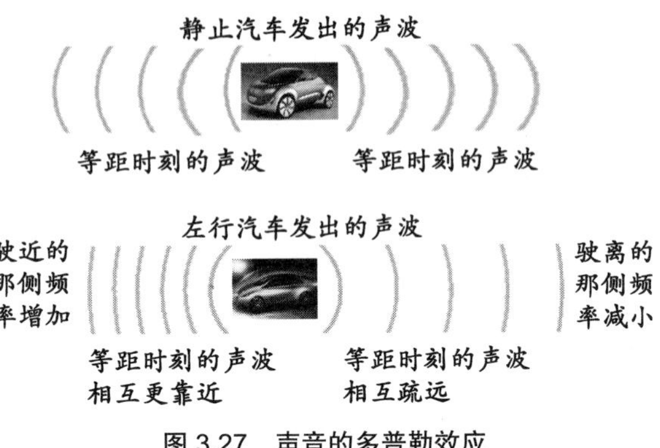

图 3.27　声音的多普勒效应

了，于是你听到的声音就比汽车静止时声调要高。而当汽车驶离时，正好相反，因此声调就越低。这就是多普勒效应。需要注意的是，多普勒效应并不说明声波的传播速度提高了，而是频率增加或减小了。上面提到的声音在风中传播，传播速度叠加了风速。

追上你的声音，“回来吧”就变成了“吧来回”（图 3.28）

说一句话，声音以声速向四面八方传播。在 0.1 秒后，以声源的位置为中心，以 0.1 乘以 340 即 34 米为半径的球面上任意位置的人就听到了。0.2 秒后，这个球面的半径就是 68 米。如果有 10 米每秒的风，那么这个球面包括球心就以每秒 10 米的速度向下游移动。

假设乘坐某种工具追赶你的声音。显然，以跑步的速度是追不上你的声音的。如果乘坐高速列车，车速是每小时 500 千米，即每秒 139 米左右，那么还是追不上声音。

假设你的车比音速还快，那么你就能追赶上并超越之前发出的声波，这时你听到的话就倒过来了。每一个字的发音其实并不前后对称，绝大部分字用辅音连上元音，尤其转舌音和鼻音。不可想象，把一个字的元音放在前面接辅音，听起来是什么样子。一句话倒过

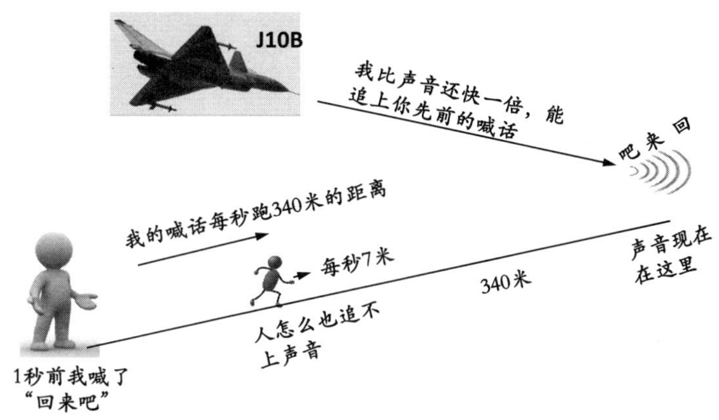

图 3.28　追上声音的情况

来了，并不是把原有的字按颠倒了的顺序念一遍那么简单，每个字的发音都变了。

超声速飞机飞过了，你还没听到声音（图 3.29）

一架亚声速客机飞来，远远的还没飞到，在地面的你就能听到它的声音，因为它的声音比它跑得快。超声速飞机比声音跑得快，它飞到头顶了，它的声音还没有到达地面。只有飞过头顶了，过了一段距离，地面的你才能听到声音。

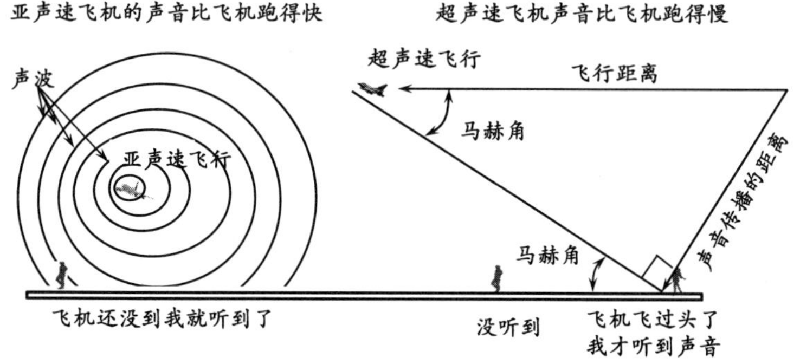

图 3.29　在地面听亚声速飞机和超声速飞机声音

考虑在 2.4 千米高空，飞行马赫数为 5/3（约为 1.667）的超声速飞机。约 8.8 秒多一点点时间内，它能水平飞行 5 千米，而它发出的声音（按每秒 340 米的声速，实际比这低一些，因为高空气温比地面低）这段时间能传播 3 千米的距离。你听到声音那一刻，它已经在离你直线距离为 4 千米、仰角（等于马赫角）为 37 度的地方。

这是很粗略的估算。实际上超声速飞机有冲击波，冲击波的速度比大气声速快一些，因为冲击波内的气温比环境温度高，声速比大气声速大，会顶着冲击波以比大气声速快的速度传播。因此，音爆会比普通声音更快到达地面。

3.3 飞行的奥秘

我们一直用了一些不怎么专业的语言暗示飞机如何产生了升力。也不能处处都显得那么不专业吧，于是在这里，我们试图用距离专业更近的语言来说说飞行的奥秘。然而，也不要失望，即使是航空专业人士也会对飞机机翼为何出现升力发生争吵。著名空气动力学家安德森就这样说："非常奇怪的是，莱特兄弟发明飞机约一百年后，成群的工程师、科学家、驾驶员和其他人会聚集在一起，热情洋溢地辩论飞机机翼是怎样产生升力的；人们会提出各种各样的解释，争论主要集中在哪种解释更基础。"这种争论显然加深了飞机的神秘感。那我们就以探秘者的心态来看看飞行的奥秘。当然，以这种方式看待问题，会在某些本来可以一笔带过的地方，使用很长很慢的描述。我们得从水中开始，再到陆地行走，钻进车里，……，到发动机里面烤一烤转一转，再摸摸高亚声速飞机的腰部，最后随候鸟排队迁徙。怎么要绕那么大弯子啊，不就飞行的秘密吗？

1. 水遇窄道快　人（车）遇窄道慢

这里的主题本来是飞行的秘密，怎么跑到水中与陆地上来了？水的流动，人群的行走，车道上的交通，不需要讲太多道理我们也能知晓其中会发生：遇到窄道，水流变快了，人群变慢了。这谁都懂得的。连这些都懂了，探秘飞行就容易多了。

窄道水流急，狭路人流慢（图 3.30）

洗脸池拔掉孔塞放水时，能听到放水的小孔里隆隆的水流声，这表明在小孔那里，水流速度变快了。溪流遇到巨石挡路，那么在石头缝隙之间，水流就加快了。这就是水遇窄道变快现象。宽道中慢慢流动的那么多的水，遇到窄道，要全部通过，当然要跑得更快了。

可是，如果公路上车流较为密集，那么遇到道路变窄的地方，车流速度就降下来了，甚至堵得很厉害。人群、兽群也是这种情况。公园、电影院、食堂、教学区的人群，如果得通过狭窄的过道，就会减速并且出现堵塞。

单看这两种情况，都很容易理解，都在我们常识之中。可是，把两种规律相反的现象放在一起，就不好理解了。流过飞机的气流，亚声速时遵循水的规律，超声速时遵循人的规律。原来，人群的行走居然属于某种意

图 3.30　水遇窄道变快，遇宽道变慢

义上的超声速流动，只是这个声速不是声音的速度，而是类似于声音那样的人与人之间的相互干扰的传播速度。

车流与水流中的扰动

为何车流遇到窄道会减速，水流遇到窄道会加速？原来，遇到窄道也相当于车流与水流是受到妨碍了，水流遇到扰动会快速将其释放完，而车流遇到的扰动会来不及释放而妨碍车流。

道路或水道突然变窄，就是一种干扰源。现在用我们熟悉的道路上的车流为例来看看发生什么。试想你在开车，你的前面道路的变窄（或其他原因）会导致你前面的一些车并道、减速或出现其他会引起你作出响应的状况。这对你而言就是扰动。遇到扰动，你有一个从看到扰动和意识到扰动，到手脚作出动作使车作出改变的过程，历经的时间就是总的反应时间或响应时间。

对于普通司机，这个响应时间是 1.5 秒左右。有的司机可能得 3 秒甚至更长。赛车手当然比 1.5 秒短多了。

为了说明问题方便，这里取 3 秒作为平均反应时间，前后两辆车的平均车距是 30 米。遇到扰动后，一辆车作出响应，30 米之后的那辆车的司机看到这种响应（如变速、并道等），在 3 秒后完成同样的响应。接着，这种响应进一步往后传。这就是说，扰动以 30 米除以 3 秒，等于每秒 10 米的速度在传播，即扰动传播速度是每秒 10 米，每小时 36 千米。

当然，这里假定了响应时间都是 3 秒，车距都是 30 米。实际上不同的司机的响应时间和车距可能差异很大。这种简化讨论至少让我们了解到扰动会以某个速度传播。

车速与扰动速度的博弈

于是，就出现了两个速度。一个是大多数人知道的车速。另一个是大多数人不太熟悉的扰动或响应传播速度。当你遇到两个不同类型的速度，你首先要做的，就是比较它们的大小。飞行速度与音速之比称为马赫数。于是，可以把车速除以响应传播速度所定义的比值，称为行车马赫数。对于行人，可以称为行走马赫数。

继续考虑每小时 36 千米的响应传播速度情况。如果车速都是每小时 18 千米，那么行车马赫数就是 0.5。如果车速是每小时 72 千米，那么车速比响应传播速度快一倍，行车马赫数就是 2。行车马赫数大于 1 的叫超波速速度，小于 1 的叫亚波速速度。

对于其他任意车速或车距，都可以得到类似的行车马赫数。如果是人群行走，也有行人之间的间距和反应时间，两者之比也定义了一个响应传播速度。行走速度除以响应传播速度，就是行走马赫数。

事实上，道路上之所以出现车流和人群，表明大家都着急，都急着往前赶。因此，一般情况下的行车马赫数和行走马赫数都会大于 1。遇到扰动，比如说遇到窄道，由于扰动传播速度比移动速度慢，因此就会干扰移动，迫使减速。你前面的人减速了，你还以原来的速度前进，就会撞在一起。人（车）遇窄道慢，就是这个原因。当然我们也不要因此激动不已，庆幸自己都能超“音速”了，“马赫数”都大于 1 了，要知道，你的这个“音速”不是那个声音的速度。

水的流动也会遇到扰动。这个扰动传播速度就是水中声波传播速度。水中声波的传播与大气中的声波有点类似（与水面波浪的传播速度不是一回事，是水受到挤压和拉伸产生的波动的传播速度）。这个速度大致是每秒 1500 米，即每小时 5400 千米，比大气中声音速度快多了。水流速度一般会较低，比如说每秒 15 米。每秒 15 米，除以每秒 1500 米，这样得到的水流马赫数是 0.01。于是，有什么扰动试图造成堆积，就会通过压力波以每秒 1500 米的速度极快地释放到别的地方。因此，水的流动就不必顾忌有什么扰动挡路，遇到窄道就会遵循体积流量不变（即单位时间通过水道的总水量），选择快速通过。

因此，人与车的移动速度一般比相互之间的干扰的传播速度快，遇到扰动后，扰动就添堵，迫使人与车为了避让就减速，一下子在干扰区域堆积，从而会拥挤在一起，速度就变慢了。水流的速度比干扰速度即压力波慢许多，有点什么干扰，比如说水道变窄带来的干扰，这种干扰的影响很快就传播到足够远的地方，让水流及时作出调整，不会出现堆积现象。

就是说，对于人车流动，扰动比你的速度慢，就给你添堵，嫉妒你。对于水的流动，扰动比你速度快多了，遇到窄道就出来帮忙，把对你的妨碍快速扩散到别的地方。

2. 风中转掌知升力 优美的流线与和谐的声波

不要羡慕鸟的翅膀和飞机的机翼能产生升力，因为我们的手掌就是机翼，也能产生升力。别害怕，不是要你把手掌插在飞机上在高空去飞（那多危险），而是让你舒舒服服坐在车里，用手掌去感知有升力的乐趣。升力当然来自于气压差，气流速度的差异提供了这种气压差。气流速度的变化和气压都来自于分子热运动，它们是如何把一部分当作吹风一样的气流，同时把另一部分当作气压？气流和气压是在友好相处，还是相互为敌？如果互为因果关系，谁是母鸡谁是鸡蛋？

外探手掌知升力（图 3.31）

设想你坐在行驶的小汽车右侧的座位上。在确保安全的情况下，将右手伸出右侧窗外。首先将手掌放平，那么你顶多会感觉到风给手掌向后推的力，且只有车速足够快，才有明显的这种感觉。

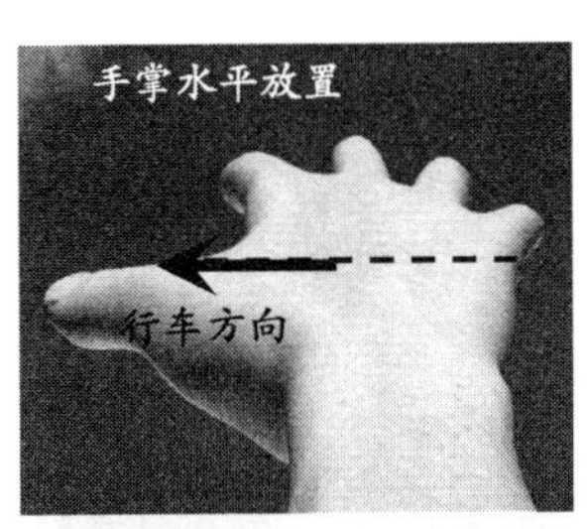

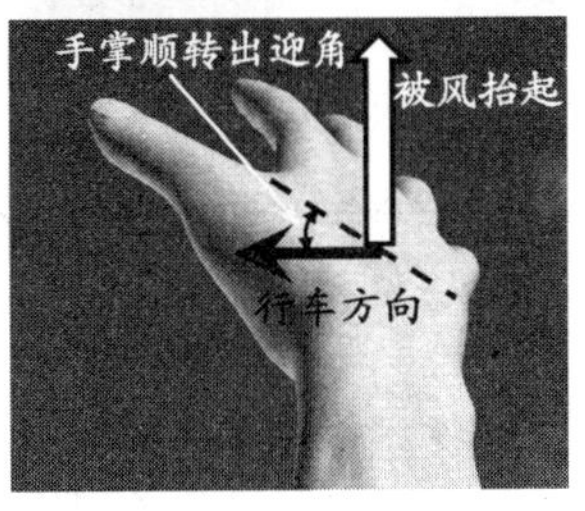

图 3.31　手在风中产生升力

现在你将右手手掌顺时针转一个小的角度，即让手掌有点迎角。如果车速较小，或者迎角较小，那么不会有奇迹发生。如果你手掌心正对着前面，即迎角等于 90 度，那么就没有升力，只有阻力了。此时，手掌就会被推向后面。

现在让车速快点儿，比如说每小时 70 千米。将五指并拢，手掌尽量展平，接着将手掌迎角慢慢增大。会出现一个迎角，可能在 30 度左右，你的手突然会被举起来。

就是说，手掌获得了向上的升力，至于迎角多大会把手掌抬起来，还与手掌的大小、车速以及手型有关。当然，如果在车上做这种体验，一定要注意安全。即使外部安全，也要慢慢增大迎角，别因为你手掌的形状太利于产生升力，以致突然产生很大升力，抬起速度太快而磕着车窗框。总之，宁可不去体验升力滋味，也要保证安全。

你可以调节手型和迎角，使升力足够大，再感觉一下手心、手背以及正对着前方的拇指会感受到什么。有些地方气压高了（比如说拇指靠掌心的部位）、有些地方气压低了（手背拱起的地方）。尤其是作为前缘的拇指上侧，那里负压很大。

手心手背并不是对称的，手心窝进去，手背向外凸。这种弧度也称为弯度。除了迎角会产生升力外，弯度也贡献升力。你可以改变手型凸起的程度，看看升力是否变化。

弯度分担迎角的职责（图 3.32）

人的手掌往往是掌心凹进去一点点，手背有点凸。如果细看鸟的翅膀，就会发现翅膀向上带有一定的弧度，即向上凸起。这就是弯度。鸟扑动翅膀、人的手抓握物体，从肌肉进化的角度不难理解会形成这样的向一侧凸起的弯度。不仅如此，鸟翅膀的弯度还能分担一部分迎角的作用，也能产生一些升力。

为了产生足够的升力，迎角必须足够大。迎角独自承担升力任务，太累了，弯度过来帮帮忙，一起产生足够的升力，这样就不会出现迎角太累而趴下（升力下掉）的情况。

至少可以这样理解，气流绕凸起部分流过时，走了弧线，离心力降低气压，于是翅膀凸的一侧也会产生负压即吸力，从而贡献升力。

迎角效应和弯度效应都有利于产生升力。两者都利用，就有可能取长补短，达到最佳效果。没有弯度单靠很大的迎角效应产生升力，会迫使气流急急地绕前缘拐弯，容易产生拐弯涡，或者因拐弯离心力太大，导致前缘产生极高的负压峰值。负压集中在一个点当然不舒服（就像你睡在一颗钉子上）。让迎角适当小一些的弯度则可以让拐弯半径大多了，拐弯涡不容易形成。弯弧的上表面导致的吸力（负压）能均摊在更宽的范围，在机翼上的气压分布更均匀和更柔和。因此，弯度不是在抢迎角升力的饭碗，而是与迎角效应合作，使得在产生升力的同时，构成升力的吸力能柔和地分布在更宽的表面上，同时避免迎角单独挑重担时产生拐弯涡的情况出现。

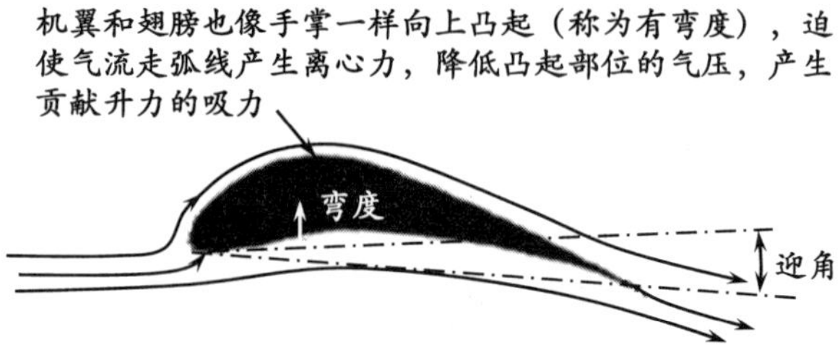

图 3.32　弯度也贡献升力

烟雾萦绕　水流湍急（图 3.33）

香烟燃烧加热了周围的空气，使它们变轻，因此在浮力作用下上升。上升的区域正好带着白色或黑色的气体（二氧化碳或者杂质），因此我们看得清流动的样子。

水在河道中流淌，如果遇到巨石挡路，那么水面波浪的变化让我们看得清流动的样子。形容水流有滔滔江水奔腾不息、一泻千里、波光粼粼、碧波荡漾、流水潺潺等词句，可见文人之笔能惟妙惟肖地再现水的流动形态。

香烟柱的初始段显得非常有序，顶多轻微摆动。到了一定的高度，就乱了。水流也存在有序的和无序的区域。这种有序的部分，专业上称为层流；无序的部分，专业上称为湍流。烟雾萦绕，水流湍急，可见湍流已经在文学语言中出现了。

一小团烟雾和一团团水，在湍流中忽上忽下、忽左忽右、忽前忽后，速度忽大忽小。这有点像分子热运动。我们在讲高尔夫球时说过，好好的有序层流，为何会发脾气一样变成湍流。原来，维持

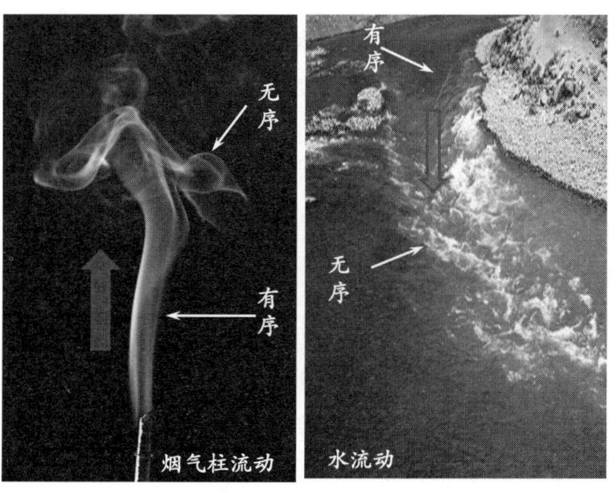

图 3.33　有序流动（层流）和无序流动（湍流）

层流，每团流体活动范围太小，不舒服，变成湍流，每一团流体就可以轻易跑到更宽的范围。不被囚禁在窄小的空间憋死，也是水的权力，空气的权力嘛。你想想人会怎样，就能理解水和空气会怎样。话虽这么说，往下讲机翼时，我们会知道，湍流之所以产生，也是因为一些因素在内斗。在一起吵起来了，还不如跳到别的地方。惹不起还躲不起？

有了上面的直观感受，就容易想象空气的流动了。因为道理是一样的，只是空气流动看不见罢了。但是，我们还得用合适的眼光去看气流。

假如我们用微生物的眼光去看空气流动，那就复杂了。微生物目光短浅，它们可能看到的就是一个个的做热运动的空气分子，在那里跳来跳去。假如我们带着超倍的放大镜，去看照片、画、脸部，会看到什么？会看到一个个的坑。我们不会这样去欣赏照片，看人表情。

我们看得清眼睛、鼻子、嘴巴就够了，当然看得清睫毛更好。我们最好不要看得清细胞。当然，我们仔细看，还是看得清脸部和手掌上的纹理，正是这些纹理让我们有了平面感和空间感。

我们就以这种看清纹理而不去看清细胞的眼光看气流就够了。气流中可能有一定大小的旋涡，那就当它是脸部的眼睛就行了。就这么简单。

握紧拳头时，脸部微笑时，皮肤上的纹理就会有特定的形态。流过机翼的气流，类似地也有一定的形态。脸部因做表情在动时，这里绷紧了那里舒展了，感觉这里在拉扯那里在松弛。气流也是，这里慢了那里快了，气压这里高了那里低了。气流速度和气压，均代表了空气分子的某种能量，从而它们的变化得相互顾及，不能擅自行动。这样才能让流线优美，让声波和谐。

流线的优美与声波的和谐（图 3.34）

在气流中，组成小团的分子们除了和微小的小气团一起旅行，自身还在做热运动。如果随小气团一起走得快点，自身的热运动速度就降低一些，因为不会无缘无故跑得更快了。你奔跑的速度越快，那么用于挑担的气力就越小。空气也是人，岂能一边跑一边还有那么高的气压。

于是，在速度较低的情况下，这种流速与气压的变化趋势相反，使流速代表的动能与气压之和是常数（这个原理在专业上也称为伯努利定理，是伯努利最早发现了这个原理）。

如果气团的速度较高，与音速相比不是特别小了，那么动能和气压之和就不是常数，但还是会满足速度越快气压越小的趋势。

流速加快与气压变小是一种相互依赖的关系，不是前因后果关系，而是并列关系。在一个空间区域，流速不一样气压就不一样，因为要满足二者之间的协同关系。那些流速大的地方，气压小，反之亦然。从一点出发的气流小团，可能走直线，也可能走弧线，甚至走圆周线（如旋涡中的小气团）。从相邻位置出发的两个气流小团，走的路径不一样。两个路径可能越来越靠近，或越来越远离。靠近时，里面的气流就得加速了（亚声速时，水遇窄道变快嘛），气压就变小；或者减速了（超声速时，人遇窄道变慢嘛），气压变大了。

这种路径，就是流线（专业上，流线的定义比这复杂点，但对于不随时间变化的流动形态，这种路径就是流线）。说一个物体是流线型，是指其表面正好是流线，即小气团能始终贴着物面走（而不会在某位置甩出去）的外形。

你可以想象，流线该具有优美的空间形态，这里直直的，那里弯弯的，还有的地方是圆圈，就像艺术家的素描画一样。

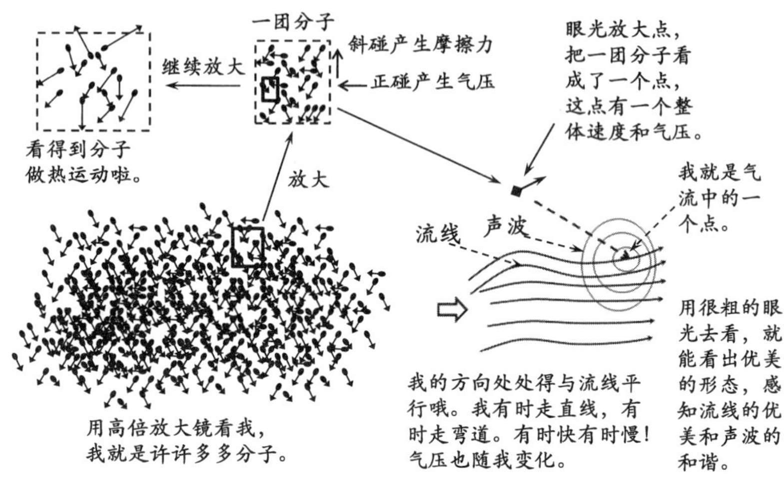

图 3.34　不同眼光看气流

由于流速和气压是相互依存的关系，因此流线分布有多优美，气压的变化就有多和谐。飞机要设计成什么样子？让绕飞机的气流中，流线优美、声波和谐。一切都是为了美，好的飞机一定是好看的飞机。

3.　在机翼的气流中旅行

站在飞机上看，气流绕行机翼一定很神秘。那就让我们化作一团气体，跟着气流在机翼周围旅行一圈，体验一下这种旅行的快乐与煎熬吧。不过，我们得有所准备，因为这个旅行有点漫长。你得忍受被禁锢在一处的感觉，忍受与同伴的离别之恨，更得忍受在一起的同伴相互推搡摩擦导致的混乱。当然，你更多是在体验过山车的滋味。无论是从下方举了机翼一把还是从上方拉了机翼一把，你在离去之时总算为飞机不掉下来做了点贡献。

绕行机翼的旅行者（图 3.35）

我现在是机翼上游的一小团空气，在向机翼走去，开始我的旅行。旅行中的任何时刻，一些空气分子会无情地离开我，但也有一些会很友好地加进来。我如同公司老板，任由自己的员工活蹦乱跳地进进出出，但那些厮守在里面的，还是随我一起向右移动，人们把我走的路径叫迹线（如果不随时间变化而只随空间有变化，迹线就是流线）。

如果我在某处的速度小于声速，我会遵循“水遇窄道快，遇宽道慢”；如果高于声速，也会遵守“人（车）遇窄道慢，遇宽道快”。这是大自然赋予我的法则，我不可能突破。

现在我跑不过声速。我从机翼头部（前缘）正对着的上游在通往机翼的路上，靠近机翼时，我得减速。人也会这样，遇到挡路的就会减速。

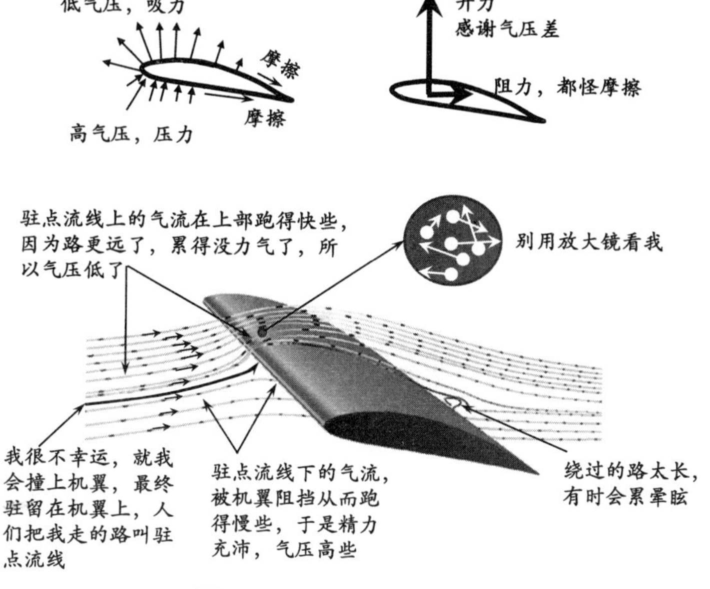

图 3.35　跟随机翼一起看气流

我如果不走运，走的路径使我恰好正面撞上带迎角的机翼，我就被迫停在撞击点上了。我没法回头，因为后面的空气会堵上我。人们把我走的路叫驻点流线。我将永远留在机翼上了，囚禁我的那个点也叫驻点，我驻留在那个点上，不能动弹了。没有了速度，因此气压就高了。

如果我从上游出发时，位置比驻点流线高一点点，那么我到了前缘后，就得绕过前缘，去机翼上表面继续我的旅程。我绕过前缘时，也相当于水遇窄道了，因此我跑得就很快，快了后我的气压就很低了，因为也累嘛。比大气的气压低许多了，因此机翼就受到我的吸力，看来我的辛苦没有白费。

距驻点流线更远的在我上方的那些邻居们，没有像我这样受到机翼那么大的阻挡，因此气压接近大气压。于是，气压大的邻居也会压迫我，将我朝机翼方向推挤，帮助我克服了绕前缘时拐弯的离心力。

也可以这样来理解。我拐这么大的弯，受那么大离心力作用，显然只有机翼前缘拖住我，我才能绕过去。这个拖住我的力就是吸力。前缘吸我，我就通过降低我的气压吸机翼前缘。这也是种礼尚往来。

好不容易绕过了前缘，但还得加速才能到达机翼的最高点。从机翼最高点开始，我的道路开始越来越宽了，于是我就减速了，水遇宽道慢嘛！我不那么着急了。于是，我的气压又开始回升，终于可以喘口气了。最后，我到达了尾缘。那里是尖的，便于我与那些从下面来的伙伴们相会。我能见上出发前高度比我低一些但和我一同出发的伙伴们吗？

非常令人失望，一分手就成了永别，和我一同出发的位于驻点流线下面一点点的那些伙伴，会比我晚到尾缘。我都走到尾缘下游去了，它们才到尾缘。出发时就相距那么一点点，这一别就是永别了。我只会见那些比我早出发的了。我的位置就高了一点点，居然享受高速列车的待遇，比我的地位低一点的伙伴，就只能坐慢车了。

可是，也不能用地位高低和速度快慢来贬低我的伙伴。在我下面的那些速度慢的伙伴，精力充沛，气压大，让我羡慕极了。再说，它们不用绕那么大的弯子，不会像我似的累得一点气力都没有。尤其我到了机翼后段，我的气力小得可能会被甩出去。一旦甩出去（气流分离），我就会被卷进很难抽身的旋涡了，高处不胜寒啊！

如果我有幸沿着流线型机翼（那种纤细、薄平并且抬起的角度不大的机翼）旅行，我就不会拐太大的弯，因此体力消耗再大，也不容易出现晕眩。

我在绕过上表面时，尤其在前缘附近时，由于降低了气压，因此给机翼产生了吸力。那些在机翼下面慢慢旅行的伙伴们精力充沛，提升了气压，给机翼下表面产生了正压。我们虽然分道扬镳，但还是齐心协力，上拉下顶地给机翼提供了升力。

当然，我们在机翼前端威力大一些，那时走的路还不多，体力消耗小，因此升力主要作用在机翼前半段。

贴近机翼的旅行　最接近诺贝尔奖的流动世界（图 3.36）

如果我完全贴着机翼壁面走，我也玩完了。这是因为，机翼会通过摩擦阻止我旅行。除此之外，离机翼更远一些但靠近我的伙伴们，如果想比我走得更快，那么我们也会发生摩擦。于是，邻居伙伴的速度也降下来了。还好，稍微远一点的伙伴，受到的摩擦小多了。于是，如果我们在贴近机翼表面的一薄层内旅行，速度就会降下来。这一层叫摩擦层（专业上叫边界层或附面层）。这个摩擦层是空气动力学之父普朗特教授的伟大发现，据说这个发现及其所涉及的数学模型的建立，差点使他拿了诺贝尔奖。于是人们说，摩擦层的发现是飞机那样的气流问题最接近诺贝尔奖的工作！

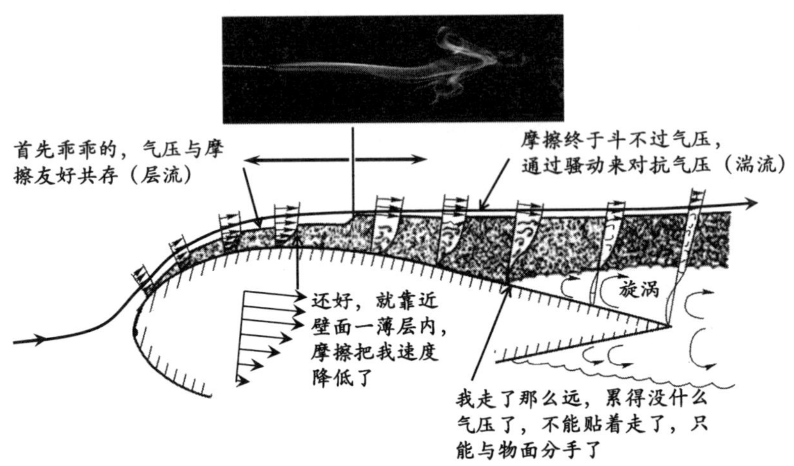

图 3.36　边界层：气流与机翼的摩擦在很薄的一层内降低气流速度

我在摩擦层中旅行，不但会受到我的前后邻居用不同的气压来挤压或拉扯，也会受到我的上下邻居的摩擦。这让我够受的。

我们越往下游走，上面越多的伙伴受到我们的摩擦，从而被摩擦的一层越来越厚了。我上下被摩擦，前后被挤压，人越来越累，都站立不稳了，因此，稍微遇到扰动，我可能就趔趄起来，将邻居们绊倒，导致它们也趔趄起来。

我们终于一片混乱，人类把我们叫湍流。那个状态，就像前面介绍的烟雾萦绕，就像水流湍急的地方。湍流是一个奇特现象，我在湍流中，一会儿跑到这里，一会儿跑到那里，杂乱无章，随机变化。有的人因此认为我会忍术。其实，是我和我的邻居们颠三倒四地乱了方寸。我们有多乱？乱得最伟大的物理学家和数学家都无法抓住我们的规律。多少科学家为此毕其一生啊！我又是物理学最后遗留的难题，又是数学无法解决的难题。不信？那就去看看克雷数学所网站，人们把我作为千禧年七大难题之一，悬赏 100 万美元，让你挖开我的秘密。

我在发威时，飞机都会颠簸。空姐不时提醒乘客：“飞机遇到一些湍流，请系好安全带”。当然，我们也不是一无是处。如果我们被试图甩出去，我们一个趔趄，就会回到原位。高尔夫球就通过布满凹槽，可以让我们变成湍流来阻止拉扯它的拐弯涡，使高尔夫球飞得更远。我们变乱后，也会偷偷地把外面速度快的气团带近物面，使物面附近气压不会太低，避免拐弯涡的产生，减小拐弯涡带来的阻力。当然，我们这么趔趄，也会加剧与机翼的摩擦。

人类试图用失稳来解释我们为何变成湍流。人类在走路开车时，会受到某种扰动，如风吹草动、虫飞鸟鸣、地面不平、路人干扰以及光照改变等。人类受到一点干扰就会情绪失稳暴跳如雷吗？骑车时遇到一点点风吹草动就会歪歪斜斜、跌跌撞撞，甚至摔倒吗？都有可能。那就叫失去稳定了。失去稳定，可能会乱作一团。

原来，我之所以乖乖地旅行，凭的是惯性。我的前后伙伴会推我、挤我，或者拉扯我，我的上下伙伴会摩擦我。开始时，我还能忍受这些骚扰。但到了后来，我的体力不行了，老了，脾气变古怪了，因此我们会骚乱，人类看起来，我们就是湍流了。

进入摩擦层不久，在我前面的邻居提前加速，气压比我低，因此我能顺利往前走，上下邻居对我的摩擦也不会给我造成太大麻烦，我这段旅行可谓顺风顺水。我的伙伴们和我一起，很有秩序地旅行。人类把我们叫层流，即各走各的道，各在各的层。

可是，过了机翼的高点，我前方的伙伴们的气压升高了，于是对我有所妨碍。我有点走不动了，因此我们更有可能变得混乱。

命运决定于机翼的形状与迎角（图 3.37）

如果机翼的前缘太尖且迎角较大，那么我绕过前缘时，就会遇到很大的离心力。我又没有系安全带，因此就会甩出去。甩出去又被上面的伙伴推回来，因为他们没有经历甩出去的痛苦，有的是气力把我推回来。当我被推回到机翼时，我已经到达了机翼中段附近的某位置了。我在甩出去与推回来的过程中，会带动我下方的气流旋转起来，人类把这个旋涡叫前缘涡，因为它靠近前缘。其实就是一种拐弯涡。

这个前缘涡也像生命，一旦产生，就会长大。这是因为，除了我被甩出去，我后面的伙伴绕前缘时，也会被甩出去。大家都带着这个旋涡转，就慢慢长大了。前缘涡长大后，就不会留在前缘了。男儿长大志在远方嘛。长大的前缘涡就会脱离前缘，跑去尾端看看。

脱离原位的拐弯涡，走近尾缘后，会把尾缘上的气流也带着转起来。尾缘下方的气流于是就得绕过尾缘来迎接，绕过尖尾缘也会遇到离心力，生成尾缘拐弯涡。于是，前缘涡就有了双胞胎弟弟。他把弟弟带大，继续他的旅行。尾缘涡弟弟长大后，也会追随哥哥，开始他的旅行。

前缘涡离开前缘后，其他从上游过来的伙伴绕过前缘，会继续滋生新的前缘涡。于是，前缘涡和尾缘涡会成对地产生。到了下游，它们排成两排。上一排顺时针旋转，下一排逆时针旋转，像一个队列。人们把这个队列称为卡门涡街。之所以叫卡门涡街，是因为卡门发现并研究了这种涡街引起的额外阻力。

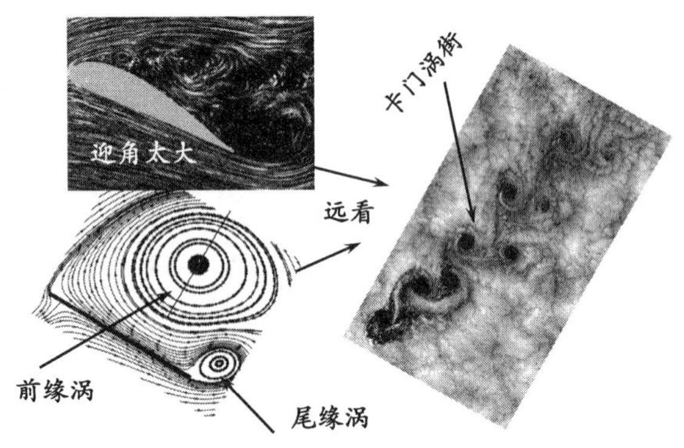

图 3.37　卡门涡街：交替产生方向相反的旋涡

电线、桥墩、飞机起落架、建筑物等有气流或水流流过时，都可能产生卡门涡街。一个个旋涡的脱落，引起气压的交替变化。大风天气，我们听到的电线或树枝发出的撕心裂肺的声音，就是这种卡门涡街引起的。

别小看了卡门涡街，卡门还是钱学森的导师，绝对不是小人物。加州理工学院在排名世界第一的那年，在简报中专门把喷气推进、卡门涡街以及地震李氏级别的提出，作为大学三项最伟大的成就。在这三项成就面前，连诺贝尔奖都不值得一提。

剩下的旅途自己探索（图 3.38）

机翼的旅行还可以有更多的故事。比如说，鸟翅膀和低速机翼是圆头前缘。可以想象，只有这样，绕过前缘时，拐弯就没那么急，因此就不容易出现拐弯涡。尾缘却又是尖的。只有这样，上下表面过来的气流才能顺利相会，才能协同地在下面产生正压，上面产生吸力，否则各行其是，就不会有效果。也可以这样理解，由于尾缘是尖的，这样对于有迎角的机翼，就会迫使气流在尾缘相会后统一向下偏转了一个方向。整体上，只有过来的气流被往下吹，才能反过来给机翼产生向上的升力，这就是牛顿作用力与反作用力的基本原理。

迎角太小了，升力不够。迎角太大了，容易出现拐弯涡。拐弯涡把上表面的气流绕乱了，把产生升力的效应给破坏掉了，升力也就小下来了。因此，必然存在一个产生升力的最佳迎角。这个最佳迎角大致在 15 度左右。

如果飞机超过声速飞行，那么气流在下表面减速后，增加的气压无法以压力波释放到其他地方，因为被超声速气流摁在壁面附近了。对于上表面，由于带迎角，欲急速离开的气流就会试图拉出空隙，这使上表面气流出现膨胀，降低气压。上下表面的气压差也会

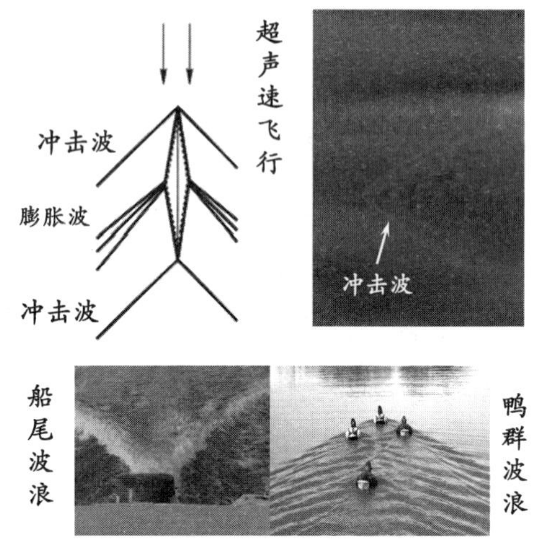

图 3.38　空中冲击波与水面开尔文波

产生升力。但是，超声速情况下，圆的前缘和上下凸出的形状，容易让空气聚集堵在那里，产生冲击波（因为气压变化以声速传播，在超声速气流中无法向四周有效疏散）。

低速飞行的机翼，有点弯背，这样产生额外的升力，如同我们能力平平时，客气地鞠躬办事会更顺畅。反过来，超声速机翼没有弯度，如同能力超过平均数，可以昂首挺胸发挥作用，再谦虚就反而遇到阻力了。

速度接近声速时，气流速度和声速的大小就旗鼓相当。两强相争，谁也主导不了谁，因此会出现更多的麻烦。因此，必须有一些特殊的措施来应对，由于机身也瞎掺和，因此一些这方面的介绍就留给介绍飞机时再提及。

4.　飞机与发动机

我们终于可以看看飞机了。然而，飞机并不是有了机翼就可以飞行，还需要稳定与控制，尤其需要发动机提供动力。这会涉及永远写不完的知识。可是，既然我们行在空气中，就不得不在这里挂一漏万地点点飞机和发动机。由于在机翼的气流中旅行就已经够令人疲倦的了，因此这里只简要地介绍固定翼飞机。直升机之类的就不提了。飞机和发动机是一个高技术的家伙，不太适合开它的玩笑，让我们用平淡甚至枯燥的语言来描述一下吧。

固定翼飞机（图 3.39、图 3.40）

鸟其实最早掌握了飞行奥秘。2014 年发现的化石表明，2500 万年前的桑氏伪齿鸟，翼展即翅膀展开后的横向长度达 6.1~7.4 米，而现代飞机歼 20 翼展是 13 米。难怪古生物学家丹尼尔·克赛普卡这样说：桑氏伪齿鸟从空中俯冲下来的话会遮天蔽日。

鸟靠扑动翅膀飞行。早期人们模仿鸟，试图也靠扑动机翼来飞行，但一直很难成功。1799 年，英国人乔治·克雷在丝绸圆盘上，提出了固定翼飞机的原理：用有独立产生升力的固定机翼，有控制飞机方向的操纵面，有独立产生推力的发动机。因此，机翼、控制面和发动机对于一架固定翼飞机，缺一不可。莱特兄弟 1903 年发明的现代意义上的飞机，主要得益于他们自制了具有足够强推力的发动机以及发明了控制机构。

鸟：至少2500万年前　飞机发明：1903年

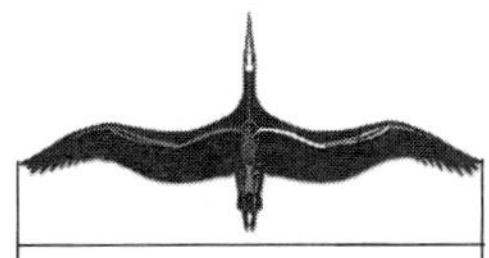

飞机原理：1799年

图 3.39　飞行的历史

飞机当然有机身，而且往往比较细长，这样才能是流线型，气流容易避让，难以形成较大的压阻。与空气摩擦会产生一定的机身摩擦阻力，也能产生少部分升力。

机翼如同鸟翅膀，呈薄平状向机身两侧延伸。机翼面积足够大，平面形状和翼型（机翼的截断面）尽可能满足产生有效升力的流线型要求，如具有圆的前缘和尖的尾缘、较小的厚度、合适的弯度以及恰当的迎角。机翼除了产生升力，也附带产生摩擦阻力，甚至还有一些压差阻力。

阻力需要靠发动机推力来平衡。发动机推力如果等于阻力，那么就是巡航飞行状态，飞机做匀速水平飞行。如果发动机推力大于阻力，就加速，小于阻力就减速。

升力等于重力时，飞机就能在空中飞行。升力与空气密度、飞行速度的平方以及机翼面积成正比。高空密度越来越低，因此飞得越高，往往要求越快，或者要求机翼面积越大。

由于机翼的迎角效应，使飞机有很大的升力，比阻力高数倍甚至 10 倍以上。因此，小的发动机推力，就能让很重的飞机飞起来。

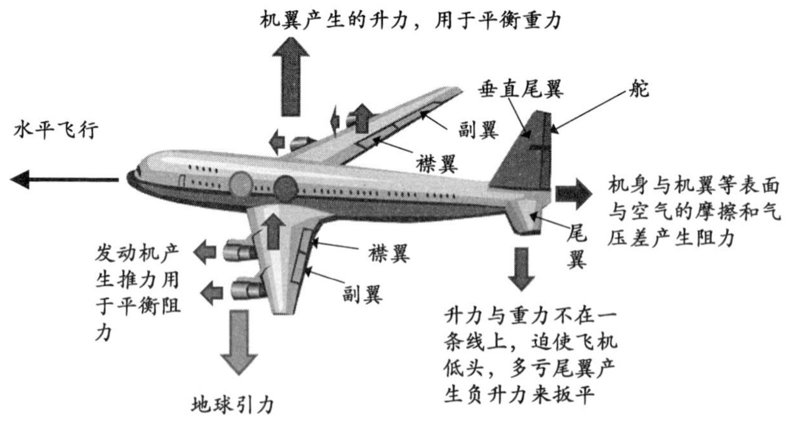

图 3.40　飞机飞行原理

尾翼让飞机不会失去平衡（图 3.41）

飞机的重力和升力都指向竖直方向，但不在一条线上，因此飞机可能会抬头或低头，失去平衡。就像舞棍，两手横握棍的两个不同位置，朝相反方向用力，棍就转起来了。这种使物体旋转的一对不在一条线上的力产生试图翻滚物体的作用，称为力矩。不能让飞机这样随意翻滚，于是加了水平尾翼。尾翼适当带迎角以产生负升力（或正升力），产生的相反的力矩正好平衡机翼升力和重力不在一条线上的力矩。尾翼很小，但离重心距离远，因此也能产生足够的力矩，这与杠杆原理是一样的。用一根杠杆之所以能轻易撬动一块大石头，就是因为石头与手离支点距离不一样。

发动机拖着飞机在大气中飞，如果受到扰动后，机尾不听话开小差向左向右偏，垂直尾翼就产生侧向力迫使其摆正。原来，如果出现向左向右的偏转运动，本来顺流的垂直尾翼就与运动方向有了迎角，产生的升力正好使机尾被推回原有的方向。如果机尾向上向下偏转，水平尾翼就会起类似的稳定作用。

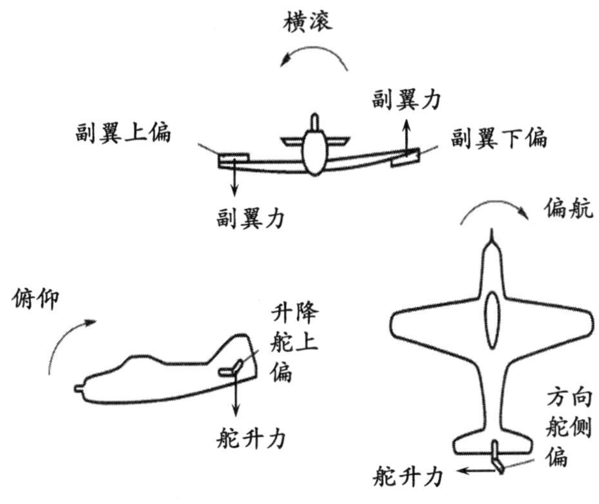

图 3.41　飞机副翼、升降舵和方向舵

姿态的改变　起飞着陆

机翼两侧离机身稍远的地方有一对小副翼，可以打开。左右副翼分别向上向下打开，就各自产生了正迎角和负迎角，产生的额外小升力一个朝上一个朝下，转动飞机产生横滚，或使其偏离水平面。副翼产生的力虽小，但距离机身远，于是有了四两拨千斤的杠杆效果。

垂直尾翼上的方向舵的偏转也会产生迎角效应，从而产生侧向升力，使飞机改变航向。尾翼上的升降舵向下向上偏转，产生向下向上的小升力，使飞机低头或抬头。

副翼和方向舵同时起作用，使飞机以偏离水平面的姿态拐弯。偏离水平面，使升力有一个指向拐弯内侧的分量，使拐弯更容易。这如同我们骑自行车拐弯，身体和车倒向哪一侧，往哪一侧拐弯就容易些。

机翼两侧有一对襟翼，靠近机身。起飞着陆阶段，飞机很慢，靠原有的机翼不足以产生能平衡重力的升力（因为升力与速度平方成正比）。抽出襟翼，就能增大机翼面积。另一方面，向下偏转襟翼也能增加弯度和迎角，就能产生足够的升力。

产生动力的秘密（图 3.42、图 3.43）

发动机据说很难，但基本原理很简单。从本质上说，发动机有受力面。背对着推进方向的受力面（简称背面）如果能增压，就产生推进力。朝着推进方向的受力面（简称正面）如果产生负压，就产生吸力型推进力。侧面摩擦如果朝着推进方向，也产生推进力。有时是三种情况兼而有之。前两种情况也称为压力推进。有时正面也产生正压，但小于背面的正压，还是产生净推进力。人造发动机一般不考虑摩擦推进，但动物在地面靠摩擦推进，动物弹跳则靠压力推进。

以压力推进为例，主要有两种手段产生压差。其中之一就是火箭模式。如果你放过鞭炮，一定见过冲天炮竹，向上冲时后面拖着火焰。这是火药燃烧产生了高压，作用在冲天炮内部，产生了推力。这就是火箭原理。火箭发动机也是这种原理。之二就是叶轮模式，也可以叫升力模式或旋转模式或流动模式。叶片在与推进方向垂直的平面旋转，且旋转叶片相对于旋转平面带有迎角，于是产生迎角升力，这个迎角升力指向推进方向。有的可能是兼具火箭模式和叶片（升力）模式，如涡喷发动机。

从发动机诱发的外部气流看，背面出现了喷气，甚至被喷气诱导了旋涡。这种喷气速度甚至旋涡强度可以通过基本的物理学原理与推进力的大小进行等价关联。有时正面出现吸气，吸气速度也可以与推进力的一部分进行等价关联。但喷气与吸气，甚至被诱发的旋涡，是产生了推进力的结果，却经常被当作了推进的原因。这

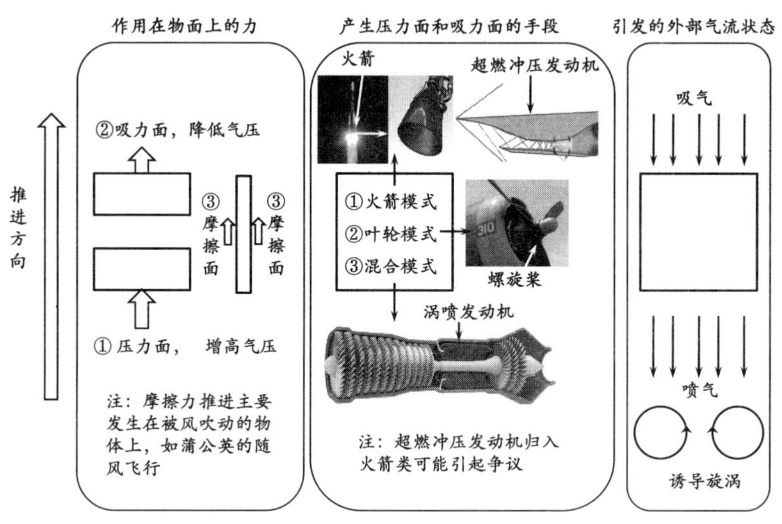

图 3.42　从不同角度看推进原理

是一种表述方式上的差别。把结果当原因，只是一种数学物理上的等价。

如果更笼统地表述，也可以把推进原理说成是牛顿作用力与反作用力原理。用针管挤水，用力挤才能把针剂挤出去。被挤出去的液体产生的作用力大小等于用手挤的力，方向相反。用力越大，挤出去的液体飞得越快越远。这就是喷出去的速度越高、推力越大的原理。

以叶片模式（升力模式）中的螺旋桨推进为例。桨叶安装在一个旋转平面内，在不同位置都有一定的安装偏转角，即偏离旋转平面的角度。旋转时，桨叶面与旋转运动的方向有迎角，产生的升力垂直于运动方向，即垂直于旋转平面。于是，这样的迎角升力就作用在推进方向，也就是推力。

离轴心越近，旋转线速度越慢，此时，主要是推进方向决定了气流运动方向，故桨叶在离轴心较近的地方，只是相对于推进方向有一个合适的迎角。靠近桨尖，旋转线速度大，旋转决定了运动方向，故桨叶相对于旋转平面有一个合适的迎角。

这种由叶片压力面和吸力面之压差产生的推进，也称为升力模

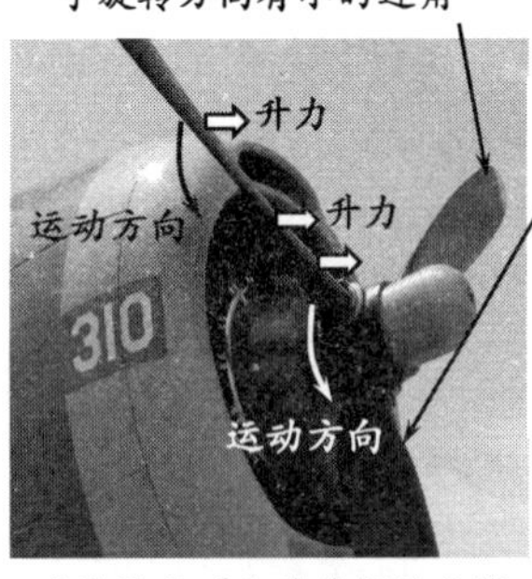

叶片模式（也称为螺旋桨模式、升力模式或流动模式）

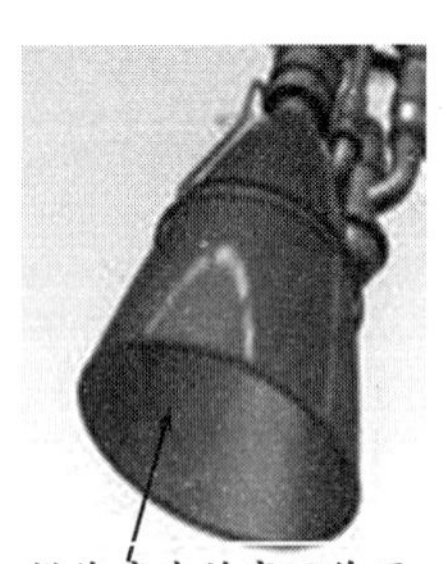

火箭模式

图 3.43　产生气压差推进的叶片模式和火箭模式

式或流动模式，当然更确切地说就是螺旋桨模式。与前面的火箭模式一起属于两种主要推进模式。

难度极高的喷气发动机则可以形象地理解为既包含了火箭模式，也包含了螺旋桨模式（里面的压气机和涡轮，就是某种形式的螺旋桨，虽然压气机主要用于增压，而涡轮主要用于驱动压气机），虽然一般不这么说。

喷气发动机（图 3.44）

喷气发动机不止一种，我们挑最简单的来说明原理。飞机前方的气流通过进气道，先遇上高速旋转的压气机转子叶片。转子有点类似于螺旋桨，只是转子叶片很多。你可以把转子叶片简单看成机翼，只是它们不是朝飞行方向运动，而是朝旋转平面运动。它们相对于旋转平面有迎角，因此也产生迎角效应，使压力面面向下游方向，吸力面朝上游方向。这种吸力面和压力面的朝向正好使经过一级转子叶片后，气压增高了，当然也适当产生了升力（在推进方向，所以直接贡献推力）。

但一次增高不能满足下游燃烧室燃料燃烧所需要的高压要求。燃烧需要比常温常压条件下高得多的分子热运动。极高速度的分子热运动以及密度足够高的气体才能引起足够频繁和足够强的分子之间的碰撞。化学反应就是通过这种碰撞，将氧气分子与燃料分子通过结合成新的分子，释放能量。

于是需要多级压气机。相邻两级转子之间，安装了不旋转的导流片。被上一级转子带着旋转的气流，遇到不转的导流片，旋转的气流就撞击导流片的压力面（也稍微朝着下游方向），将旋转动能转换成高气压。于是经过导流片气压又增加了一些。

接着往下又是一级转子叶片和导流片，作用和前面一组完全相同。于是，一级一级下去，气压就逐渐增高。有的发动机压气机有

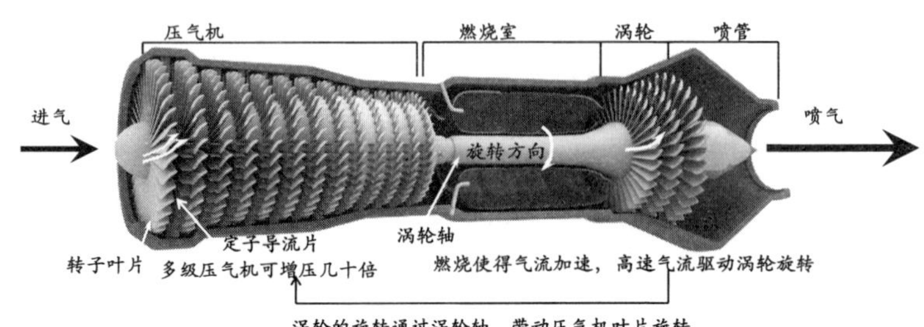

图 3.44　涡喷发动机结构与原理示意图

十余级，可增压数十倍。具体需要增加多少倍，是不断反复设计和实验总结的规律。这样一边增压，压气机也提供一部分推力。

进了燃烧室，气压足够高的气流与燃料混合，就能点火产生化学反应。道理与我们煤气炉烧火差不多，当然要求更高。需要严格选择液体燃料，并且通过喷嘴将其有效雾化，变成极小的颗粒，迅速蒸发成气态，与气流中的氧气尽可能快地混合。点火后，燃料气体分子与氧气分子碰撞，产生化学反应即燃烧，形成高温高压气体，高速向涡轮喷去（也通过燃烧室靠近进气的一侧壁面增压，来提供一部分推力）。

涡轮可以简单想象成风车。风吹风车就转起来了。涡轮叶片也有压力面和吸力面。燃烧室过来的高温高压气流，撞击压力面，就产生了引起旋转的迎角升力（指向周向，驱动旋转）。涡轮的旋转，通过涡轮轴，带动压气机转子叶片旋转。因此压气机转子叶片的旋转是涡轮带动的。

涡轮的压力面朝上游，吸力面朝下游，因此，经过几级涡轮，气压降低了，但一般而言还是比外面的大气压高。从涡轮出来的气流，作用在喷管的尾锥上，又能产生另外一部分推力。

从尾喷管喷出去的气流速度，比进气的速度往往高一倍左右。因此，也可以从火箭模式来理解为何产生了推力。

喷气发动机推力的构成（图 3.45）

发动机的推力，按压力的贡献，有时很奇怪。这样看，主要推力不一定全是由发动机提供，前面的进气道和尾喷管也贡献一部分。以超声速喷气发动机为例，如果让超声速气流直接撞击压气机叶片，那样会撞坏，尤其会形成极高的温度。因此得慢慢将气流速度降下来，使到达压气机的入口时，气流速度已经是亚声速了，比如说正好是声速的一半。

于是需要一个扩张型进气道来将气流速度降下来。进气道之前是前体，相当于收缩管道的一面。在这里，遵循“人遇窄道慢”的道理，气流减速（这种减速还得到冲击波的帮助）并增压。

进入进气道后，已经降为亚声速。进气道是扩张型的，亚声速气流遵循“水遇宽道慢”，于是进一步减速增压。提高了的气压作用在扩张型进气道的内壁上，投影到轴线方向就是推力了。

接着气流进入发动机叶片，故事就和前面一样了。于是可以直接跳转到尾喷管。超声速发动机的尾喷管是扩张型的，这是因为过来的气流比环境气压高，于是作用在扩张型喷管壁上，也形成一部分推力。

著名的 A5 喷气发动机，在飞行马赫数为 2.2 时，如果只看气

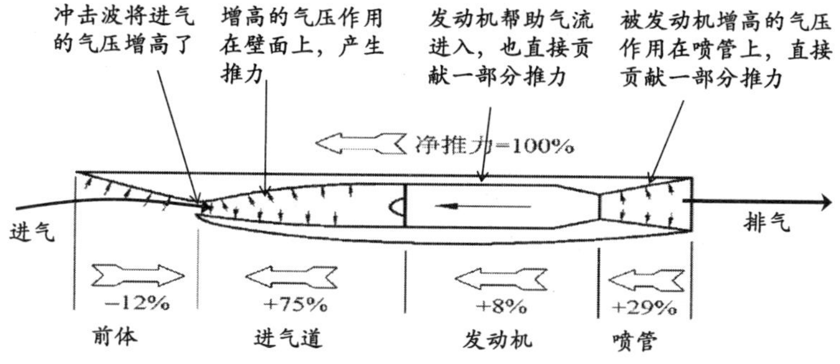

图 3.45　喷气发动机 A5 在马赫 2.2 时各部件产生的推力比重

压的作用，进气道产生了 75% 的推力（进气道前体产生负推力），整个发动机只贡献了 8% 的推力，喷管贡献了 29% 的推力。这有点难以理解，难道发动机本身没有必要了，仅仅依靠进气道就能产生 75% 的推力了？不是，恰恰是发动机带动了气流有效地进入进气道。如果没有发动机，进气道就进气困难，不会产生推力。

发动机故事续写的困难

喷气发动机几个主要部件的功能是耦合的，合起来就能完成进气、增压、燃烧，燃烧将气流变成高温、高压气流驱动涡轮旋转。旋转的涡轮反过来带动压气机旋转，完成增压。增压了的空气，在燃烧室与喷射的燃料顺利混合与快速燃烧。因此，这是一个闭合循环过程。

压气机的转子叶片不能做得太长，否则增压效果差，叶片长了也容易折断。于是，需要多级叶片，多级压缩。在相邻两级叶片之间，由于气流被上一级叶片转向了，因此到了下一级叶片入口，朝着不利于增压的方向。为了将方向拉直，需要在两级叶片之间安装不旋转的导流片。导流片一方面将气流拉直，另一方面可以将上一级叶片带转了的气流的旋转动能转换成气压。

在高空，大气中的气压一般低于一个大气压，因此注入燃料后不会燃烧。经过压气机或进气道，压力增加到几十个大气压，到了燃烧室，燃料点火后就能燃烧了。燃烧导致气流温度和气压急剧增高，反作用在燃烧室靠近压气机一侧的壁面上，使燃烧室也贡献推力，同时产生高速气流，直接作用在涡轮叶片上，驱动涡轮旋转。因此，为了使涡轮旋转，涡轮就产生了一部分阻力。但这部分阻力与其他部分的推力相比还是很小的。

为了使压气机和涡轮最有效地产生增压和旋转力矩，需要对叶片的形状、大小和安装角进行精密的设计。虽然原理看似简单，但没有一种简单的理论告诉你要设计成怎样，需要用复杂的理论进行初步设计和分析，找出效率最佳的设计。另一方面，历史经验积累相当重要，需要基于现有的设计，经过不断分析、反复比较和多次实验，才能改进方案。因此发动机的设计需要耗费大量的精力。

除了压气机、燃烧室和喷管的设计需要满足苛刻的要求，对材料的要求也很高。燃烧室与涡轮的温度可能高达 1500 摄氏度以上，因此用于制造燃烧室和涡轮的材料需要极高的耐高温能力。除此之外，叶片旋转每分钟数千到数万转，使每个叶片交替感受气流的气压变化，这种交替气压变化容易带来疲劳。在一个直径 1 米左右、长度 4 米左右的空间内，要安装拥有十级左右叶片的压气机、燃烧室以及涡轮等，因此发动机的制造与安装工艺也相当复杂。如果取每分钟一万两千转，一秒就是 200 转。半径为 0.5 米的转子叶片，其翼尖旋转线速度可达每秒 624 米。这超过了冷空气的声速，会在那里产生冲击波。冲击波一方面导致很大的阻抗，另一方面会带来其他损失。因此，转慢了不行（增压不够），转快了也不行（产生有害的冲击波）。

航空发动机要求耗油率要低，要求安全可靠，要求可维护，要求低噪声。民用航空发动机平均寿命得一万小时量级。

于是，航空发动机被称为飞机的心脏，甚至属于反映工业实力的工业之花。

接近音速的飞机（图 3.46）

鸟的翅膀和低速飞机的机翼带有弯度，向上凸起。机翼也相当于机身的凸起物。这种凸起拦住了从侧面避让的气流流道，因此得加速才能通过。

这里，飞行马赫数本身就接近 1，上述加速就很容易导致气流超过声速。站在飞机上看，前方本来是亚声速来流，现在局部出现超声速区了，因此称为跨声速流动。

一旦在凸起的部位出现超声速气流，就得按“人遇宽道变快”的原理，进一步加速了。于是，凸起部位的下游气压越来越低，在凸起物下游产生吸力，形成额外的阻力，也称为跨声速阻力。

本来气流速度和声波速度就势均力敌，互不相让，你还在那里添堵，不把矛盾激化才怪。

这种阻力非常大，导致不加适当改进的飞机很难接近和突破声速，这就是音障的来源。局部超声速气流撞击下游的空气，后者无法及时避让，因此形成伞一样的冲击波。由于这种冲击波的存在，人们也把这种跨声速阻力归结于冲击波，把阻力增加归结于跨声速波阻。

既然是局部凸起的堵塞引起了跨声速波阻，那么把机翼的上表面削平（称为超临界机翼设计），让机身在链接机翼的位置瘦腰（称为跨声速面积律设计）以及让机翼向后掠（如同燕子的翅膀一样向后掠），就会有效地减弱这种凸起效应，减小波阻和冲击波的强度。这样，飞机就轻易突破了音障。

当然，凡事有个度，以蜂腰为例，蜂腰后虽然显得更美且减弱

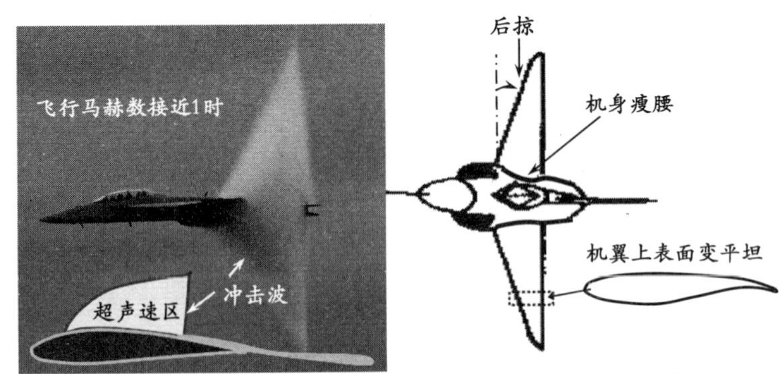

图 3.46　跨声速现象及其减弱的措施

了跨声速波阻，但瘦得太厉害也不行哦。有的飞机腰瘦不下去，就把前段机身加粗点，这样子看上去就显得蜂腰了。这样子也能减弱跨声速波阻。这么简单的道理本来谁都懂。

5. 翼尖翻转涡　飞机起降频率　候鸟的迁徙

飞机在云端飞行，或者在湿度较大的低空飞行，我们会看到下游有两道旋转方向相反的旋涡。那就是翼尖翻转涡。这种翼尖翻转涡对下游飞机有不好的影响，但聪明的候鸟却巧妙地利用翼尖涡，借力飞行。翼尖涡让两个翼尖涡之间的气流下降，而外侧的气流上升。排队的候鸟就驾驭在翼尖涡外侧上升的气流之上，它们真得感谢飞在最前面的鸟。

飞机的翼尖涡（图 3.47）

产生升力的机翼的压力面（下表面）气压高，吸力面（上表面）气压低，因此，在翼尖的位置，下表面的高气压就会驱动气流从翼尖侧边绕到上表面，这种气流翻转实际上就是一种旋涡，旋涡吹到下游，于是拖出两道长长的旋涡，就是翼尖涡。

从飞机尾部向头部方向看，左侧的翼尖涡顺时针旋转，右侧的逆时针旋转。如果下游远端有云彩，那么就可以清晰地看到翼尖涡将云朵卷成螺旋状。由于翼尖涡旋转产生离心力，会迫使涡心气压降低。如果当地气象条件使空中的湿气接近饱和状态，那么在涡心低气压作用下水蒸气就会凝结，让我们看到白雾般的翼尖涡。

翼尖涡那种翻转方向使在两个翼尖涡之间产生一股向下吹的气流。这会使下游的其他飞机处于危险状态。因此，机场航班起降时，前后两架飞机必须隔开足够长的时间或距离，以便前一架飞机的翼尖涡在摩擦等因素作用下耗散得差不多了。

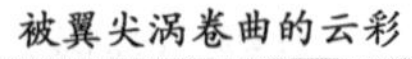

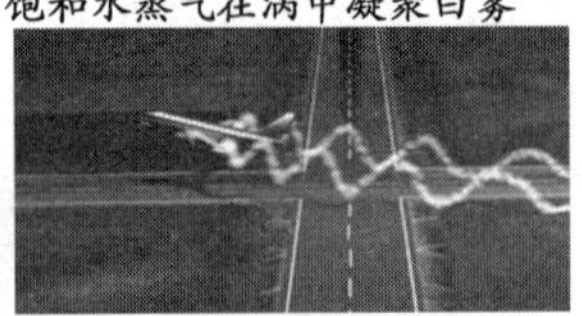

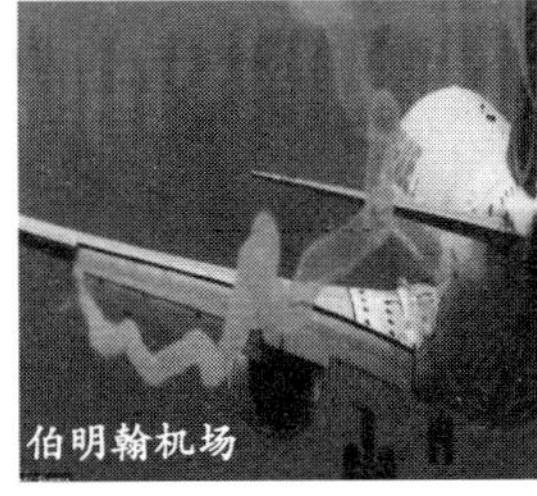

图 3.47　翼尖涡与候鸟迁徙

飞机越大，翼尖涡越严重，起降间隔就需要越长。因此，飞机不一定做得越大越好。

国际民用航空组织（ICAO）对飞机起降制定了标准，将飞机分为重型、中型和轻型三类，按先后起降的飞机的类型规定了飞机起降间隔时间或距离，时间间隔大致在 80 秒至 180 秒之间。前面一架飞机起飞后，下一航班需要等几分钟才能起飞，就是这个道理。

飞机起降阶段，速度还没有提升到巡航时的速度，因此，与速度平方成正比的升力不够。为了获得能平衡重力的足够升力，起降阶段需要打开襟翼。襟翼从机翼尾缘伸出来，并且向下偏转，等效于增大了机翼面积和机翼弯度，产生足够的升力。然而，在襟翼的翼尖，也会有类似于主机翼翼尖涡的旋涡产生。

除了对下游飞机起降有不利影响，翼尖涡对自身也有影响。翼尖涡迫使两翼尖涡之间产生向下的气流，作用在机翼上，相当于改变了前方过来的气流的方向，使气流向下偏转了。这样，与这种偏转了的气流垂直的升力，有一个分量就指向飞行相反的方向，即产生了一种额外的阻力。为了减弱这种额外阻力，人们发明了翼梢小翼，即在翼尖竖立一个小机翼，从而把翼尖涡减弱以及抬高。抬高后，翼尖涡离机翼就远了一些，负面作用当然就减弱了。

翼尖涡在两翼尖涡之间（内侧）产生下降气流，当然在翼尖外侧就产生上升气流。如果处在下降气流中不利，那么处在上升气流中就有利。“二战”中盟军将轰炸机以 V 字形编队飞行，使下游飞机处在上游飞机翼尖涡外侧的上升气流之中，结果发现最高可节省 18% 的燃油。

候鸟迁徙与人字形飞行（图 3.47）

秃鹭之类的候鸟远距离迁徙时，通过排成 V 字形或人字形，下游鸟利用上游鸟翼尖涡外侧的上升气流来获得额外升力以及推力，减少体力消耗。然而，生物学家不满足于这种显然易见的道理。2014 年，华盛顿大学生物系的莫伊杰里斯（Florian T. Muijres）和狄更生（Michael H. Dickinson）在《自然》周刊上报道了从飞机上观测秃鹭作 V 字形飞行的细节。他们发现，候鸟在不断调整身体位置和翅膀扑动频率，以便最有效地节省体力。

候鸟迁徙有时可能利用了大气环流。灰鹱，一种乌黑的海鸥，从夏季末离开加利福尼亚飞回新西兰，这一旅行飞行的距离累计达到惊人的 3 万 9 千英里，是有记录的最长的距离。

英国《生物通信》2015 年报道称，一种体重只有 12 克左右（大致 12 张名片的重量）的林莺可在两到三天的 62 小时内，不间断、不吃不喝地飞行 2540 千米左右的距离。这对应的对地速度平均约为每秒 11 米。如果林莺不借助风，而是在空气中飞行，那么为了克服阻力（比如说 3 克的阻力），飞行 62 小时需要消耗 15600 多卡的热量。假如林莺没吃东西，完全靠消耗自己的肉变成克服阻力的能量，那么需要消耗 782 个左右自己的身体（12 克鸡肉，有 20 卡左右的热量），才能自主（而不是借助风）飞这么远的距离。这显然是不可能的。

但据观察，林莺在迁徙前，先吃饱昆虫，使自己增重一倍。12 克猪肉含有 23500 多卡热量。假设 1 克昆虫含的热量与 1 克猪肉差不多，那么林莺吃了 12 克昆虫，可以支撑飞越那么远的距离而不借助风力。

事实上，大气中是有风的，在 10 千米左右的高度，平均风速可以达到 20 米每秒。如果林莺在迁徙时，能飞到这样的高度，靠这样的风，也能在三天内飞 5000 千米左右。

那么，到底是吃得饱吃得好，使林莺能扑动翅膀飞那么远，还是只需要悬在大风中，让风吹那么远？

3.4 自然界的运动：一曲动感的旋律

聪明的鸟和昆虫通过交替改变翅膀方向，使迎角升力一部分用于平衡重力，一部分形成推力。一些植物的种子插上了翅膀，像直升机一样飞翔。被风吹落的蒲公英种子会举起冠毛伞。下落的雨滴会通过变形来降低下落速度。动物的腿既像倒挂的单摆也像弹簧，奔跑时也就是摆动和振动。不要以为肌肉没什么事，肌肉同时起到发动机、刹车、弹簧和支撑等作用。鱼儿摆摆尾巴就往前游，有的也弯曲身体再发力，如同我们赛跑前的预备姿势。有的鱼用胸鳍划桨或像螺旋桨一样产生推力。当然，还有雪花。草木之花多五出，独雪花六出，雨滴落水咚一声，雪花落水有铃音。

1. 鸟与昆虫的飞行秘密

很容易想象，昆虫因为翅膀太小而产生不了足够的升力，就像太小的飞机也飞不起来一样。可是它们就是能飞起来，而且能快速机动，能驾驭风吹雨打。鸟比昆虫大些，比飞机小些，它们能折中昆虫和人造飞机的一些飞行技巧。不仅如此，鸟与昆虫的翅膀既能产生升力，还能产生推力和控制力。原来，它们知道用某种频率和方向扇动翅膀，既把翅膀当机翼又把翅膀当螺旋桨，既能扇出旋涡又能把旋涡当气球使。

鸟飞行的秘密（图 3.48、图 3.49）

天空飞鸟拥有一对羽扇般的翅膀。这对翅膀是完美的流线型外形，既有合适的迎角也有恰到好处的弯度，从而在平飞时当然能像飞机机翼一样产生升力。

升力好解决，不够就把翅膀长大点、把迎角调合适点、让机翼形状完美点。

可是，鸟不能总是靠大气上升气流升上蓝天，然后在那里翱翔吧。它也得向前飞行，于是必然会有摩擦阻力。它没有发动机，推力从哪里来？再说，逃生和捕食，追逐伙伴，也需要加速嘛，这更需要推力。

鸟说，连这都不能解决，俺还是鸟吗？不就是缺产生推力的螺旋桨吗？俺抬高翅膀并调整出螺旋桨那样的姿态，向下扑动一下，就相当于螺旋桨转了小半圈了。当然，扑下去后，还要继续

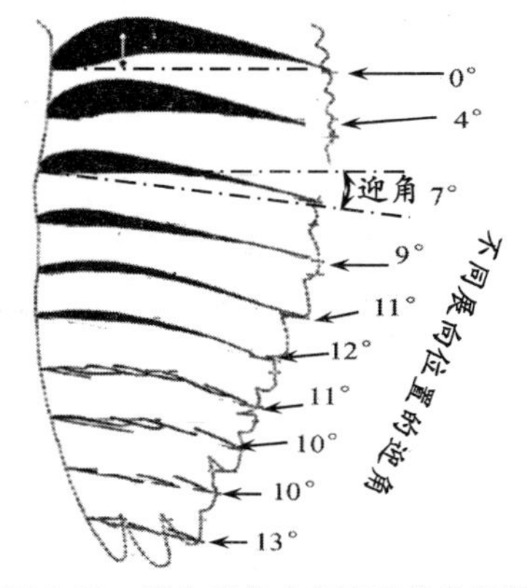

图 3.48　既有迎角也有弯度的鸟翅膀

抬起，以便接着下扑，一次下扑产生的推进力只够飞行一点点时间的。

向上抬起时不相当于螺旋桨反转了？反转产生的不是推进力，而是回拉力。一推一拉，平均而言就什么都没了。可是，鸟也是有脑子的。向下扑动时伸展开翅膀，推进力足够大。向上抬起时收缩翅膀，这样就不会有什么回拉力。

靠近身体的内侧翅膀，旋转线速度不怎么大，因此螺旋桨效应就不怎么强。因此，内侧翅膀往往不怎么扑动，让那部分做固定翼飞行，如同飞机机翼一样。外侧翅膀做扑翼运动，产生推进力。

让一侧翅膀拍动幅度比另外一侧大一点，那么左右翅膀产生的力的大小和方向就不一样了，这显然可用于拐弯甚至作出一些复杂的机动动作。

发懒时，翅膀完全展开不做任何扑动，利用惯性做滑翔或利用上升气流做翱翔。

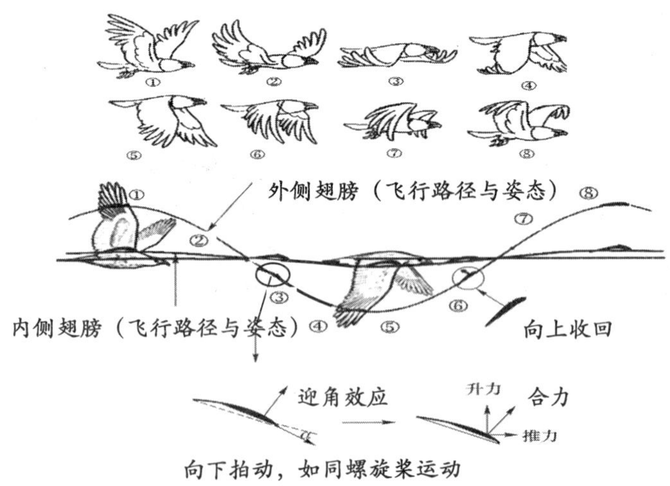

图 3.49 鸟的翅膀运动与升力和推进力的产生

昆虫飞行的秘密（图 3.50）

昆虫那么小，能产生足够的升力吗？你可以很简易地理解升力应该不够的道理。升力与面积以及翅膀转速平方（从而长度平方）成正比，重量与体积成正比。两者的比值当然与长度成正比。昆虫这么小，长度就小，于是升力就应该比重量小多了，按理飞不起来了。

既然能飞起来，就有道理。但道理也得依靠现代摄像机技术才能搞清楚。昆虫扇动翅膀的频率每秒可达数百次。例如，蚊子翅膀扑动频率高达每秒 500 次以上，一种称为蠓的小黑蚊每秒可拍动翅膀 1046 次。这么快扑动翅膀，凭肉眼哪能看清。不搞清楚翅膀运动，就没法研究能产生足够升力的原因。科学家大智若愚，居然不会让昆虫饿几天或者将其拍晕，让翅膀慢慢地扇动，这样不就看得清了？

可是，即使动物保护协会还顾不得保护昆虫，科学家也会注意形象，不会采用这种不人道的方式对待昆虫。再说了，以这种方式取得结果，论文肯定发表不出来。

有了现代摄像技术，就搞清楚翅膀形状和拍动方式了。原来，已经不像鸟的翅膀，昆虫翅膀是薄片型翅膀，前缘也是尖的，没有弯度。翅膀在一个平面内来回扇动。特别像船橹来回摆动的情况，也不知古人是否真的采用饿晕了的昆虫，通过观察翅膀慢拍后受到了启发，才发明了橹。

向前扇动时，翅膀抬得高高的，迎角很大。扇到最前面，就翻转翅膀，抬起角度向后扇动。通过翅膀翻转，使向前向后煽动时，都带正的迎角，产生升力。这个迎角最大时，可以达到 35 度左右。

可是，不是说了，翅膀前缘太尖和迎角太大会产生拐弯涡，按理不利于产生升力。鸟翅膀的迎角就不会超过 15 度，35 度时迎角

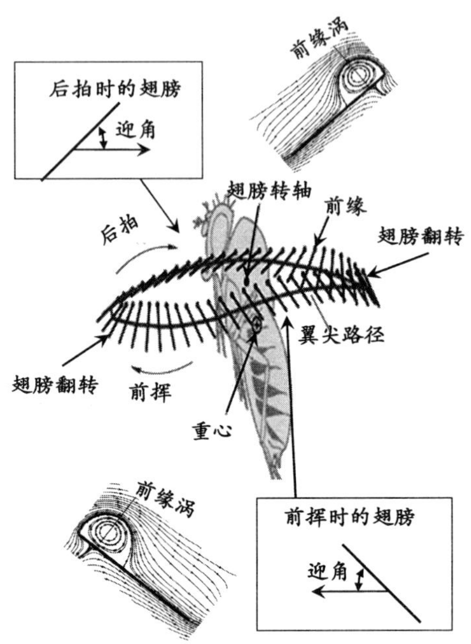

图 3.50　昆虫翅膀反转、前挥和后拍运动

升力效应就很小了。

原来，拐弯涡也不是一无是处。它离开前缘之前，就像吊在翅膀上的一个气球，会提供很大的力拉着昆虫。这是因为，拐弯涡的涡心气压低，作用在翅膀上，就提供了很大吸力。只有前缘涡脱落后，升力才会下掉，就像悬吊重物的气球吊绳断了一样。

昆虫很聪明，前缘涡脱落时，翅膀已经翻转，改变了运动方向，进入新一轮产生前缘涡和高升力的过程。你这个前缘涡没用了，我就改变方向，产生新的前缘涡去了。

因此，昆虫巧妙地利用了翅膀上方前缘涡脱落之前的吸力作用，而当前缘涡脱落、升力快要急速下降时，翅膀已经反转了，与前面的前缘涡没什么关系了，又开始利用新的前缘涡了。

将翅膀扇动平面放在水平面上，昆虫就能悬停。将身体以及扇动翅膀的平面向前倾斜，升力的一部分就变成向前飞的推力了。翅膀的一侧抬高点儿，另一侧放低点儿，升力就有了一个转弯的分量，因此就可以轻易转弯了。

昆虫令人不可思议地掌握了这些科学家费了很大劲儿才搞清楚的原理，能驾轻就熟地悬停、前飞、倒飞、俯冲。反应快，转弯半径小。悬停时，在空中不动，如直升机一样。

2. 蒲公英与降落伞 蝴蝶果与直升机

飘落的种子、树叶、纸片、雪花等，没有什么去主动控制它们。它们无法控制自己，只能与空气共舞。可是，蒲公英会巧妙地举起冠毛伞，枫树果会插上螺旋桨，舍不得掉落在地面。也不知道是它们模仿了人造飞行物，还是人造飞行物模仿了它们。总之，都想在空中留得久点儿，飞得远点儿。它们既可能是下落的物体，也可能是飞行的物体，因此是飞行与下落的一种混合状态。

举着冠毛的蒲公英种子（图 3.51、图 3.52）

奥杰布瓦族有个传说：南风与蒲公英相爱了。这说明，蒲公英可以随风飘扬。在约瑟夫·安东尼的《蒲公英种子，伟大的梦想》中，是这样描述蒲公英种子的：她拥有完美的生命，美丽的飞行姿态，能在风暴中幸存，可忍受黑暗的煎熬，从不放弃，是自然中最伟大的成功故事之一。于是，蒲公英成了勇气、耐心与不屈不挠的象征。

蒲公英种子由瘦果和若干毛茸茸的冠毛伞组成。数目不等（如 20 多个）的冠毛伞如同插在莲座上。冠毛有数十根直径为几十微米的蛛丝状细软毛（比人的头发丝还细）。

在无风的情况下落下时，瘦果朝上，冠毛伞朝下，一边下落

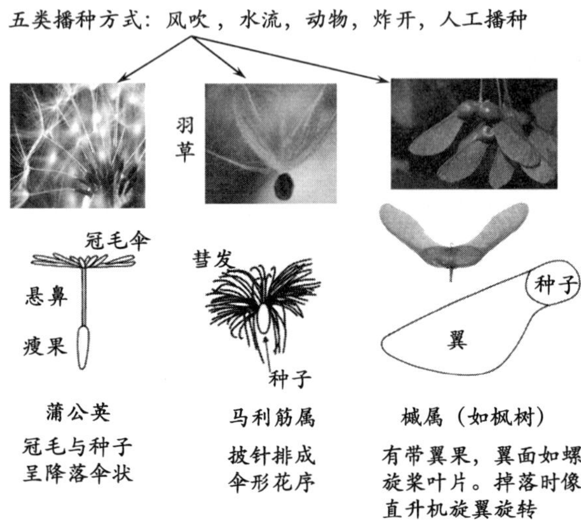

图 3.51　随风播撒的种子

一边翻一个跟头，在 5 厘米左右的距离内翻完，使冠毛朝上。接着像降落伞一样徐徐下落。下落速度在 3 厘米左右的距离内，从 0 达到每秒 0.5 米左右的最大速度，接着掉落到每秒 0.2 米左右的速度。这个最终的速度，就是向上举起了降落伞后徐徐下落的速度。

这样的下落速度，从 0.2 米左右的高度掉下来，没有风的话，1 秒左右就落地了。因此，蒲公英种子需要有风，才能飘得更远，配得上 100 米以外的长距离播种的名声。可是，得有每秒 100 米速度的风，才能在落地之前飘 100 米远。如果只有水平风，这也吹不了多远。于是，人们认为，是大气中垂直向上的对流风，让蒲公英一下子落不下来，随风飘得很远。

如果你看到一粒蒲公英在头顶漂浮，表明那里的垂直对流正好维持它的高度。你抓住它，把它的种子摘掉，扔向空中。它没了种子，变轻了，会一下子蹿到高空。

冠毛中的软细毛，很容易被风吹着走。原来，这些软细毛被风

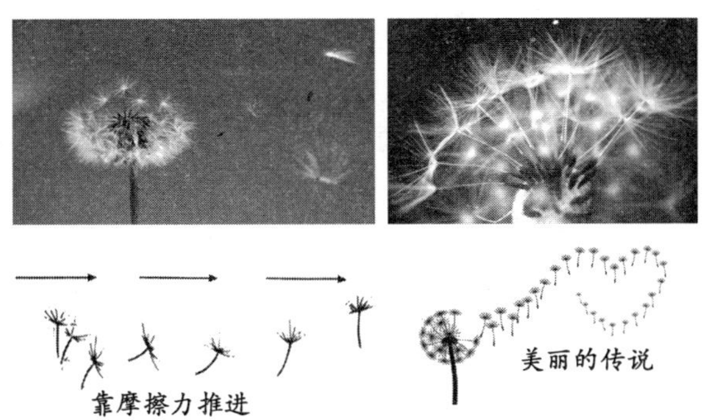

图 3.52　蒲公英种子举着冠毛伞随风传播

吹时，会受到空气的摩擦力。这个摩擦力作用在风的方向，带着蒲公英走。摩擦力与物体的表面积成正比。蒲公英这么多软毛既增大了总的表面积，又能柔软变形，使软毛顺着风的方向将摩擦力最大化。那么为什么不将软毛变得更细，使摩擦力更大呢？因为太细后，就容易断了。

可以做一个简单计算。一根圆柱如果等分成100根更细的圆柱，那么侧面的总表面积会增加10倍。如果将蒲公英的瘦果卸下，冠毛伞在风的作用下，会飞得很高很高。

种子在重力作用下下落，下落速度如果太快，那么冠毛伞就起到一些降落伞的作用。只要遇到一股向上的风，冠毛伞就在摩擦力作用下，举起蒲公英种子飘得更高。低的坠落速度与对风的跟随性好，使蒲公英种子可以在水平和垂直气流作用下，传播很远。

终端速度（图 3.53）

中学时代就会说，落体的速度与大小无关。十大关于思想的科学实验中，有伽利略的重力实验。亚里士多德曾认为，自由落体速度取决于物体的质量，他认为质量越大下落越快。伽利略于是构造了一个简单的思想实验来反驳。按照亚里士多德的逻辑，那么一个轻的物体和一个重的物体用绳子绑在一起从塔上丢下，由于重的物体下落的速度更快，两物体之间的绳子会被拉直。此时，轻的物体对重物会产生一个拉力，使重物体的下落速度变慢。如果是这样，从另一角度来看，两个物体被绑在一起以后的质量应该比单个物体的质量都大，从而被绑在一起的物体比单个物体下落更快。从两个角度按亚里士多德的理论来思考问题却得出十分矛盾的结论。伽利略以这个思想实验证明了亚里士多德的理论是错误的。因此，伽利略认为，自由落体的下落速度与质量无关。

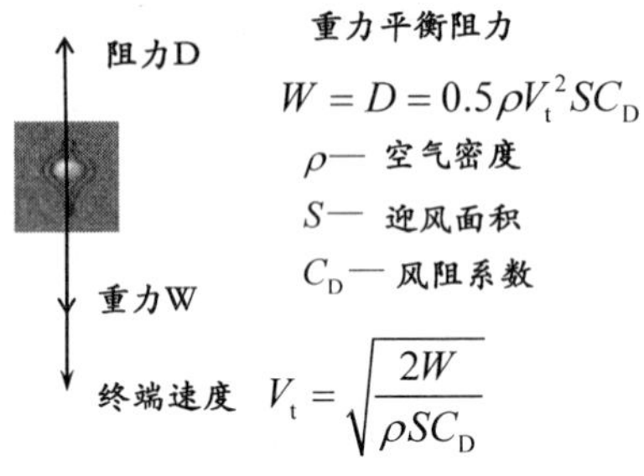

图 3.53　下落物体的终端速度

但这是指的自由落体。物体从空中下落，空气会提供风阻。一般情况下，还真的是物体越重下落越快。物体越小越轻，下落速度越慢。对于小的颗粒和液滴，还会有一个终端速度，即重力与风阻取得平衡的速度。小颗粒和液滴最终以这个终端速度下落。

一粒小球的阻力与迎风面积以及速度平方成正比，从而与半径的平方成正比。重力与体积成正比，因此与半径的立方成正比。因此，重力与阻力的比值与半径及速度平方成正比。如果小球半径非常小，那么稍有速度，阻力就远大于重力，从而阻止有过快的速度。这使越小的物体终端速度越小。

大气中一些小颗粒直径在微米量级。它们下落得更慢。水蒸气超过一定的浓度，在低温作用下，凝结而成直径在微米量级的小水滴（多半在 2 微米至 15 微米之间）。天气预报所指的雾，是在这种水滴浓度多到将能见度将低到 1 千米以下时的气象现象。污染物中也有一些颗粒的尺寸是微米量级。

直径为数微米的雾滴不会像直径为数毫米的雨滴那样在重力作用下快速掉下来。如果考虑重力作用下的下落，那么在摩擦阻力作用下，直径为 10 微米左右的雾滴的终端下落速度每秒只有不到 3 毫米，一小时下落 10 米左右。在空气分子热运动的撞击下可能使下降速度更慢，使局部的雾滴不会一下子靠引力下落而迅速消失。

尘霾（包括雾霾）中的细微颗粒的直径也在微米量级上下，终端下落速度极小，因此会悬浮在大气中。如果地面温度比高空的高，那么这种温差引起的上升气流就会将局部高浓度雾霾颗粒带入高空，消散在大气中。如果反过来，地面温度更低，即形成逆温（高空温度更高），那么就很难产生上升的气流，小颗粒污染物既无法被带到高空，又由于终端速度太低无法及时落到地面。

如果不是小球，而是柱状物体，情况类似。细小的物体终端速度会很小。蒲公英的种子带有很多细毛，每一根毛都起到使终端速度极小的作用。因此种子终端速度极小。

降落伞与翼装飞毯（图 3.54）

降落伞的形状如同雨伞，着陆阶段伞面铺展开，凸的一面朝上，凹的一面对着下方。降落伞垂直下降时，伞圈所在的平面完全迎着下降方向，迎面撞击空气，形成高压，反作用在伞盖上，减缓下落速度。

一般是小物体下落时才有终端下落速度。但降落伞这样的大物体，由于阻力大，也有终端速度。为了尽快下落，希望下落速度越快越好。为了避免受伤，希望越慢越好。伞盖的面积越大，阻力也越大，最后选定的速度是避免受伤的最大速度，可以依据这个速度设计伞盖的面积。

单纯的伞降运动，约 85% 的受伤发生在着陆时。人从距地面

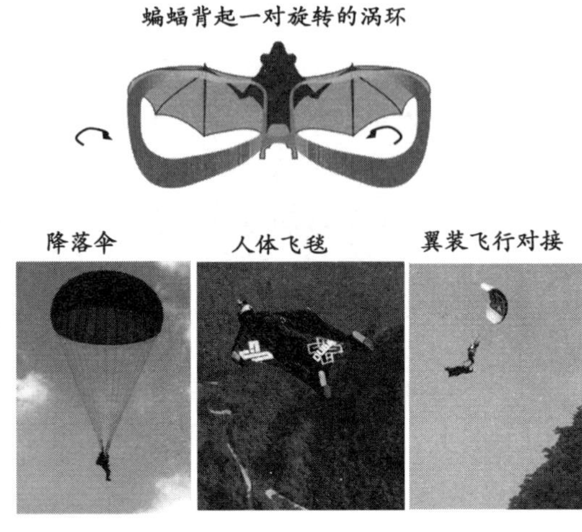

图 3.54　蝙蝠飞行与蝙蝠翼装飞行

1.5 米高处跳下，落地方式对的话，一般不会受伤。按自由落体运动计算，对应的落地速度大致是 5.5 米每秒左右。由此不难理解跳伞选手着陆时的速度限制。一般情况下，着陆速度不要超过 5 米每秒，防护措施、体质和经验好的选手可以承受更大的着陆速度（指垂直速度）。除此之外，选手落地时还可能有一定的水平速度。将下降速度设为安全落地速度，就可以反算出降落伞展开后的面积。

蝙蝠背着一对涡环，产生高升力，比同样大小的普通翅膀的升力高数倍，可以达到普通机翼的 4.8 左右。不仅如此，蝙蝠的翅膀具有多达 24 个骨骼，并且覆盖了弹性好的皮肤。这使蝙蝠的翅膀具有柔软性和弹性，能自适应地调节气流，让它最有效地产生和控制升力，可以在空中悬停和在飞行中快速转弯，掉头所需距离仅是其身体长度的一半。

有一种极限运动，称为翼装飞行对接。带降落伞包的选手从距离地面数千米的直升机（直升机飞行高度很难超过 6 千米）一跃而下，经过精准的时差后打开降落伞，站在悬崖边上的翼装选手通过助跑起跳，展开蝙蝠一样的翼装。两人在空中分别飞行一段时间后，通过调整姿态，拉近距离，以“人体飞毯”的形式完成对接，持续“飞毯状态”一段时间后分离，各自展开降落伞着陆。

翼装飞毯借用了蝙蝠翅膀产生高升力的形状。飞行运动员可以通过双臂和双腿的调整，控制身体在空中缓慢滑翔，同时调整航向。翼装飞行滑翔每下降一米的同时前进约三米。无动力翼装飞行进入理想飞行状态后，飞行时速通常可达到每小时160~200千米。

摇着螺旋桨的翼果（图3.55）

如果在起风的枫树林中见到小“直升机”在空气中旋转，不要奇怪，那可能是松树果子在旋转。

蝴蝶树、枫树、某些松树、紫葳属树等种子或果实带有“翅膀”，使种子能像飘落的名片那样产生升力，可以翻滚地斜着飘落；或者产生螺旋运动，使下落获得的旋转速度抵消了直线下落速度，从而下落更慢。无论何种情况，种子的掉落更多来自于大风的作用。由于下落更慢，甚至由于产生升力而飞起来，因此在风的作用下飘得更远，甚至飞越山丘、河谷，将种子播撒到更远的地方，生根发芽。

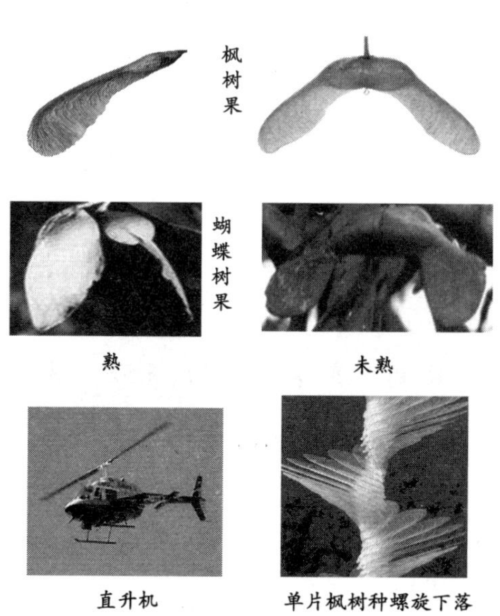

图3.55　带翼果的下落和空中飘行

枫树果长在树上时，带着两片螺旋桨一

样的翅膀，具有明显的弧度（即弯度）。每片翼有一颗种子，两颗种子在一起，使带翼果造型颇像两片旋翼的直升机。掉落时两个翼会旋转起来，就像直升机的旋翼。落地后两颗种子可能会分开。有的带翼果只有一片翼。单片翼的种子下落时，也会以螺旋形式旋转。枫树果有旋转玩具、直升机和旋转球等别名。

欧洲的枫叶种子只有一片翼，从种子的一侧长出一叶翅膀。翅膀的长度与种子的重量是如此匹配，以致这种种子在下落时，也会自旋起来。由于这种自旋，下落就很慢，即使在微风条件下，也能飘往很远的地方。

3. 雨滴下落　流星自焚　航天飞机与返回舱再入

大气中可能有雨滴、冰雹等下落。幸亏空气阻力将它们减速。不仅如此，雨滴太大的话，空气还会将其变形或者撞碎，让它们无法获得砸伤人的下落速度。流星再入时，初始速度就极快，大气就将其烧毁。大气的力量比想象的大，连航天飞机和返回舱那样的庞然大物以极高的轨道速度再入时，也能把它们的速度降下来。当然，既不能降得太慢也不能降得太快，因此航天飞机和返回舱有自己的下降走廊。弹道导弹既可以采用滑翔方式再入，还可以采用“打水漂”方式一弹一弹地再入。

雨滴下落与碰撞（图 3.56、图 3.57）

积雨云最高高度可达 8~12 千米，即接近对流层顶了。如果空气不给雨滴阻力，那么雨滴从 12 千米高度下落到地面，按自由落体理论，以每秒获得 9.8 米 / 秒的新速度不断加速，可以算出大致需要 50 秒到达地面，落地速度达到每秒 485 米左右，比音速还快。这么快的速度，差不多和子弹一样，会把脑袋砸出窟窿。如果这样，

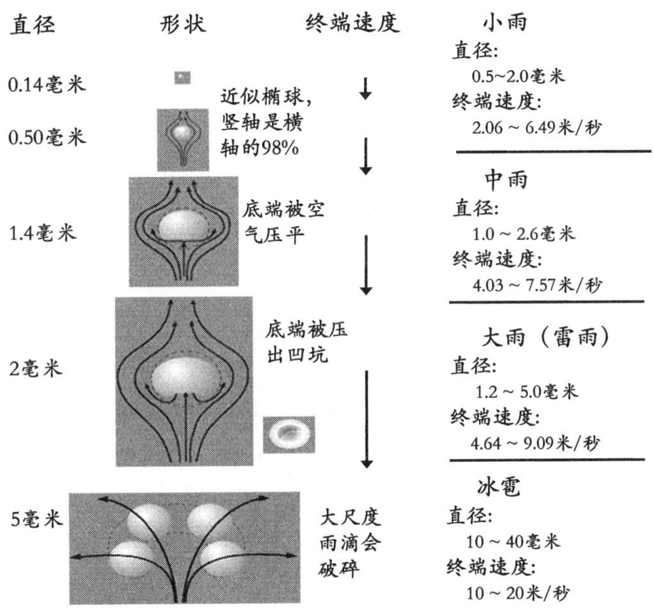

图 3.56 雨滴下落与终端速度

地球就不会进化出我们这样脆弱不经撞击的人了。

原来，雨滴在空气阻力作用下，也会很快获得不太大的终端下落速度。雨滴的大小并不是固定的一个值，小的直径有 0.2 毫米，大的直径超过 6 毫米。有的可能达到 1 厘米。冰雹的直径可达 4 厘米。事实上，风阻系数也与速度和雨滴尺寸有关，且与雨滴的形状有关。如果雨滴尺寸达到 5 毫米或以上，那么在与空气发生作用时，会出现大幅度变形而碎裂成小雨滴，就像海洋在大风中会出现碎浪一样。直径为 2 毫米的雨滴下落时，底部会变形出现酒窝型凹坑。这是因为，正对下落方向的点气压最高，容易被挤变形或者挤碎。

气象学家史蒂文·豪斯特迈耶（Steven L. Horstmeyer）总结了雨滴下落的速度以及其形状的变化。实测的雨滴终端速度大概在每秒几米左右。依据雨滴大小，终端下落速度一般在每秒 10 米以下。

如果是一粒直径为几毫米的小石子，以每秒数米的速度垂直砸在头面上，还是很难受的。然而，雨滴是水，砸中物体后，会流动起来，会变形。依据尺寸大小、撞击速度和表面湿润程度的不同，可能会出现铺展黏附、飞溅、碎裂和回弹几种情况。

开始触壁

状态1：铺展与粘附

状态2：铺展时飞溅

状态3：皇冠飞溅

状态4：收缩时碎裂

状态5：部分回弹

状态6：完全回弹

图 3.57　液滴与壁面碰撞时的形态

雨滴等液滴撞击固体，在惯性和重力作用下，会展平成碟状。与此同时，表面张力的回拉作用使碟状液体收缩。如果撞击较快且液滴较大，那么固壁的反作用压力会将碟片状液体举起来，形成皇冠一样的形状。表面张力作用在液体边缘还容易包裹出小液滴，形成碎裂现象。如果液滴较小从而表面张力相对而言较大，那么表面张力会一直包住液滴，让其像乒乓球一样可以回弹。

雨滴打在干燥的人体上，一般会黏附、碎裂或飞溅。就是说，雨滴的动能不会完全变成打击力，而是一部分通过变形铺展碎裂消耗掉了。

流星体与陨石（图 3.58）

尺寸在数厘米或以上的太空流星体以每秒十几千米甚至几十千米的速度再入大气层，就会出现流星（夜间我们能看到这样的流星）现象。有的会在高空发生爆炸，尺寸合适的会拖着一团火球再入，甚至发出巨大的声音。那些尺寸在一拳头或以上的，可能没被烧干净，落到地面。落到地面的称为陨石。

虽然称为陨石，实际上除了密度在 3~3.5 吨每立方米的石质陨石外，还有密度在 7.5~8.0 吨每立方米的铁质的陨石，以及石质和铁质混合的陨石。

考虑一块半径 20 厘米左右的球状陨石，按空气阻力与重力平衡，可估算出终端速度为每秒 200 米以上。实际上，在更高的高度，空气稀薄，密度比地面空气小多了，没有足够的距离或时间降低初始再入速度，形成每秒 200 米这样的终端速度，从而落地速度可能比这大。这么快的速度落地，当然十分危险。好在能落到地面的尺寸足够大的陨石，十分稀少。

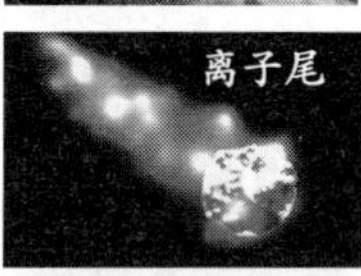

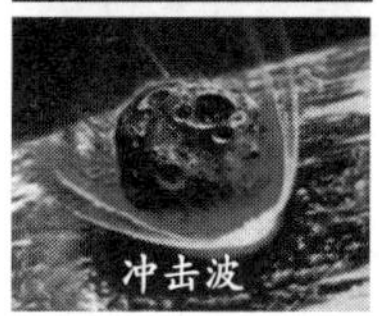

流星高速再入，冲击波加热气流，气流进一步用摩擦加热物体。热到连电子都被打出来了，形成离子组成的火焰

能在烈火中生存下来的，到了地面就称为陨石了

图 3.58　流星高速再入时被烧起来了

原来，流星在再入过程中，以每秒数十千米以上的速度与空气发生摩擦，会产生极高的温度，大部分流星在高空就烧得差不多了。

如果是圆球形状的流星体以比音速高许多倍的速度再入，到了低层大气，头部会出现冲击波，预先加热空气，可以达到数千度。在这么高温度下，被加热的空气甚至出现电离，这种由离子和自由电子共同存在的高温气体，也称为等离子体。

每年再入大气层的太空流星体和其他碎片有一万多吨。虽然大气层对那么高速度的这种物体的减速效应不强，但通过冲击波与摩擦，将大部分烧干净了，落到地面的数量很少，尺寸很小。

高速再入飞行器的外形　大自然的灵感（图 3.59）

大气摩擦能烧坏流星，航天飞机和返回舱那样的庞然大物以轨道速度再入时，不能让它们烧坏。科学家与工程师当年为此绞尽脑汁。总是会出现能工巧匠，能用启发性思维从大自然吸收灵感，以致能诞生像超声速客机以及航天飞机那样的高速飞行物。

与飞机在大气层平飞不同，卫星、航天飞机和返回舱等航天器是在高于 100 千米的某条轨道上绕地球运动，有点类似于月球绕地球运动。它们再入大气层时，拥有的初始速度依然是轨道速度，至少每秒 7.9 千米。这么高的速度下来，要想安全地落到地面，必须靠巨大的空气阻力减速。另一方面，速度降下来之前，摩擦加热会试图烧坏它们。因此，对于航天飞机、返回舱以及弹道导弹，再入过程中既要不被烧坏，也要降低速度。通过从大自然和其他直觉启发灵感，人们设计出了合适的外形以及再入模式，使任务得以完成。而流星和卫星碎片等，则希望在高空即被烧干净。你可以想象流星带着一团火球再入，多么壮观。

人们在研究高超声速弹道导弹时，首先想到将导弹头部做成尖的，以减弱压力波堆积即冲击波带来的波阻。可是实验发现，这样很快就被气流加热烧坏了。头部越尖，越容易烧坏。

能落到地面的陨石都是非流线型钝型物体，有的甚至像球形。

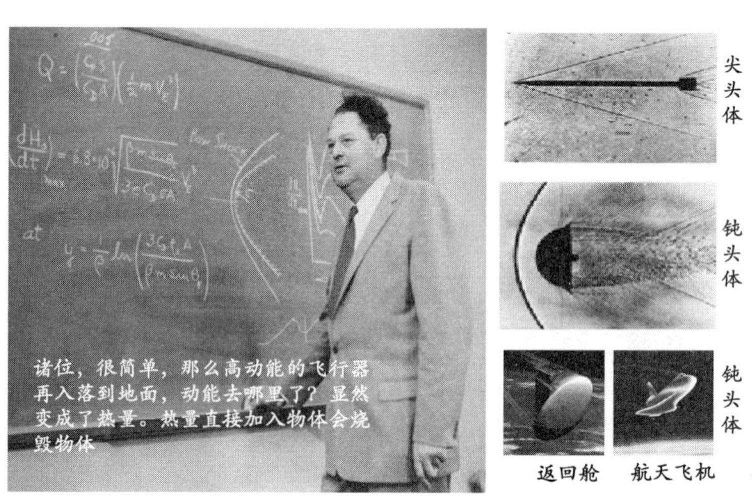

图 3.59　钝头推出冲击波减弱气动加热

似乎只有这种形状，才不被烧干净。于是，自然不难想到，高超声速导弹以及以高超声速再入的航天飞机和返回舱，都应该从陨石吸取灵感，要做成钝头的，才能避免被烧毁。

阿龙（Allen）为此提出用钝头体代替尖头，解决了当时遇到的热障问题，被评为美国当年最杰出的科学家。可见，从大自然找灵感，往往能出其不意地解决重大科学与技术问题。他的道理很简单：钝头体以超过音速的速度飞行或再入时，头部会产生冲击波。冲击波一方面将气流加热，另一方面将气流推动到与飞行器速度差不多。被加热的气流从边上流走，不会直接去加热物体。被冲击波减少了相对速度的气流，摩擦力从而摩擦加热也减小了。这个理论看似简单，可解决了当时洲际导弹的设计问题，因此是划时代的贡献。道理知道后就很简单，但第一个能想到的才伟大。

航天飞机和返回舱之类的做成钝头既减弱了加热，又能获得很大的阻力。它们再入时，就是需要利用很大的阻力来减速。因此，一举两得。

人类正在研究在 30 千米左右高空做水平飞行的高超声速飞机，为了防热需要做成钝头的，为了减小波阻需要做成扁平的。这种矛盾提高了这类设想的难度，其实现依赖技术的进一步突破。

再入走廊与弹道（图 3.60）

设想返回舱从 100 千米高度直接垂直落下来。这会导致几十倍的加速度（减速度）。人完全无法承受这么大的加速度，飞船结构也无法承受。

因此，垂直再入存在加速度太大的危险（称为过载太大）。只能近似水平地绕着地球斜着再入。但斜得太厉害，减速太慢，又会甩离地球。

于是，航天器的再入路径有限制，能成功安全再入的称为再入

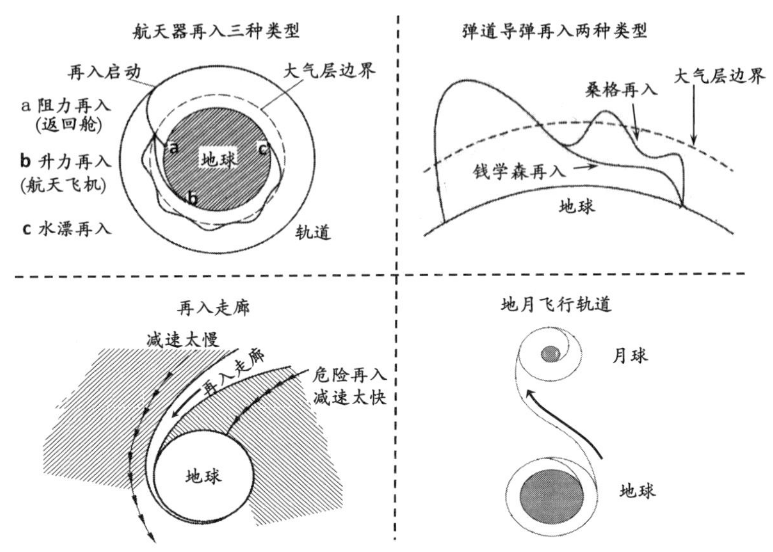

图 3.60 再入走廊与地月飞行轨道

走廊。太过于沿垂直方向容易出现危险，太水平则会甩出去。

航天飞机带有机翼，因此可以部分利用水平飞行的升力，来减缓再入速度。还有一种再入方式，就是让飞行器在大气层边缘打水漂一样波浪形运动一段距离，择机再入。弹道导弹再入也是类似的情况。钱学森设计的再入模式看上去是在滑翔，而桑格设计的再入是水漂型，即波浪形再入。

4. 生物推进的相似性 鱼的游动

空中的飞鸟、昆虫和蒲公英等，采用的推进方式与水中的鱼类以及地面动物推进方式相比，没有本质区别。因此，这里欣赏一些更多生物的推进方式，虽然有的不在空中。动物没有发动机，只能靠自身的附属肢体（如翅、鳍、腿、尾等）和身体的分段运动来产生推力。动物推进无论多么复杂，其核心原理非常简单：靠身体上某些组织给环境的空气、水或陆地施加一个力，环境就给动物施加反作用力，这个反作用力推动动物前进。动物本身并不懂得推进原理，它们在迁徙、逐食、躲避、求偶或其他需求的驱动下，经过自适应的进化，本能地掌握了推进技术。甚至连肌肉都可以起到发动机作用，除此之外肌肉还有刹车、弹簧和支撑等作用。

人力推进（图 3.61）

我们当然更熟悉自己的推进行为。这些行为主要发生在陆地行走和奔跑中，当然对于少部分人，也发生在水面和水下。要在空中，恐怕只能借助飞行工具。

在陆地行走或奔跑，要靠两条腿（用手爬山和攀岩就不说了）。这里面蛮有学问的。行走时，一条腿如同一个倒悬的单摆。跨步过程中，后腿会向前倾，于是人的身体会下沉一点点。前腿落地后逐渐变得竖直，身体就抬高了。每条腿在跨步过程中，有点儿像撑杆，还有点儿像弹簧。奔跑的过程中，身体高度的起伏更明显。高低起伏将重力转换为一部分能量。掌握得好的，可以使身体高度的变化转换成的动能再转换为行走或奔跑的动能。如果是短跑比赛，甩手的方式恰当也能起到类似作用。左脚向前迈时，向后甩左手，右侧类似。这样可以加快迈步的速度。

因此，走路和跑步的姿势可以分解为倒单摆运动和弹簧运动，原来我们的运动往往是简谐运动的叠加。

人在游泳时，主要靠手掌手臂和脚掌推水或划水产生反作用力。踩水的一种方法，是往下踩水时尽量将小腿向两侧展开，足底放平，增加产生水阻力的迎水面积，回抽时尽量收拢，减少回抽时的迎水面积（减少阻力）。这样，下踩时，阻力朝上，回抽时，朝下的阻力较小，平均下来就能产生向上的力。另一种方法是把足部当机翼，利用足底是平的、足背是凸的这种弯度效应，通过让平直的脚掌在一个平行于水面的平面内画圆，利用足底足背的弯度效应

图 3.61 驱动船航行的橹和桨

产生向上的升力。经过适当训练，就可能利用这些踩水方式或其他自己熟悉的方式，产生向上的力，与浮力一起将人托起来。

用人力驱动船的行驶也涉及推进。常见的划船工具是双手操作的竹篙撑船、龙舟用的双手划水的划桨、固定于立柱上的两侧同时划水的棹，以及在船尾用于摇动的橹。当然，纤夫用纤绳拉船也是一种推进方式。

生物推进（图 3.62）

生物推进表面上十分复杂，但水中生物采用的基本原理可以归纳为阻力模式、升力模式以及火箭模式。阻力模式可能令人误解，因为我们意识中的推进是为了克服阻力的。所谓的阻力模式，是躯体或者附属肢体向后运动（即朝生物运动方向相反的方向运动）时，产生的阻力变成生物本身的推进力。踩水往下蹬，在脚掌上产生了与蹲腿方向相反的阻力，但这个阻力沿着让人浮起的方向，属于想要获得的推进力。

按推进部位的运动形式分，又可以归类为划桨模式、扭动（波浪）模式、旋转（扑翼）模式和喷水模式。无论何种模式，只需要存在迎着前进方向的吸力面或背着前进方向的压力面，或者两种面都存在，就能产生推进力。

首先说一下鱼的推进模式。通常人们会认为鱼是通过摆动鱼尾即尾鳍来获得推力。但事实上，鱼产生推力的方式很多。尾鳍摆动往往只提供了部分推力。其产生推力的原因与划桨时顶水运动类似。当尾鳍摆在左侧或右侧时，突然回摆到中间，相当于在顶水运动，产生的阻力指向鱼的游动方向。

鱼的身体往往也在左右摆动，从上方俯视一条向前游的鱼，其身体在向左右方两侧摆动时，有时身体弯成 C 字，有时像波浪。波纹形态向鱼尾方向传播（但躯体并不向鱼尾方向运动），因此就形成压力面（身体向后推水的那一面）和吸力面（身体背水的那一面），产生推进力。小蝌蚪就是通过舞动小尾巴产生推力。小尾巴抖出波形，形态向后传播，交替产生迎水的压力面与背水的吸力面，以此产生推进力。一些极小的生物带有鞭毛，像蛇一样舞动鞭毛产生推进力。

也有一些鱼靠胸前的胸鳍，用划桨模式或扑翼模式驱动。划桨

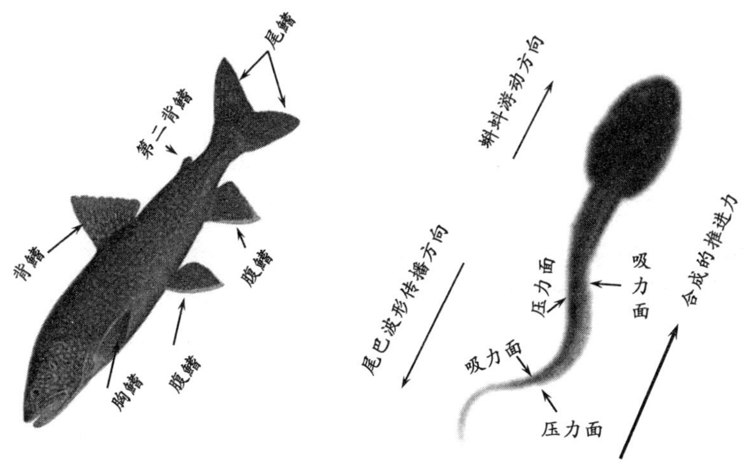

图 3.62　鱼和蝌蚪的推进肢体

时，胸鳍的平面首先尽量朝鱼尾方向的垂直方向，向后划水时迎水面积大，产生足够的阻力（即推进力）。复位时则将胸鳍平面尽量与运动方向平行，这样阻力就小，不会抵消划水时形成的有用推进力。如果胸鳍平面对着前方，像昆虫扑翼那样运动，那么就产生升力。这个升力指向游动方向，也就是推进力。

有的水母呈子弹形状，有的呈碟状，通过喷射水柱产生推进力，这是一种火箭模式。

总之，细看每一种生物的运动与推进方式都很特别，但遵循的原理就那么多，甚至可以这么归纳：通过附属肢体（如翅、鳍、腿、尾等）或身体的一些部分做相对运动，以推动环境的水、气体或陆地，产生阻力、升力等，这些力指向推进方向，就是推进力。做这些相对运动时，通过改变姿态（迎角）、迎水迎风面积等，使有效推力得以保证，抵消推力的力尽量减弱。

推进中的普适原理（图 3.63）

加州大学伯克利分校集成生物学系的迪金森等六名科学家，在2000 年的《科学》杂志上，发表了一篇有关动物推进的综述性文章，几乎涉及所有陆地、水里和空中的动物推进过程附属肢体和身体各部分的运动方式，以及产生推进的原理。

通过全面分析比较，他们得出结论：推进过程中，无论是陆地动物，还是水中生物或空中动物，都遵循相似的能量存储与转换的机理。在产生推进力的同时，也产生可观的侧向力。侧向力对保持稳定性、机动性有作用。产生推进需要肌肉、骨骼、神经、呼吸和循环等系统之间的协调与干预。其中，肌肉在推进中扮演相当多的角色，能起到发动机、刹车、弹簧和支撑等作用。

总之，就像迪金森等六名科学家所说的，生物的任何组织给外部环境（陆地、水、空气）施加作用，外部环境就给生物推进力，

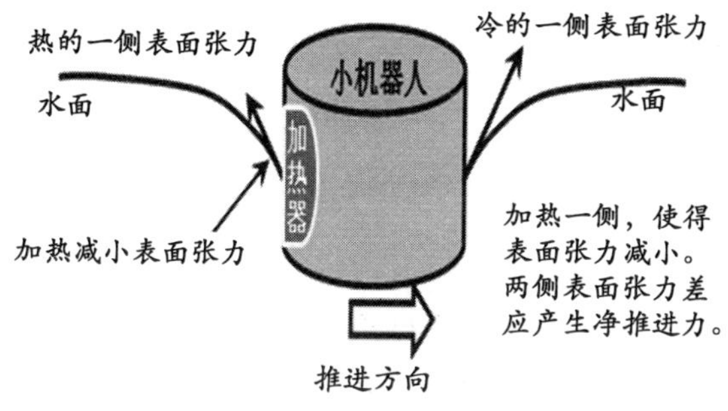

图 3.63　表面张力机器人

道理没有别的，就是牛顿定律。推进力直接来源于压力或摩擦力。

作用在推进体上的压力（气压、水压或者固体压力）和摩擦力的总和就是推进力。到了这里我们会问，除了气压和水压以及摩擦力，有没有别的直接力可以产生推进。其实，你能想象的所有力，包括电磁力，都可以产生推进。这里举一个表面张力推进的例子。

把一个涂有疏水材料的浮标放在水上，浮标与水面接触线上就有表面张力，但四周的力相互抵消，一般不会因表面张力让浮标自己动起来。使浮标一侧加热，那么水被加热后，当地的表面张力系数会减小，未被加热的一侧的表面张力提供的拉力更大，这样小浮标就可能向冷的一侧运动。如此，就得到了一种可在水面移动的小机器人。你可以自己找找，是否有生物靠表面张力差来产生推进。

刚才说了，推进的本质道理没有别的，就是牛顿定律。然而，下结论也不要那么绝对。罗杰•索耶尔（Roger Shawyer）于 1999 年提出了一种微波推进系统，称为 EmDrive。向一个密封的微波共振腔中注入能量，系统因密封不与环境发生作用，却能产生推进力。该系统显然违背牛顿定律因而一直受质疑。但越来越多的证据表明，该系统确实能产生推进力。注入一千瓦的微波能量，可以产生数百毫牛的推进力。如果这种推进原理能进一步得到确认可行，那么可能成为星际航行的有效推进手段。

5. 针尖效应　雪花　雪花铃

古人云：草木之花多五出，独雪花六出。可见人们注意到了六角形的雪花。雪花剪纸和雪花图片都是那么美丽，形态令人着迷，以致我们很容易不假思索地认为雪花就是那种长满规则晶针或晶片的美丽形状。可是，我们可能看到的真实雪花又是另外的形状，至少落在地上了的像蓬松的白沙子似的。我们对雪花的印象到底是被艺术家的手笔迷惑了，还是真的因为看到了美轮美奂的雪花形态？雪花飞舞，飘落中有时直线而下，有时在荡秋千似的。落地时悄无声息，落水呢？科学家探测到，雪花落水时，还会发出铃声。

针尖效应与环境对针尖效应的影响

所谓针尖效应，就是针头和钉子很容渗透到别的物体之中。用到植物上，就是头部越尖的叶子和草，越容易在尖头部位生长，越容易长得长，因为环境中的水分与热量，更容易从尖的部位传入。之所以在这里先提针尖效应和环境对针尖效应的影响，是因为雪花生长受这些效应的影响。

酒瓶兰这种植物的叶很尖，叶子长得很长。羊齿草也是如此。丝瓜藤的叶子有五个瓣，一点都不尖，一点都不细长。为何尖的树叶和草，往往会长得更长？因为它们要从大气中吸收水汽和热量。以热量为例，之所以能吸收热量，是因为有温差。就像暖气片之所以能加热室内空气，是因为暖气片温度更高。不单单是温差起作用，热量的传递速度更与温度梯度有关。温度梯度是相邻两点之间的温度差除以这两点之间的直线距离。有个定律叫傅里叶热传导定律，指热量传递速率与温度梯度成正比。更热一点的大气，往更冷一点的尖物体传递热量时，越尖就越容易使温度梯度更高，因为同样温差所对应的距离只会由尖细程度反映的距离来决定。因此，大气更容易向尖的头部传递热量。同理，大气更容易向尖的叶子和草的尖头位置传递水分。这就使越尖的地方长得越快，越尖的叶子和草就长得越长，因为除了尖头，其他部位包括侧面都不尖，吸收水分和热量的速率低。

你可以收集一下不同植物叶子的长度与尖顶角的大小，看看是否满足一些能进行表述的反比关系。

环境条件也会有影响。如果大气很干燥，尖的部位和钝的部位都只能依稀地获得水分，谁吸收能力强都不管用了。尖头虽然吸收能力更强，如果环境的水分不够，就无法让其肆意发挥吸收能力。就像你摘苹果的能力很强，一分钟能摘下 10 个，但如果苹果很少，一分钟也难找到一个，那么你一小时摘到的总的苹果数和那些比你摘苹果能力差的会一样多。正因为如此，干燥的沙漠中，更容易长出仙人球之类的一点也不尖的植物。

类似的例子还很多，现在可以回到雪花了。冰晶的分子呈六角形，角点比边更尖，因此更能从角点抓捕大气中的水雾，于是越是角点越容易生长，长出长长的冰晶芽并不奇怪。类似于上面所说的环境因素影响，如果大气很干燥，那么就没这么多水分任由冰晶芽长出来，而是各个部分长得差不多同样快，于是雪花更容易出现简易的片状结构。如果大气很潮湿，那么吸收能力更强的角点就能得到快速生长的水分，冰晶芽就更容易生长。

有了这些道理想通的知识，就不难理解什么条件下，雪花有什么形态了。

千奇百怪的雪花形态（图 3.64、图 3.65）

由于冰晶具有六角形分子结构，因此更容易长出六个角。难怪草木之花多五出，独雪花六出。

虽然如此，也不一定是正六角形雪花。有六个角的雪花可能是一个正六边形（片状雪花），也可能是每个角像一把扇子（星星雪花），或者说每个角都是像羊齿草那样的树突（星星树突状或羊齿状雪花）。如前所述，具体形状应与形成雪花的当地温度和湿度等条件有关。

雪花学家肯尼斯·里布李琪（Kenneth Libbrecht）在他的多部专著中，用科学与艺术的眼光近距离观察雪花，试图揭开雪花的秘密世界。站在几何的角度，人们可以把能看到的雪花画成简化的示意图，其类别就有 35 种。晶芽或枝突的指向、粗细与数目、晶片的形状、大小与数目，都会决定雪花的形态。这么多组合的可能性，恐怕只有掌握了神来之笔的绘画艺术家，才有可能惟妙惟肖地用平面图画再现。

由于针尖效应也受前面介绍的环境效应的影响，因此，按照里布李琪的说法，湿气越大，越容易形成复杂的带晶芽的雪花形状。干燥大气条件下，雪花的形态更简单。温度也有类似影响，因为温度越低越容易普遍结冰，不需要针尖效应帮忙。于是，当温度低于

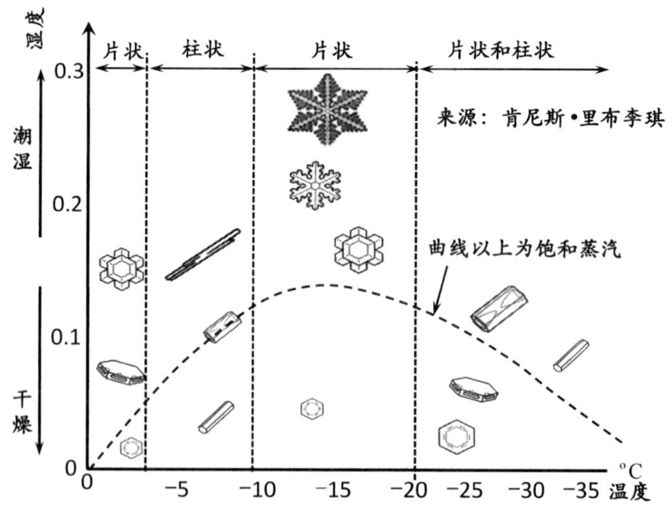

图 3.64　不同湿度和温度下的雪花形态

零下 22℃时，雪花主要是简单的晶片或晶柱形态。当大气温度较温暖时，雪花会产生更多的分叉（如晶芽）。气温零下 15℃左右，主要由湿度和针尖效应决定形状。温度更高以后，可能结冰困难，形成的结构也相对简单。

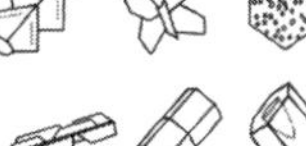

图 3.65　可能的雪花形态简化示意图

2005 年，乔恩·尼尔森（Jon Nelson）通过理论分析发现雪花的形态与雪花形成时气象条件的变化有关。如果在雪花形成过程中，气象条件不怎么变化，那么容易形成简单形状。如果雪花在形成过程中，气象条件突然变化，那么来不及均匀地照顾雪花各个部位，而只能在针尖的位置生长，因此气象条件突然变化时，更容易出现长满晶芽的雪花。

人们已经掌握了不同形式的雪花形成的条件，包括大气温度和湿度。因此观察一处的雪花形态，就可以反推出高空的某些气象条件。

对雪花的形态形成规律和各种形态产生的条件的了解，除了对雪花好奇以及可以反过来从雪花形态了解气象外，还可以将雪花冰晶形成的原理应用到结晶学方面。雪花是自然形成的，自然本身的规律往往可以借鉴到技术上。

正如里布李琪所说，雪花是艺术的作品，是大自然的杰作，每一片雪花不同于另外一片，就像每一个人不同于另外一个人。由于雪花的这种多样性，诞生了雪花喜爱者、雪花迷，以及专业或业余的雪花科学家。

雪花在云端形成时，主要有片晶以及针晶或晶柱两种初始形态。针晶两端尖，像针一样，柱晶的横截面呈六边形（因为冰的分子结构是六边形），柱体长度比六边形直径大很多。片晶呈六角形，比较薄。这些初始形态通过抓捕周围的小水珠，凝结成为雪花。

雪花到底是什么形态？（图 3.66）

道理不管多么简单，实际影响因素很多。眼见为实，拍照能给出静态图片，让你看个够。

给雪花拍照可追溯到 19 世纪。美国人威尔森·宾利在 19 世纪即拍摄了大量的雪花照片，是他说出了“没有两片雪花是相似的”。他给出的雪花是优美的对称形状。受其影响，艺术家笔下的雪花，均是一些完美的形状。在人们的常识中，有代表性的雪花一定是完美的对称的六边形结晶。

然而，大西洋另一边的德国人古斯塔夫·赫尔曼通过拍照，对雪花形状的表述与美国人不太一样：“每一片雪花的形状都是独特的，许多都是无规则形状，并不完美。”

到底是拍摄技术的问题还是气象条件差异导致了两位雪花爱好者的结论完全不一样？

2015 年，犹他州立大学的工程师卡尔·佛勒盖特（Cale Fallgatter）和气象学家帝姆·加勒特（Tim Garrett）自行研制了可抓拍高空雪花

来源：佛勒盖特和加勒特
(2013年)

来源：宾利
(19世纪)

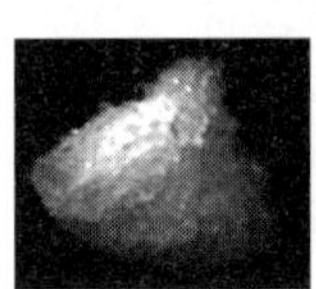

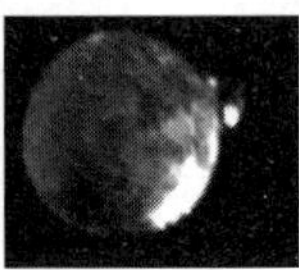

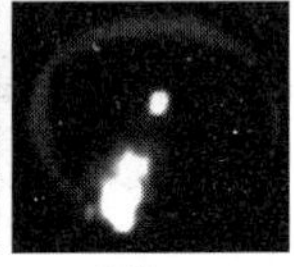

图 3.66　真实镜头下的雪花、冰雹和雨滴

图像的摄像机。他们拍摄了高空飘落的雪花，发现那种完美的扁平六角形雪花很稀少，但还是有六角形雪花。雪花在飘落过程中，除了生长，还会与其他雪花撞在一起，逐步聚合成大而蓬松的雪化团，可能就是我们所说的鹅毛雪。有的雪花被冰冻的小雨滴撞击，形成雪丸（霰）。

雪花的飘落与落水的铃声（图 3.67）

长方形纸片、形状相对简单的树叶以及一些带翼带毛的种子在飘落时，就已经够复杂了。雪花的形状如此奇特，如此千变万化，它们飘落时，是如何扰动空气，是如何边下落边生长，空气被扰动的旋涡是如何与它们共舞……，恐怕很难描述。

你可以想象任何更规则的物体甚至昆虫在空气中的运动方式，都会在雪花中出现。漂移、摇摆、抖动、翻滚、自旋……。

人们用摄像方式测量了雪花飘落的速度，大致是每秒 1 米左右。我们人走路的速度大概是每秒接近 1.5 米，因此我们可以一边走路一边追逐漂移的雪花。

雪花飘落时，也在扰动空气，显然会引起声波。雨滴落水时除了咚的一声，紧接着还有铃声，我们在下雨天应该能听出来。那么雪花落水呢?

1999 年，美国和英国的四位科学家（克拉姆、庞弗里、罗伊、普罗斯佩雷蒂）用科学仪器倾听了雪花落水的声音，发现雪花落水时，也会发出铃声。这种铃声可以从背景噪声中分辨出来。

雨滴落水时的铃声是这样来的。雨滴落水会打出小气泡。小气泡按固有频率震荡，就发出了铃声。可是雪花太轻，落水时击打不出小气泡。

科学家进一步拨开了雪花的神秘外纱：雪花原来是空心的，是一些空心柱的松散结合体。因此，大多数情况下，雪花的密度只有

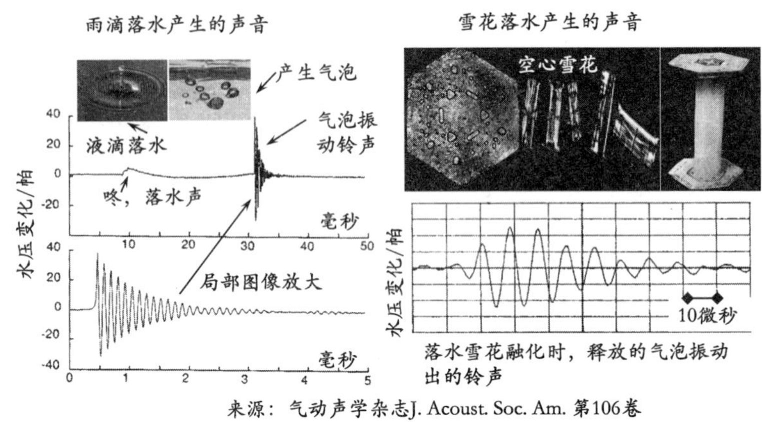

图 3.67　雨滴和雪花落水产生的声音

水的密度的 10%。这种蓬松的雪花落水时，不会像水滴那样激起涟漪与气泡，而是突然停在水面上。水的表面张力使水很快蔓延到雪花上，将其融化。于是，雪花中的小气泡聚合在一起在水中释放，如同雨滴落水后形成的气泡，气泡在水中震荡，就会产生铃声。

琴弦振颤，可闻曼妙乐曲，水中小气泡炫舞，自有响铃之声。既然有铃声，且测得的声音强度在 10 分贝量级，那么我们应该可以听到水面的雪花铃了吧？

可是，非常令人失望：这种雪花铃的频率一般高于 5 万赫兹，超出了人类 2 万赫兹的听觉上限。小气泡的振荡频率近似与半径成反比关系，雪花中小气泡半径非常小，因此振荡频率非常高。

不知水中的鱼群，能否听到这种雪花铃？

后 记

许多年来，积累了不少与自己专业相关与不相关的知识，因此，总想写一本小型读本，分享给具有各种知识结构的读者群。作为科普读物，我们认为数据和示意图很重要。因此本书包含了大量数据信息和示意图。为了形象和全面，许多示意图需要截取一些公开的图片。有的能找到出处从而尽量在图片上或文中注明（虽然已经是按要求处理过的），也有的无法确定来源；又由于这是一部科普读物，因此除了少量情况外，没有采用专业书籍那样对知识的来源包括摘录的段落进行一一引用，因此只能在这里统一致谢。

本书有不少轻松的内容，如打水漂、蒲公英和棒棒糖等，这些内容以强调趣味性和知识性为主。也有一些深奥的内容，比如演化的普适规律，但因为有其简单、简约和简美的一面，因此即使面对在读的中学生，也觉得有必要分享。鸟和昆虫之类的飞行原理表面上很复杂，但我们尽量用可理解的道理来解释。

绝大部分内容来自于大范围的阅读取材和思考的结果。以数字7的内容为例，阅读的资料甚至涉及一百多年前的文献（反而是近期文献好找）。在写这部分内容时，能找到并参考了的早期文献就有下面4篇[①]。据说，12世纪葡萄牙人纳斯玛尼德斯就解释了数字7

---

① 第1篇：Joseph von Hammer-Purgstall(约瑟夫·冯·锤-浦格斯塔)，Über die Zahl Sieben (Wiener Jahrbücher der Literatur.. CXXII.182-225. CXXIII.1-54. CXXIV.1-105,1848年.

第2篇：James Hadley LL.D (杰姆斯·哈德利法律博士), The Number Seven,Essays Philological and Critical (New York: Holt & Williams, 1873), page 325, 1858年.

第3篇：Helena Petrovna Blavatsky(海伦娜·佩特罗弗纳·布拉瓦茨基夫人), The Number Seven, Theosophist, June. 1880年.

第4篇：George A. Miller(乔治·米勒尔), The Magical Number Seven, Plus or Minus Two: Some Limits on Our Capacity for Processing Information，Psychological Review, 63, 81-97,1956年.

是自然世界的神奇数字，但我们没有找到文献。又如雪花，阅读的专业与科普类文献就不下二十篇。如果说要给一个总的文献数目，应该在 3000 篇以上。

本书涉及的数据信息，确认准确性花了许多时间。某些问题请教过一些专家。例如，玩具陀螺为何不倒是否有更通俗解释，就请教了多名专家。某些取材和解读问题的方式是否恰当或必要，与一些学生讨论过。有的数据还经过演算得到，比如说陀螺不倒时复合离心力的计算就是学生帮助做的。虽然如此，错误和失误在所难免。

本科普书只想给读者分享一些知识和思考解读问题的方法。是否恰当，还需读者评判。如果这部书对读者（包括在校的大中学生）有点阅读价值，那么写这部书的目的就达到了。